The Japanese Association of Financial Econometrics and Engineering
ジャフィー・ジャーナル｜金融工学と市場計量分析

非流動性資産の価格付けと
リアルオプション

津田博史
中妻照雄
山田雄二
　●編

朝倉書店

はしがき

　ジャフィー（日本金融・証券計量・工学学会）は，1993年4月に設立されて以来，年2回の国内大会に加えて，国際大会，コロンビア大学との共同コンファランス，フォーラム等の開催，英文学会誌，和文学会誌（ジャフィー・ジャーナル）の刊行を通じて，日本における金融・証券領域の計量分析・金融工学の発展と普及に尽力して参りました．本書は，本学会の和文機関誌であるジャフィー・ジャーナルの第7巻です．

　このたびは，本学会の和文機関誌の新しい試みとしまして「非流動性資産の価格付けとリアルオプション」という特集を組みました．従来の金融派生証券理論では，原資産の取引が可能かつ流動的であることが要求されますが，一方，最近になって，原資産が市場取引されていないケース，もしくは保険・不動産などのように取引されていても個々の資産の流動性が上場株式等と比較して極端に低いケースに対して，金融派生証券理論を適用するための理論構築・実証研究が脚光を浴びております．このような価格付け理論は，リアルオプションアプローチとして，経営戦略上の意思決定やプロジェクト評価などの分野へと，より適用範囲を広げる試みもなされております．本書に収められた論文は，エネルギー・天候・環境・プロジェクト評価・経営戦略など，幅広い分野における価格評価や意思決定，実証に関連したものとなっており，また，理論だけでなく，実務的にも有意義な内容を取り扱ったものも多く見受けられます．また，一般論文におきましても優れた内容のものが採録されており，いずれの論文も，先端的な問題をテーマにしており，幅広い読者の興味に応えられるものと考えております．

特集論文
1. 「不確実性下における代替的な環境政策の選択」
　　（後藤　允・高嶋隆太・辻村元男）

2. 「リアルオプションを用いた無形資産価値評価について」(山口智弘)
3. 「リアル・オプションによる資源開発プロジェクトの事業価値評価」
   (中岡英隆)
4. 「$ARCH$型分散変動モデルによる冬季気温リスク・スワップの検証」
   (Tee Kian Heng・刈屋武昭)
5. 「期待効用理論による気温オプションの価格付けと電力とガス事業者間の
   リスクスワップ取引への応用」(江本麗行)
6. 「風速予測誤差に基づく風力デリバティブの最適化設計」(山田雄二)

一般論文

7. 「多期間最適ポートフォリオ問題――LSM法を利用した近似的解法の近
   似精度」(梅内俊樹)
8. 「拡張Mertonモデルとその応用」(中村信弘)
9. 「我が国の株式市場における風見鶏効果」
   (石島 博・吉田晴香・松島純之介)

出版にあたり,レフェリーの皆様方と,お世話になりました朝倉書店の編集部の方々に記して感謝致します.

2008年2月

チーフエディター:津田博史
アソシエイトエディター:中妻照雄・山田雄二

目　　次

はしがき

序論　特集「非流動性資産の価格付けと
　　　リアルオプション」について ……………山田雄二……1

特　集　論　文
1　不確実性下における代替的な環境政策の選択
　　　………………………………後藤　允・髙嶋隆太・辻村元男……24
　　　　1　は　じ　め　に　24
　　　　2　単一環境政策　28
　　　　3　代替環境政策　34
　　　　4　数値計算と比較静学　37
　　　　5　ま　と　め　48
2　リアルオプションを用いた無形資産価値評価に
　　ついて ……………………………………………山口智弘……52
　　　　1　は　じ　め　に　53
　　　　2　先行モデル　54
　　　　3　無形資産価値評価モデル　55
　　　　4　実　証　分　析　64
　　　　5　ま　と　め　71

3 リアル・オプションによる資源開発プロジェクト
　の事業価値評価 ……………………………………中岡英隆……74
　　　1　は　じ　め　に　74
　　　2　原油・ガス資源開発プロジェクトのバリュエーション　77
　　　3　先物価格およびボラティリティの期間構造　83
　　　4　原油・ガス資源開発プロジェクトの埋蔵量リスク　86
　　　5　先物期間構造事業評価モデル　89
　　　6　実　証　分　析　92
　　　7　本研究のまとめ　101

4　$ARCH$ 型分散変動モデルによる冬季気温リスク・
　スワップの検証
　　　　………………………………Tee Kian Heng・刈屋武昭……106
　　　1　は　じ　め　に　107
　　　2　気温 $ARCH$ モデルの概要　109
　　　3　モデルの推定結果　111
　　　4　シミュレーション法　116
　　　5　HMRS の検証　118
　　　6　結　　　語　131

5　期待効用理論による気温オプションの価格付けと
　電力とガス事業者間のリスクスワップ取引への応用
　　　　………………………………………………江本麗行……135
　　　1　は　じ　め　に　135
　　　2　限界効用による価格付けモデル　137
　　　3　電力事業者とガス事業者によるリスクスワップモデル　143
　　　4　名古屋地区気温モデルに基づくリスクスワップ取引の感度分析
　　　　　145
　　　5　お　わ　り　に　149

6　風速予測誤差に基づく風力デリバティブ
　　の最適化設計 …………………………………山田雄二……152
　　　1　は じ め に　153
　　　2　予測誤差のリスクと風力デリバティブ　154
　　　3　事 前 準 備　157
　　　4　風速先物を用いた最小分散ヘッジとヘッジ効果　165
　　　5　スプライン回帰に基づく風力デリバティブと最適ヘッジ　169
　　　6　損失関数の最適化問題　173
　　　7　風速デリバティブの支払関数と損失関数の同時最適化　176
　　　8　ま　と　め　178
　　　付録　179

一　般　論　文

7　多期間最適ポートフォリオ問題
　　——LSM 法を利用した近似的解法の近似精度
　　…………………………………………………梅内俊樹……184
　　　1　は じ め に　184
　　　2　連続時間モデルと近似的解法　187
　　　3　検 証 方 法　191
　　　4　1 期間問題での検証　194
　　　5　多期間問題での検証　196
　　　6　近似精度と計算時間　207
　　　7　ま　と　め　209

8　拡張 Merton モデルとその応用
　　…………………………………………………中村信弘……213
　　　1　序　　　論　213
　　　2　企業価値の変動モデル　215
　　　3　デフォルト境界をもつ条件付請求権　222
　　　4　結論といくつかの課題　233

9 我が国の株式市場における風見鶏効果
　　………………………………石島　博・吉田晴香・松島純之介……236
　　　　1　緒　　　論　　236
　　　　2　モ　デ　ル　　238
　　　　3　実　証　分　析　　240
　　　　4　結語と今後の研究　　254
　　　　付録　256

「ジャフィー・ジャーナル」投稿規定　　261

役員名簿　　263

日本金融・証券計量・工学学会（ジャフィー）会則　　264

特集「非流動性資産の価格付けとリアルオプション」について

特集号世話人

山 田 雄 二

(筑波大学大学院ビジネス科学研究科)

1　リアルオプションとは

　近年，株式・債券などの金融資産に対するオプション，すなわち金融オプション理論の発達に促される形で，金融資産以外の資産に対する契約や経営上の意思決定における権利（オプション）の価値評価問題に，焦点があてられるようになってきました．このようなアプローチは，金融オプションと区別して，"リアルオプション・アプローチ" と呼ばれます．

　リアルオプション（real option）をそのまま直訳すると，実物オプション，すなわち実物資産に対する選択権（オプション）のように訳すことができます．そのため，リアルオプションにおける原資産とは，本来，実物資産に対応するものとも考えられます．実際，Myers が初めて彼の論文[1]でリアルオプションという言葉を使用したとき，実物資産（real asset）の説明の直後に，リアルオプション（real option）が導入されていることから，この考えがリアルオプションにおける "リアル" の説明として，最もあてはまるように見えます．ところが，Myers の論文をよく読むと，実物資産（real asset）とは，企業価値を，既に所有している資産と将来対価を支払って手に入れる（可能性のある）資産に分けた場合の，所有している方の資産を意味していることがわかります．一方，将来対価を支払って手に入れる（可能性のある）資産は，その

---

1)　S. C. Myers (1977), "Determinants of corporate borrowing," *Journal of Financial Economics*, **5**, 147–175.

価値が不確定であるため，所有するかどうかは将来時点の意思決定に依存し，現時点ではその選択権のみが評価されます．これが，彼の論文におけるリアルオプションです．将来手に入れるであろう資産の価値が具体的に何の価値であるのかは，論文の中身においては重要ではありません．既に企業価値に組み込まれた資産であるか，これから選択をすることによって企業価値に組み込まれる資産であるかによって，real asset（実物資産）と real option（リアルオプション）が区別されるのです．

Myers は secondary market（流通市場）についても述べているので，必ずしもリアルオプションの興味の対象を金融資産以外に限定することはできないかもしれませんが，論文の前半では単に"資産（asset）"と呼んでいたものを，途中から"実物資産（real asset）"と呼び，その後，実物資産に対する請求権としてリアルオプションを導入したところから推測すると，"real"を付けたのは金融資産と区別することを強調するためではないかと考えられます．この解釈から派生し，現在，広義の意味でのリアルオプションといえば，1970年代から急速に発達した金融資産に対するオプション理論の概念を，金融資産以外にまで拡張したものとしてよく参照されます．

一方，狭義の意味でのリアルオプションとは，"経営上の意思決定における柔軟性"と定義されます．一見，広義の意味が狭義を含んでいないようにも思えますが，最近では，この論点からリアルオプションという言葉が広く使われるようになり，用途にあったリアルオプションの分類が行われるようになりました．経営上の意思決定という枠組みとオプション理論がどのように関係するかは多くの文献で述べられておりますが，根本的な考え方は Myers が元々提案していた実物資産に対する請求権の論理に沿っていると考えてよいでしょう．すなわち，Myers は，既に企業価値に含まれた（意思決定において柔軟性のない）資産価値と，これから保有するか否かの意思決定に柔軟性がある資産価値を区別し，後者をリアルオプションと呼んでいるのですが，ここでいうオプションとは，意思決定の柔軟性と等価であるものと考えられます．先に述べた通り，論文では便宜上，企業価値に既に含まれた資産に対して実物資産という言葉が使われてはおりますが，例えば実物資産を事業プロジェクト，オプションを事業プロジェクト実行の意思決定に対する柔軟性で置き換えたとして

も，同様の議論が成り立ちます．また，このように企業のプロジェクトに対する意思決定の柔軟性を考えた場合，プロジェクトの実行のみならず，既に実行しているプロジェクトの中止や，変更，また，実行プロジェクトに関連して新しい別のプロジェクトを立ち上げるなど，様々なところにオプション価値を見出せることがわかります．

2 ブラック–ショールズ方程式とリアルオプション

リアルオプション理論発展の背景には，金融オプション理論の発展があることはいうまでもありません．言い換えれば，株式に代表される金融資産に対するオプション理論の発展があってこそ，その拡張と考えられるリアルオプション理論にも焦点があてられるようになってきました．このような金融オプション理論に対する代表的なモデルとして，ブラック–ショールズモデルがよく知られております．ブラック–ショールズモデルは原資産（株式）価格が幾何的ブラウン運動に従うとの仮定のもとで，オプションに対する確率微分方程式を導き，これに無裁定の条件を適用することによってオプション価格を計算するものです．特に，行使時点が満期に限定されたヨーロピアンオプションに対しては解析解が与えられるため，実用上のみならず，オプション価値の理論的性質を吟味する際にも，よく用いられてきております．

ブラック–ショールズモデルが成り立つためには，いくつかの仮定が必要ですが，これらの仮定は全て，市場の完備性と関係があります．市場の完備性とは，複製ポートフォリオが構成可能であるということであり，このことは，原資産と無リスク資産のポートフォリオを構成することによって，新たに導入したオプション価値を複製することができることを意味します．結果として，オプション価値は複製ポートフォリオの価値を求めることによって計算可能です．また，複製ポートフォリオは，オプションの売手側が，買手側オプション行使に伴う損失を補填するためにも利用されます．このように，複製ポートフォリオを構成し，オプション行使に伴う損失を防ぐ行為はオプションヘッジと呼ばれます．以上のように，市場の完備性は，価格評価の上でもヘッジの上でも重要な仮定となっております．では，どのような場合，市場は非完備となる

のでしょうか．

オプションの価格付けやヘッジ問題を考えた場合，市場が非完備となるのは以下の3つのケースに大別されます．

①原資産が幾何的ブラウン運動に従わない（例えば，ジャンプや確率的ボラティリティをもつ）ケース
②複製ポートフォリオのリバランスが離散的であるケース
③取引されている原資産の数が複製ポートフォリオを構成するのに十分でない，もしくは原資産そのものが取引されていないケース

図1は，これら3つのケースを3つの軸に対応させて描いた非完備市場の概念図です．この図では，原点が完備市場に対応し，原点からいずれの軸の方向にずれても，市場は非完備になることを表しております．

①のケースは，原資産価格変動の確率分布に対する仮定と関連しております．すなわち，幾何的ブラウン運動によって表現される資産価格は，対数収益率が正規分布に従うのですが，実際の市場データにおける原資産の対数収益率は，必ずしも正規分布としては与えられません．例えば，対数収益率分布に歪みや尖りが存在することがしばしば起こります．このような現実の分布と理論上の分布とのギャップは，ボラティリティ・スマイルやボラティリティ・スマークなどの現象としてオプション市場で観測され，原資産価格が幾何的ブラウン運動に従うとの仮定に対する問題点の一つとして挙げられます．②におけるリバランスとは，複製ポートフォリオの更新のことですが，ブラック-ショー

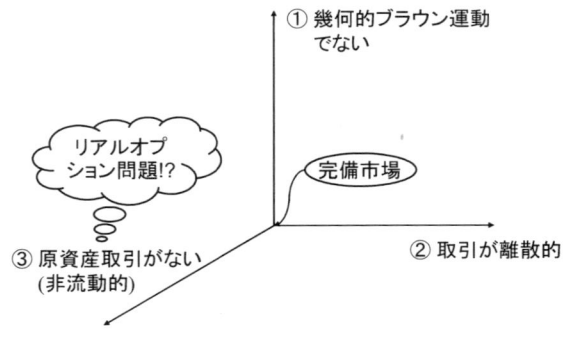

図1　市場を非完備にする3つの軸

ルズモデルにおいて複製ポートフォリオを構成する際，理論的には連続的にリバランスを行うことが要求されます．ところが，このような連続的なリバランスは，市場取引を連続的に行うことを意味し，現実的には不可能です．また，取引コストが存在する場合，連続的もしくはそれに近い頻度のリバランスは，必要資金面においても効率的とはいえません．このように，連続取引ができないというより現実的な仮定をおくだけで，仮に原資産が幾何的ブラウン運動に従っていたとしても市場は非完備になってしまいます．③のケースに関しては，例えば複数の原資産価格にオプションの支払額が依存する場合，複製ポートフォリオを構成するためには，全ての原資産が同時に取引可能であることが必要です．ところが何らかの理由で，全ての原資産を利用することができない場合，市場は非完備になってしまいます．また，原資産の市場取引そのものがないケースも，これに含まれます．

　上記①と②のケースは，オプション理論に限らず投資問題や資産価格付け問題を考える上で共通して検討すべき課題ですが，③については，金融オプションに対してというよりはむしろ，リアルオプション問題特有の課題ということができます．先に広義の意味のリアルオプションの定義として，原資産を金融資産以外としていることを述べましたが，リアルオプションの興味の対象は，原資産が市場取引されていないものがほとんどです．例えば，先ほど狭義のリアルオプションの例で述べた事業プロジェクトであるとか，リアルオプション問題の典型例と考えられる不動産，電力エネルギー，天候，排出権などは，原資産そのものは市場取引されていない，もしくは市場取引は可能であっても流動性が極端に低いことが知られております．このように，リアルオプション問題の非完備性は，原資産が市場取引されていない（もしくは非流動的である）ことに起因するものと考えられます．原資産が市場取引されていない場合，複製ポートフォリオを構成することができず，ブラック-ショールズモデルのように無裁定の条件を適用しただけでは，価格を一意に決めることができません．

3 特集号のねらいと各章の内容

一方，このように原資産が市場取引されていないインデックス，もしくは流動性が上場株式等と比較して極端に低い原資産に対する派生証券や契約の価値評価問題は，近年，様々な分野で注目されています．先に例に挙げた，事業プロジェクト，天候，電力エネルギー，不動産のほかにも，最近話題の知的財産やアイドルの証券化も，関連するビジネスの将来キャッシュフローに対する派生証券契約を結ぶと考えることができます．そのため，非流動性資産やそれに関する契約の価値評価に対する手法や理論の構築は，業界を問わず，今後，ますます需要が高くなるものと期待されます．本特集の目的は，原資産が市場取引されていない（もしくは流動性が極端に低い）ケースに対する派生証券理論の応用をリアルオプションアプローチと捉え，保険・エネルギー・天候・プロジェクト評価・経営戦略など，幅広い分野における価格評価や意思決定について，最新の結果を紹介することです．

本特集では，査読を通過した6本の論文が特集論文として採録されております．内容は，環境政策，石油投資プロジェクト，無形資産価値の評価，気温，風力エネルギーとバラエティに富んでおります．以下は，各著者から提供いただいた論文概要です．

3.1 第1章：不確実性下における代替的な環境政策の選択
（後藤・高嶋・辻村）

地球温暖化，酸性雨など様々な環境問題にわれわれは直面しており，これらの問題を解決するために，世界各国で取り組みが行われている．環境問題を議論する際の重要な要素の一つとして，不確実性が挙げられる．例えば，地球温暖化を考えた場合，大気に関わるシステムが非常に複雑なため，将来の温暖化の程度は，確実にはわからない．また，大気中の温暖化ガスの濃度が同じであったとしても，温暖化によって被る損害は，人口の変化や天候などそれ以外の不確実な要素によっても毎期異なると考えられる．そこで，不確実性下において，設備投資など不可逆なプロジェクトへの投資を分析するリアルオプショ

ン・アプローチを応用し，不確実性下における環境政策について考察する．

　経済主体は，経済活動に伴って汚染物質を排出しているとする．そのため，経済主体は，汚染物質から損害を被っており，汚染物質の排出の削減を検討しているとする．例えば，電力・ガスといったエネルギーや工業製品などの財を生産するために，石炭や石油などの化石燃料を燃焼させることで，二酸化炭素などの温室効果ガスや硫黄酸化物や窒素酸化物が排出される．その結果，引き起こされる温暖化や酸性雨による損害を抑制するために，これらの物質の排出を削減することを検討しているとする．本研究では,同じ水準の経済活動から排出される汚染物質を減少させる設備などを，導入する政策について考察する．

　経済主体が環境政策を検討する際に，重要なことは，複数の政策の候補の中から最適な政策を選択することである．環境省政策評価基本計画の6.事前評価の実施に関する事項においても，複数の政策代替案の中からの適切な政策の選択について述べられている．また，実際の環境・エネルギー政策においても，代替政策への移行や代替シナリオの保有が考えられている．例えば，石油価格の高騰，化石燃料の枯渇，そして二酸化炭素排出の問題から，将来，原子力エネルギーや新エネルギーの供給量を増加させるエネルギー政策が考えられており，現在の政策から社会的費用が小さい政策へ移行する意思決定ともみることができる．

　したがって，本研究の目的は，不確実性下において，代替的な環境政策から，主体はどの政策をいつ実施すればよいかを明らかにすることである．この目的のため，本研究では，環境政策が2種類存在する場合に，経済主体がどちらをいつ選択することが最適であるかについて考察する．具体的には，次の2種類の環境政策を考える．環境政策1は，政策実施に要する費用は低いが，汚染物質の排出削減量も小さい政策である．一方，環境政策2は，政策実施に要する費用は，政策1よりも高いが，汚染物質の排出削減量は，政策1よりも大きい政策である．2種類の代替的な環境政策の分析をするために，本研究では，まず，環境政策1, 2のうちいずれか一方しか主体が実施できない場合を考察する．つまり，不確実性下において単一の環境政策に関する考察である．経済主体は，将来にわたって経済活動から便益を得ているが，損害も被っている．そのため，環境政策を実施し損害を小さくする．ただし，このときに政策

実施費用がかかる．したがって，主体は，便益の期待割引現在価値と，環境政策を実施する際に要する費用の割引現在価値をあわせた，期待総割引便益を最大とするように，環境政策をいつ実施すべきかを検討している．この主体の問題を最適停止問題として定式化し，分析する．つぎに，この分析を拡張し，経済主体は，環境政策1と2のいずれも実施可能であり，2種類の代替的な環境政策のどちらか一方を実施する場合を考察する．単一の環境政策の場合と同様に，主体の問題を最適停止問題として定式化し分析する．つぎに，最適な政策実施時刻を定める閾値を数値的に求める．さらに，主体の問題の定式化において，外生的に与えられたパラメータに関する比較静学を行い，主体の環境政策の選択について考察する．

分析の結果，以下の主な結果を得た．1) 汚染物質から受ける損害に関する不確実性が大きくなるに従い，環境政策の実施が抑制される．代替的な環境政策においては，不確実性が大きくなるに従い，環境政策1の実施が抑制され，環境政策2が選択されるようになる．また，不確実性の大きさがある水準以上となると，環境政策1が実施されなくなり，代替的な環境政策において，主体の問題は，環境政策2のみを政策の選択肢として保有する単一の環境政策の問題に変化する．2) 現在の排出量が多くなるに従い，単一の環境政策の場合であっても，代替的な環境政策であっても，環境政策の実施が促進される．また，現在の排出量が少なくなるに従い，代替的な環境政策において，環境政策1が実施されなくなる．3) 政策の実施によって排出削減量が増えると，環境政策の実施が促される．代替的な環境政策の場合は，どちらか一方の削減量が増える場合を考察し，その削減量が増えるに従い，当該政策の実施が促進される．一方，削減量が少なくなるに従い，もう一方の政策実施が促進される．また，環境政策1の削減量が，ある量まで減少すると，環境政策1は実施されなくなり，代替的な環境政策において，主体の問題は，環境政策2のみを政策の選択肢として保有する単一の環境政策の問題に変化する．同様に，もし，環境政策2の削減量が，ある量まで増加すると，環境政策1は実施されなくなる．

3.2 第2章：リアルオプションを用いた無形資産価値評価について（山口）

わが国は人口減少と高齢化を同時に迎えており，経済成長に必要な生産要素

の一つである労働力の低下を免れることは至難の業である．わが国が労働力の低下を伴いつつも高い付加価値を獲得し豊かな社会を継続するためには，生産性の向上が求められるが，生産性の向上とは無形資産価値の向上と同義であるため，無形資産価値の向上は喫緊の課題である．そして，無形資産価値の向上には，価値の評価が必須であり，さらに無形資産の将来のオンバランス化へ向けた会計的要因，企業価値評価といった投資家の視点などからも無形資産価値評価は重要度が高まっている．しかしながら，見えざる資産である無形資産の価値評価は容易ではなく，重要性に比べて議論は進捗していない．したがって，様々な評価モデルを提示し，検証を重ねる必要があろう．本稿では，残差アプローチに基づき，リアルオプションを用いた無形資産価値評価モデルを提示する．

　リアルオプションを用いて評価する手法として，従来無形資産価値を事業への投資機会のコールオプションとする手法が用いられてきた．これは，主要な無形資産投資である研究開発投資を行うと，新知識の発見から開発段階を経て新製品，新事業に至るという過程を示す，研究開発のリニア・モデルに適した手法である．リニア・モデルでは研究開発投資を行い，成功した研究のみ事業化する．しかしながら，近年研究開発投資はより成果や効率性が求められてきており，企業は技術主導のリニア・モデルを前提とするよりも，ニーズを意識して技術目標を設定し，それを確保すべく投資を行っているものと考えられる．企業の付加価値の源泉が有形資産から無形資産へ移行する知識経済の進展が叫ばれているが，無形資産への投資は，不確実性の高い投資機会への投資というよりも，必要な見えざる資産を確保するための投資という意味合いが高まって行くと考える．また，残差アプローチとして市場は無形資産の価値を評価しているが，無形資産は取引が不可能である見えざる資産であるため，そのまま評価価値とすることには問題がある．したがって，本稿において新たに残差アプローチを活用し，オプション理論を適用したモデルを提示する．

　本モデルは，企業が無形資産を確保するために行う投資を，残差アプローチにより評価される無形資産価値を原資産として参照するプットオプションとする．そして，プットオプションである無形資産投資にインプライされている権利行使価格を，確保された無形資産の価値として評価するものである．すなわ

ち，本モデルでは企業の無形資産投資は，一定のフロアを確保しつつ，それを上回る水準を得られるような，プロテクティブ・プットのペイオフをもたらすように実行されると考える．なお，従来のモデルは適用に際してボラティリティや原資産価値の推計等困難な面もあるが，本モデルでは株価等の市場で評価されている数値を用いるため容易であり，実用的である．その上，一般に公開されている財務データを用いるため，客観的なモデルでもある．そして，本モデルを用いて算出した無形資産価値によるプットのフロア効果，権利行使の効果が実証分析によって示された．これは，本モデルの有効性を実証するものであるが，プットのフロア効果は株価へのポジティブな影響も示唆する．

また，無形資産への投資は，企業における利益還元や内部留保の使い道の一つであることを明らかにした．そして，無形資産価値の無形資産投資に対する弾力性により，投資のタイミングについての示唆が得られた．なお，算出された無形資産価値は特性ごとに技術資産，ブランド資産，人的資産に分類したが，各無形資産とバリュエーションとの関係から，現時点では市場は技術資産や人的資産については無形資産として認識するが，ブランド資産については費用としての認識が高いことが示唆された．

無形資産価値の向上は，少子高齢化を迎えるわが国の社会構造のほか，会計，企業価値評価などの観点からも非常に重要な課題である．本稿において，新しい無形資産価値評価モデルを提示するとともに，無形資産投資の重要性の示唆が与えられたが，今後議論の高まりとともに，価値向上が進むことを期待する．

3.3 第3章：リアル・オプションによる資源開発プロジェクトの事業価値評価（中岡）

本研究は二つの研究課題から構成されている．第一の課題は，原油・ガス資源開発事業における埋蔵量リスクの定式化である．第二の課題，そして本研究の究極の課題は，先物価格とボラティリティの期間構造モデルを活用することにより，長期事業における原資産価値測定問題が解決できることを示し，長期事業投資に対するより現実的な経営の意思決定を行うための新しいリアル・オプション・アプローチを提示することである．本研究ではこの第二の課題が究

極の目的ではあるが，評価の対象事業として原油・ガス資源開発事業を取り上げたため，第一の課題についても必然的にその理論的な考察を行い，新しいモデルを提示したものである．したがって，二つの課題は独立した課題として全く別個に議論することのできるものであるが，第二の課題は主要産品に関連した先物市場の存在する広範な事業の原資産価値トラッキングに応用可能な，より基本的で普遍的な方法である．

第一の課題として，国際石油業界において事業評価上・会計上重要な問題となっている埋蔵量リスクにフォーカスし，先行研究のレビューを行った上で，原油・ガス資源開発事業の開発移行後の埋蔵量リスクを新たに織り込んだ，より現実のビジネスに即した埋蔵量価値評価モデルを定式化した．地下の地質構造に偏在する原油・ガスの状態に応じて変化する可採埋蔵量を新たな確率変数としてモデルに組み入れたものである．

第二の課題として，先物価格とボラティリティの期間構造モデルを活用して長期事業の原資産価値を測定する「先物期間構造事業評価モデル」を提示し，長期事業の原資産価値とそのボラティリティの測定問題を解決する新しい手法を示した．また，これにより，いわゆる Samuelson hypothesis と呼ばれる先物価格のボラティリティの maturity effect が，長期事業価値のボラティリティに影響を与えることを示した．ボラティリティの maturity effect とは，先物価格のボラティリティが期近になるにつれ増大するというもので，石油や農産物，畜産物，メタルなどの先物市場において観測される現象である．「先物期間構造事業評価モデル」は，従来のモデルでは織り込めなかったこの先物価格とボラティリティの期間構造という状態に関する新しい情報をモデル化した点にその意義がある．これらのモデル化により，長期事業の原資産価値に先物価格のボラティリティの maturity effect という新たな情報を織り込むことが可能となったものである．長期事業価値のボラティリティは，一般的にはコモディティのスポット価格のボラティリティとは異なる性質のものである．この「先物期間構造事業評価モデル」は，プロジェクトの主要なリスク・ファクターに関連するコモディティの先物市場が存在する場合には，原油・ガス資源開発事業のみならず，非完備な資産市場への幅広い応用ができる可能性があり，リアル・オプション価格評価に特有の原資産価値測定問題という共通の課題を

解決するための一つの有力な方法になるものと期待される．

　これらの実証分析として，まず，代表的な先物期間構造モデルであるSchwartz（1997）の2ファクター・モデルを用いて，原油先物価格とそのボラティリティの期間構造を実証的に推定した．そして，「先物期間構造事業評価モデル」により仮想的な原油・ガス資源開発事業の原資産価値の時系列を導出し，そのボラティリティを推定した．これを，プロジェクトのリスクを原油スポット価格のボラティリティで代用するという伝統的な手法と比較した結果，両者の間には大きな差異が検証された．「先物期間構造事業評価モデル」により，先物価格のボラティリティの maturity effect の影響が顕著に事業の原資産価値に反映されたためである．

　本論文における貢献は以下の2点である．第一に，埋蔵量リスクという地下の埋蔵量の状態に伴う情報をモデルに組み入れたことである．第二に，先物価格とボラティリティの期間構造という新たな情報を織り込んだ「先物期間構造事業評価モデル」を考案し，原資産価値の時系列を推定する新しい方法を提示したことである．その結果，事業の財務条件など固有の条件に即した原資産価値が推定可能となり，また，こうした先物価格の期間構造という新たな情報を織り込むことにより，長期事業の原資産価値に先物価格のボラティリティのmaturity effect という事象を反映させることが可能となった．本論文においては，従来のリアル・オプション・アプローチでは織り込むことのできなかったこれらの新たな情報をモデル化することにより，長期事業投資に対するより現実的な経営の意思決定を行うための新しいリアル・オプション・アプローチを提示しようとしたものである．

3.4　第4章：ARCH型分散変動モデルによる冬季気温リスク・スワップの検証（Tee・刈屋）

　気象変動などによって企業の収益が大きく変動する可能性があり，企業にとって収益の安定性を求めるために天候リスクも管理の対象となる．実際，東京ガスでは，ERM（エンタープライズリスクマネジメント）のプロセスとして，経営が関わるリスクの1つとして天候リスクを挙げている．そのヘッジ手段として，天候デリバティブとリスク・スワップが重要である．天候デリバティブ

は，気温変動など天候リスクによる収益の減少をヘッジする（保険する）ために使う派生商品のことである．保険会社など金融機関が，猛暑・冷夏・暖冬・台風などの特定の気象現象を指標化して，金融技術をもとにプラシングして商品化している．デリバティブは，実損塡補の制約を受ける保険と異なって，事前に設定した指標に依拠したペイオフが直ちに払われるので，企業に好まれている．他方，金融機関を媒介にせずに，収益と天候との相関が逆の２つの企業がリスク・スワップ（交換）の契約を交わす形態も発展している．

　リスク・スワップは，特にガス会社と電力会社の間で活発に行われている．リスク・スワップは，2001年に東京電力と東京ガスが交わした夏季の気温リスク・スワップ契約に始まり，東京電力と大阪ガス，関西電力と大阪ガスなどの間で毎年夏季に関する気温リスク交換契約が交わされている．夏季において電力会社は猛暑であればクーラーなどの電力需要が高まり収益が増加するが，冷夏であれば収益が減少する．一方でガス会社の夏の収益の構造はこの逆であるという．すなわち，両社は夏季の収益構造と気温との関係が逆相関であることを利用して，気温リスク交換契約を交わすことにより収益の安定性をはかることができる．冬季において暖冬の場合，電力会社もガス会社も需要が減り，収益の減少をもたらす（順相関）ので両者にリスク・ヘッジのニーズがあるが，リスク・スワップはなじまない．特にガス会社の場合，年間収益に占める冬季の収益の割合が高いため，暖冬による収益の減少へのヘッジのあり方が課題である．例えば札幌を例に取ると，2000年以降の冬季の気温変動が激しく，暖冬リスクをヘッジして収益の平準化をするニーズが強い．

　この課題に対しては，いくつかのガス会社は，金融機関とのリスク・スワップ契約を試みている．これは金融機関が暖冬リスクを引き受け，ガス会社が厳冬の場合金融機関に支払う契約である．このような冬季気温リスク・スワップは2002年11月に西部ガスと三井住友海上保険株式会社（以下三井住友海上）と2004年8月に北海道ガスと三井住友海上の間で行われている．ただし，前者は契約料（プレミアム）がゼロであるのに対して，後者はプレミアム支払いがあった（金額は未公表）．

　本稿は北海道ガスと三井住友海上が交わしたリスク・スワップ契約を想定して，契約の公平性について検証を行っている．両社は2004年10月1日から

2005年2月28日までの札幌の平均気温の平均値が両社の合意した基準気温をある一定の幅を超えて上回る場合（暖冬），北海道ガスが三井住友海上から対価を受け取り，逆に基準気温をある一定の幅を超えて下回った場合（厳冬），三井住友海上が北海道ガスから対価を受け取るという契約を交わした．この契約は基準気温から一定の幅以内なら金銭の授受は発生しないとなっている．これはこの幅内では北海道ガスの収益に大きな影響をもたらすことはないと考えられる．また，三井住友海上にとって基準気温から一定の幅を超えて上回らない場合は免責値であると考えられる．しかし，両社の契約ではこの基準気温を公表していないし，詳しい金銭の授受内容とその結果も示していない．

そこで，本稿では両社のペイオフを金融派生商品であるコールオプションとプットオプションの等価交換であると想定する．そして，まず札幌の日々の気温変動プロセスを分散変動モデルをもとに気温シミュレーションを行う．このモデルは季節によって気温の変動幅が異なるモデルである．つぎに，設定した基準気温のもとでリスク・スワップの両者のペイオフの予測確率分布を導出し，ペイオフの公平性の検証を試みる．ここでのペイオフは，基準気温から一定の幅を上回るあるいは下回るときにペイオフが発生する．この枠組みは，2つの異なるペイオフを比較する基礎をもち，実際の契約においてたとえ保険料を前もって支払う場合でも，その公平性を検証するものである．

3.5 第5章：期待効用理論による気温オプションの価格付けと電力とガス事業者間のリスクスワップ取引への応用（江本）

本論文は，代表的な天候デリバティブである気温オプションの価格付けと，気温に対して相反する収益構造をもつような事業者間における気温リスクスワップ取引の価値評価を期待効用最大化の観点から考察している．議論の対象である天候デリバティブとは，事業収益が天候に影響される企業のリスクマネジメント手段として位置づけられ，国際的なエネルギー自由化路線の進展によるエネルギー事業者間の競争激化・経営環境の不安定化を背景に近年注目を集めている金融商品である．しかしながら，天候デリバティブの原資産である天候データは取引不可能な財であるため，その価格付けに際しては市場の完備性はおろか無裁定性をすら仮定することができない．このような理由から，当該問

題に対してはブラック・ショールズモデルに代表される裁定理論の観点からの価格付け理論を単純に適用することが困難であることが知られており，現在は，投資家の期待効用最大化の観点からの研究が中心となっている．本論文が直接の先行研究とする Davis（1998, 2001）による一連の研究もこういった背景に基づく研究の一つである．Davis（1998）は，最適ポートフォリオの組み替えから得られる期待効用の限界代替率に着目することで，非完備市場におけるオプションや取引不可能な財を原資産に持つオプションに対する投資家の留保価格を導出し，これを公正価格（fair price）と呼んだ．さらに，Davis（2001）は上記の結果を利用して，気温が高まるとき事業収益も比例して高まるような事業者に対する気温オプションの公正価格を与えている．

本論文は，このような背景に基づき，Davis（2001）の仮定した事業者モデルに対する理論的拡張と，拡張結果の気温リスクスワップ取引の価値評価への応用について議論したものである．まず，事業者タイプについての理論的拡張について述べる．先行研究は，公正価格を通じて，気温が高まるほど事業収益が増加するような事業者（例えばビール会社，夏季の電力事業者・電機事業者など）にとっての気温オプションの価値を与えている．しかしながら，気温リスクを負う事業者としてはその反対のタイプも想定される．すなわち，気温が高まるほど事業収益が逆に減少するような事業者である．このようなタイプの事業者は，夏季のガス事業者，冬季の電力事業者・ガス事業者・アパレル事業者など幅広く存在するため，こういった事業者に対する気温オプションの価値評価を行うことは有用な拡張であると思われる．

そこで，われわれは Davis（2001）のプライシングモデルに，気温と事業収益が逆比例するような事業者モデルを導入することで，気温が高まるほど事業収益が減少するような事業者に対する気温オプションの公正価格を導出し，気温に対する収益構造の相違が気温オプションの購入価格にどのような影響を与えるかを分析した．つづいて，拡張結果の気温リスクスワップ取引の価値評価への応用について述べる．気温リスクスワップ取引とは，気温インデックスを原資産としたスワップを指し，気温に対して逆方向の収益リスクを保有する事業者間で，互いの保有する気温リスクを相殺し減少させることを目的として行われる取引である．典型例としては，夏季の電力事業者とガス事業者による冷

夏リスクと猛暑リスクのスワップが挙げられる．実際，エネルギー自由化が先行した欧米においては，同事業者間におけるスワップが気温リスクヘッジのスタンダードな方法の一つとしてマーケットを通じて行われており，国内においても，2001年における東京電力と東京ガス間のスワップなどの取引例がある．

われわれは，前述の理論的拡張結果を本問題に応用することで，気温リスクスワップ取引が取引事業者に期待効用改善効果をもたらすようなスワップレートの範囲を考察すると同時に，気温に対して逆の収益構造を有する事業者間での気温リスクスワップ取引が経済学的にPareto improvingであるようなスワップレートを有する条件（risk swap condition）を導出した．また，Emoto and Misawa（2007）の名古屋型気温モデルの推定結果に基づいたrisk swap conditionの例示的計算と，同計算結果に対する考察を与えた．

3.6 第6章：風速予測誤差に基づく風力デリバティブの最適化設計（山田）

将来の気象条件や気象に関連する商品の需要などを予測し，仕入れや取引契約などに活用するといったニーズは，現実のビジネスにおいて少なからず高い．このように企業が気象予測に基づいて意思決定を行う場合，気象予測が外れれば，企業は事前に想定した収益が達成できなくなるという収益減少リスクを負う．本論文では，このような気象予測誤差によって生ずる損失のリスクを，効果的にヘッジする新たな天候デリバティブを提案する．また，提案する天候デリバティブの，風力発電ビジネスにおける気象予測誤差に起因する損失リスクヘッジ効果を検証する．

風力発電は，CO_2を排出しないクリーンエネルギーとして近年脚光を浴び，世界規模で導入が促進されている．このような風力発電の実用化における最大の問題点は，出力が発電時点の風況に依存するため，実際に発電を行うまで発電量が確定的でないことである．この問題を解決するため，最近では，局地的な気象解析によるシミュレーションモデルを利用することにより，翌日の風力発電量を予測し取引に活用する試みが実用化されつつある．ところが，発電出力予測には一般に予測誤差が存在するため，発電出力予測誤差が原因で生じる損失のリスクをどのようにヘッジするかという新たな課題が生じる．本研究の目的は，このような損失を，効果的に補うための天候デリバティブを新たに提

案することである．なお，提案する天候デリバティブは"風"を原資産とするので，総じて"風力デリバティブ"と呼ぶことにする．

本論文における風力デリバティブ構築の基本的な考え方は，発電出力予測誤差が原因で生じる損失を，風速予測誤差に関するデリバティブでヘッジすることである．ここでは，まず，風速予測値を説明変数とするトレンド予測に基づく価格付け手法を用いて，時点ごとの風速実測値を原資産とする風速先物を導入する．ここで，トレンド予測に基づく価格付けとは，価格付けに有意と考えられる変数を説明変数としてデータトレンドを推定し，天候デリバティブの価格を計算する手法である．つぎに，風速予測誤差の絶対値を原資産とする風力デリバティブを以下の手順で設計する．Step 1) 風力発電出力に対する予測値と実測値の関係をスプライン回帰式で記述し，残差を発電出力予測誤差とする．Step 2) 同様に，風況予測における風速予測値と実測値の関係をスプライン回帰式で記述し，残差を風速予測誤差とする．Step 3) 発電出力予測誤差に対し損失関数をあてはめ，これに対する風速予測誤差の絶対値のスプライン回帰を行い，風速予測誤差の絶対値に対する風力デリバティブの支払額を算出する．さらに，反復計算による損失関数と風力デリバティブの支払関数の同時最適化を行い，風力デリバティブを利用するのに最もヘッジ効果の高い損失関数と風力デリバティブの支払関数の構造を示す．また，実際のデータを用いて，風力発電ビジネスにおける風力デリバティブのヘッジ効果を検証し，提案する風力デリバティブが風力発電出力予測に基づく電力取引において想定される損失リスクに対して，高いヘッジ効果をもつことを示す．

4 一般論文

本論文集では，ほかにも一般論文として投稿され査読を通過した，金融工学・計量分野における最先端の内容の論文3篇が収録されております．以下は，著者に提供いただいた論文概要です．

4.1　第 7 章：多期間最適ポートフォリオ問題 —— LSM 法を利用した近似的解法の近似精度（梅内）

　様々な制約条件のもとで運用目標に見合ったポートフォリオを定量的に決定する際，最適化という手法が使われる．この最適化は，利用するリスク・リターン情報の期間の違いにより，1 期間問題と多期間問題に大別できる．1 期間問題は，1 ヶ月，1 四半期，1 年といったあらかじめ定められた一定の 1 期間終了後の効用すなわち将来 1 期間における推定リスク・期待リターンにのみ着目した最適ポートフォリオの決定手法である．他方，多期間問題は，1 期間を細分化して複数期間として認識し，さらには，当面の 1 期間だけでなく先々のリスク・リターンをも考慮しつつ，多期間にわたる長期的な視点から最適ポートフォリオを決定する手法である．

　現実の資産運用は 1 期間で終了するような単純なものではなく，ポートフォリオの入れ替えを繰り返しつつ，中長期にわたって安定した運用成果を目指すのが通常である．したがって，実務的には，当面の経済環境や相場環境だけでなく，より長期的な観点での環境変化やリスク分析を考慮した，多期間問題の枠組みで最適ポートフォリオを認識することが重要といえる．ところが，実務上の意思決定においては，1 期間問題の利用に留まり，多期間問題を有効に活用しているという例を聞くことは少ない．その理由の 1 つとして，多期間問題の複雑さを挙げることができる．多期間問題は複雑であるため，理論的に優れているとしても，真に最適な解を求めることが難しいがゆえに活用されていないというのが実情である．しかし，近年の様々な研究の進展やコンピュータの処理速度の向上などを背景に，多期間問題の解を近似的に求める様々な手法が提唱されてきており，多期間問題の実務への適用可能性は高まりつつある．

　そこで本論文では，多期間問題の近似解の導出法の 1 つである最小二乗モンテカルロ（Least Square Monte Carlo）法を活用した近似的解法に焦点をあて，その有用性や限界について検証した．近似解は解析解と異なり，真の解に対する推定誤差を含んでいる．よって，近似的解法の善し悪しは，推定誤差すなわち近似精度に依存する．本論文では，解析解を求めることが可能なシンプルなモデル設定のもとで数値実験を行い，Kim and Omberg（1996）の解析解との比較を通じ，近似精度および解法の限界を探った．

4.2 第8章：拡張 Merton モデルとその応用（中村）

確率金利のもとで曲がった連続なデフォルト境界に対する Markov 過程の初到達時間の確率密度関数の近似計算法とその信用リスクモデルへの応用を研究する．本稿では，信用リスクの構造的アプローチ（structural approach）の範疇で，満期までにデフォルトが起こりうる，より現実的な設定をもつ拡張 Merton モデルを取り扱う．従来のフラットなデフォルト境界をもつ Black-Cox モデルでは，負債の調達額の期間構造を反映した負債価値の評価は不可能であったが，本稿で提案する方法を用いると，例えば，短期負債が少なく，長期負債が多い場合の負債価値の評価が可能となる．この例で，対照的に，現在価値が変わらないように，短期負債が多く，長期負債が少なくなるような資金調達構造に変えたとき，信用リスクが高まるのか，あるいは，低くなるのかといった分析を定量的に行えるようになる．

Black-Cox モデルを確率金利の枠組みに拡張した Longstaff-Schwartz モデルは，信用リスクの実証研究でよく引用されるが，Collin-Dufresne and Glodstein（2001）で指摘されたように，この論文の初到達時間の計算には誤りがあることを解説し，正しい取り扱い法について言及する．最後に，曲がった連続なデフォルト境界をもつ場合の固定金利の利付き社債，および変動利付き社債の評価式を導出する．

4.3 第9章：我が国の株式市場における風見鶏効果（石島・吉田・松島）

本論文では，市場の見えざる状態，いわゆるレジームが変化するというレジーム・スイッチングを考慮したマルチファクターリターンモデルを構築し，マクロ経済指標，気象条件，および曜日が資産価格の変動に及ぼす影響を定量的に分析する．本論文で提案するモデルの特徴は，以下の2点である．第1に，人間の心理が資産価格に影響を与えうることを実証するために，マルチファクターリターンモデルの説明変数として，人間の心理が無意識的に影響を受ける気象条件や曜日を取り入れた点である．第2に，市場の見えざる状態によって人間の心理が変化しうることを考慮するために，レジーム・スイッチングを導入した点である．その結果，ファクターとして取り入れた要因が投資家心理にどのように影響を与え，さらにその投資家行動がどのように資産価格に影響を

与えるのかを明確にすることができた．

また，本モデルの有効性を示すべく，我が国の株式市場を対象とした実証分析を行った．被説明変数としては，東証株価指数（TOPIX）と東証規模別株価指数（大型株，中型株，および小型株）を対象とした．一方，本モデルの説明変数（ファクター）として用いたのは，マクロ経済指標と，心理に影響を及ぼすと考えられる気象条件と曜日である．具体的には，(1) マクロ経済指標のファクターとして為替要因，長期金利要因，および短期金利要因を；(2) 気象条件ファクターとして全天日射量，平均海面気圧，最高気温，最低気温，日降水量，相対湿度，最大瞬間風速，不快指数を；(3) および曜日ファクターを導入した．被説明変数，説明変数ともに，2001年1月から2003年11月までの950個の日次データを用いた．それらの値は，対数変化率（対数増分）として表した上で，各変数について，その期待値がゼロ，標準偏差が1となるように標準化を行って分析した．分析に際しては，各被説明変数に対し，説明変数としてマクロ経済指標のみを用いた場合と，マクロ経済指標，気象条件，そして曜日という全てのファクターを用いた場合の2つのパターンの分析を，それぞれ行った．また同時に，レジームを考慮しない場合と考慮した場合で分析を行った．

その結果，気象条件や曜日が株価に影響を与えており，特に，規模が小型になるほど，マクロ経済指標の影響は小さくなり，気象条件や曜日の影響が大きくなることが確認できた．さらに，レジームを考慮することにより，以下のような知見を得ることができた．第1に，レジームを考慮した方がAICを改善しており，レジームを考慮する統計的な妥当性が示唆された．第2に，レジーム・スイッチングの生起パターンに注目すると，TOPIX，大型株，中型株については，資産の別に依らず，かつ，マクロ経済指標ファクターのみを用いた場合と全てのファクターを用いた場合とに依らず，レジーム・スイッチングの生起パターンは非常に類似しており，レジームを共有していることがわかる．これは，市場全体を支配する単一の見えざるレジームを想定している理論モデルと整合的な結果である．

さらに，各ファクターの資産価格に対する影響もレジームによって変化しており，ボラティリティが低く市場が安定した状態では，為替変動に強く影響を

受けるが，その他のファクターの影響はさほど大きくないことが示された．逆に，ボラティリティが高く市場が不安定な状態では，為替変動以外のマクロ経済指標，気象条件，および曜日などのファクターも有意に影響を与えていることが示された．つまり，不安定なレジームでは，マクロ経済指標だけではなく，様々な心理的要因が資産価格に影響を与えていることがわかった．そして，ボラティリティが低いレジームでは，気象条件の悪化（降水量，湿度，最大瞬間風速，および不快指数の増大）が資産価格の収益率に対してマイナスに働くという先行研究と同様の結果を得ることができた．一方，ボラティリティが高い状態では，気象条件の悪化が資産価格の収益率に対してプラスに働いていることが示された．つまり，市場が不安定な状態では，投資家は気象条件の悪化に対して過敏に反応し，資産価格の収益率に対してプラスに働くという現象を見出すことができた．すなわち，本研究で得られた新たな知見は，我が国の株式市場においては，投資環境や気象条件が悪いレジームにあっても，投資家が前向きに取引を行い結果として株価を押し上げる現象「風見鶏効果」を見出せたことにある．

特 集 論 文

1 不確実性下における代替的な環境政策の選択*

後藤　允・髙嶋隆太・辻村元男

概要　本研究は，不確実性下における環境政策についての考察を行う．経済主体は，経済活動によって便益を得ているが，同時に汚染物質を排出しているため，損害も被っている．そのため，政策実施費用は低いが，排出削減量も小さい政策（環境政策1）と，政策実施費用は高いが，排出削減量も大きい政策（環境政策2）の2種類の環境政策の実施を検討している．ただし，両方の政策を実施することはできない．したがって，経済主体は，汚染物質から被る損害を抑制するために，どちらの政策をいつ実施するかという問題に直面している．本研究では，主体の問題を最適停止問題と定式化し，主体が環境政策を実施する最適な時刻を求める．分析の結果，汚染物質から受ける損害に関する不確実性が大きくなるに従い，環境政策1の実施が抑制され，環境政策2が選択されることが示された．また，不確実性の大きさがある水準以上となると，環境政策1が実施されなくなり，代替的な環境政策において，主体の問題は，環境政策2のみを政策の選択肢として保有する単一の環境政策の問題に変化することが示された．

Keywords：環境政策，最適停止，リアルオプション．

1　は　じ　め　に

地球温暖化，酸性雨，砂漠化など様々な環境問題にわれわれは直面しており，これらの問題を解決するために，世界各国で取り組みが行われている．環境問題を議論する際の重要な要素の一つとして，不確実性が挙げられる．例えば，地球温暖化を考えた場合，大気に関わるシステムが非常に複雑なため，将来の温暖化の程度は，確実にはわからない．また，大気中の温暖化ガスの濃度が同じであったとしても，温暖化によって被る損害は，人口の変化や天候など

＊　2007年2月19日投稿受付，2007年7月5日採択通知．

それ以外の不確実な要素によっても毎期異なると考えられる．このような不確実性下における環境政策に関して，Arrow and Fisher (1974)，Henry (1974) は，環境政策の実施については，異時点間にわたる主体の意思決定であることと，政策の実施に関する不可逆性に注目した分析を行った．その後，Dixit and Pindyck (1994) Chapter 12，Conrad (1997)，Pindyck (2000, 2002)，Wirl (2006 a，2006 b)，Lin, Ko and Yeh (2007) など，不確実性下において，設備投資など不可逆なプロジェクトへの投資を分析するリアルオプション・アプローチを環境問題の分析に応用した研究がなされている．本研究も，これらの研究と同様に，リアルオプション・アプローチを応用し，不確実性下における環境政策について考察する．

経済主体は，経済活動に伴って汚染物質を排出しているとする．そのため，経済主体は，汚染物質から損害を被っており，汚染物質の排出の削減を検討しているとする．例えば，電力・ガスといったエネルギーや工業製品などの財を生産するために，石炭や石油などの化石燃料を燃焼させることで，二酸化炭素などの温室効果ガスや硫黄酸化物や窒素酸化物が排出される．その結果，引き起こされる温暖化や酸性雨による損害を抑制するために，これらの物質の排出を削減することを検討しているとする．本研究では，同じ水準の経済活動から排出される汚染物質を減少させる設備などを，導入する政策について考察する．

経済主体が環境政策を検討する際に，重要なことは，複数の政策の候補の中から最適な政策を選択することである．環境省政策評価基本計画[1]の6．事前評価の実施に関する事項においても，複数の政策代替案の中からの適切な政策の選択について述べられている．また，実際の環境・エネルギー政策においても，代替政策への移行や代替シナリオの保有が考えられている．例えば，石油価格の高騰，化石燃料の枯渇，そして二酸化炭素排出の問題から，将来，原子力エネルギーや新エネルギーの供給量を増加させるエネルギー政策が考えられており[2]，現在の政策から社会的費用が小さい政策へ移行する意思決定とも見

---

1) 環境省政策評価基本計画については，つぎのウェブページを参照のこと．
http://www.env.go.jp/guide/seisaku/h18/kihon.html
2) 経済産業省・資源エネルギー庁 (2006) を参照のこと．

ることができる．また，原子力エネルギー分野における核燃料サイクル政策においては，(i) 全量再処理，(ii) 部分再処理，(iii) 全量直接処分，(iv) 当面貯蔵といった4つの政策シナリオが考えられており，それぞれのシナリオにおいて社会的・経済的費用の評価が行われ，将来の状況に最適なシナリオが選択される．これは，代替政策のオプションであり，将来の不確実性とともに，このオプション自体には経済的な価値があり，それぞれの政策の意思決定が先送りされているものと考えられる[3]．

したがって，本研究の目的は，不確実性下において，代替的な環境政策から，主体はどの政策をいつ実施すればよいかを明らかにすることである．この目的のため，本研究では，環境政策が2種類存在する場合に，経済主体がどちらをいつ選択することが最適であるかについて考察する．具体的には，つぎの2種類の環境政策を考える．環境政策1は，政策実施に要する費用は低いが，汚染物質の排出削減量も小さい政策である．一方，環境政策2は，政策実施に要する費用は，政策1よりも高いが，汚染物質の排出削減量は，政策1よりも大きい政策である．2種類の代替的な環境政策の分析をするために，本研究では，まず，環境政策1，2のうちいずれか一方しか主体が実施できない場合を考察する．つまり，不確実性下において単一の環境政策に関する考察である．本研究は，同様の考察を行った先行研究 Dixit and Pindyck (1994) Chapter 12, Pindyck (2000, 2002) に従い，経済主体の問題の定式化を行う．経済主体は，将来にわたって経済活動から便益を得ているが，損害も被っている．そのため，損害が大きくなれば，便益と損害の差である正味の便益が小さくなる．したがって，環境政策を実施し損害を小さくする．ただし，このときに政策実施費用がかかる．以上より，主体は，将来にわたる正味の便益，つまり，便益の期待割引現在価値と，環境政策を実施する際に要する費用の割引現在価値をあわせた，期待総割引便益を最大とするように，環境政策をいつ実施すべきかを検討している．したがって，主体の問題を最適停止問題として定式化し，分析する．つぎに，この分析を拡張し，経済主体は環境政策1と2のいずれも実施可能であり，2種類の代替的な環境政策のどちらか一方を実施する場

[3) 現在では，「エネルギーセキュリティ」，「将来の不確実性への対応能力」に優れた (i) の再処理シナリオが採用さている．

合を考察する．考察に際しては，2種類の代替的なプロジェクトへの投資を分析したDixit（1993）を拡張したDécamps, Mariotti and Villeneuve（2006）に従う．単一の環境政策の場合と同様に，主体の問題を最適停止問題として定式化し分析する．つぎに，最適な政策実施時刻を定める閾値を数値的に求める．さらに，主体の問題の定式化において，外生的に与えられたパラメータに関する比較静学を行い，主体の環境政策の選択について考察する．

　分析の結果，以下の主な結果を得た．汚染物質から受ける損害に関する不確実性が大きくなるに従い，環境政策の実施が抑制される．代替的な環境政策においては，不確実性が大きくなるに従い，環境政策1の実施が抑制され，環境政策2が選択されるようになる．また，不確実性の大きさがある水準以上となると，環境政策1が実施されなくなり，代替的な環境政策において，主体の問題は，環境政策2のみを政策の選択肢として保有する単一の環境政策の問題に変化する．つぎに，現在の排出量が多くなるに従い，単一の環境政策の場合であっても，代替的な環境政策であっても，環境政策の実施が促進される．また，現在の排出量が少なくなるに従い，代替的な環境政策において，環境政策1が実施されなくなる．つぎに，政策の実施によって排出削減量が増えると，環境政策の実施が促される．代替的な環境政策の場合は，どちらか一方の削減量が増える場合を考察し，その削減量が増えるに従い，当該政策の実施が促進される．一方，削減量が少なくなるに従い，もう一方の政策実施が促進される．また，環境政策1の削減量が，ある量まで減少すると，環境政策1は実施されなくなり，代替的な環境政策において，主体の問題は，環境政策2のみを政策の選択肢として保有する単一の環境政策の問題に変化する．同様に，もし，環境政策2の削減量が，ある量まで増加すると，環境政策1は実施されなくなる．つぎに，ある政策の政策実施費用が大きくなると，当該政策の実施が抑制される．代替的な環境政策の場合は，当該政策の実施が抑制され，他方の政策実施が促進される．環境政策1の実施費用がある水準以降となると環境政策1は実施されなくなる．したがって，代替的な環境政策において，主体の問題は，環境政策2のみを政策の選択肢として保有する単一の環境政策の問題に変化する．環境政策2の実施費用がある水準以下となる場合も同様である．

　本研究は，Dixit and Pindyck（1994）Chapter 12やPindyck（2000,

2002) を，Décamps, Mariotti and Villeneuve (2006) を参考に，代替的な環境政策の最適な選択問題に拡張を行った．先に挙げた先行研究以外にも，関連研究として，単一の環境政策の実施について，主体が複数の場合について考察を行った研究として，Barrieu and Chesney (2003)，Ohyama and Tsujimura (2006, 2008) が挙げられる．また，本研究が考慮していない環境の激変の影響を考慮した研究として，Baranzini, Chesney and Morisset (2003) が挙げられる．これら環境政策の研究は，いずれも単一の環境政策をいつ実施するのが最適かという問題を考察している．一方，本研究は，主体が二つの代替的な環境政策を選択肢としてもつ場合に，どちらの環境政策をいつ実施するのが最適であるかを考察している．この点が先行研究と異なる点である．

本研究の構成は次である．次節において，環境政策として，環境政策1, 2のうちいずれか一方しか，経済主体は実施できない場合を考察する．つぎに，第3節において，経済主体は，環境政策1と2のいずれも実施可能であり，2つの環境政策のどちらか一方を実施する場合を考察する．第4節において，環境政策の実施に関わる閾値を数値で示し，比較静学を行う．最後に，第5節にて，本研究をまとめる．

2 単一環境政策

経済主体は，経済活動をすることで便益を得ているが，経済活動に伴って汚染物質を排出しているとする．汚染物質の排出によって損害を被っているとする．したがって，汚染物質の排出を削減する環境政策の実施を検討しているとする．検討する環境政策は，同じ水準の経済活動から排出される汚染物質が少なくなるような設備を導入する政策である．ただし，環境政策としては2種類の政策を考察する．環境政策1は，政策実施に要する費用は低いが汚染物質の排出削減量も小さい政策である．一方，環境政策2は，政策実施に要する費用は，政策1よりも高いが，汚染物質の排出削減量は大きい政策である．主体は，これら2つの政策のうちどちらを実施するのが最適なのかについて検討している．主体の問題を考察するために，本節では，環境政策として，環境政策1, 2のうちいずれか一方しか主体が実施できない場合を考察する．同様の考

察として，Dixit and Pindyck（1994）Chapter 12 や Pindyck（2000, 2002）が先行研究として挙げれられる．本節はこれら先行研究に従い，問題の定式化を行う．

経済主体は，時刻 $t \geq 0$ において，経済活動の水準 Q_t から便益 $P_t Q_t$ を得ているとする．P_t は経済活動の水準を金額に変換するパラメータ，Q_t が財の生産量だとすると P_t は財の価格に対応する．経済活動の水準 Q_t の過程 $Q = \{Q_t\}_{t \geq 0}$ は，つぎの微分方程式に従っているとする．

$$dQ_t = \alpha Q_t dt, \quad Q_0 = q \tag{2.1}$$

ただし，$\alpha > 0$ とする．また，P_t は簡単化のため一定とする．$p \equiv P_t$．経済活動に伴って排出される汚染物質のフローを E_t とし，経済活動のある一定割合で汚染物質が排出されるとする．$E_t = \gamma Q_t$[4]．排出された汚染物質が蓄積されたストックを Y_t とし，Y_t の過程 $Y = \{Y_t\}_{t \geq 0}$ は，つぎの微分方程式に従っているとする．

$$dY_t = (\gamma Q_t - \delta Y_t)dt, \quad Y_0 = y \tag{2.2}$$

ただし，$\delta \in (0,1)$ は，汚染物質の自然浄化率を表す．主体は汚染物質から損害を被っているため，汚染物質の排出フローを削減する環境政策を検討しているとする．環境政策を実施していないときの汚染物質の排出フローを，$\gamma^0 Q_t$ とする．したがって，$i = 0$ は環境政策が実施されていない状態を表す．環境政策 i ($i = 1, 2$) によって汚染物質の排出フローは，$\gamma^i Q_t$ に削減される．ただし，環境政策 1 より 2 の方が削減量が大きいため，$\gamma^0 > \gamma^1 > \gamma^2$ という関係が成り立つ．環境政策の実施を考慮した汚染物質のストック過程 Y の振る舞いは，つぎとなる．

$$dY_t = \begin{cases} dY_t^0 = (\gamma^0 Q_t - \delta Y_t^0)dt, & t < \tau_S^1 \text{ or } \tau_S^2 \\ dY_t^1 = (\gamma^1 Q_t - \delta Y_t^1)dt, & t \geq \tau_S^1 \\ dY_t^2 = (\gamma^2 Q_t - \delta Y_t^2)dt, & t \geq \tau_S^2 \end{cases} \tag{2.3}$$

ただし，$\tau_S^i \in \mathcal{C}$ ($i = 1, 2$) は，環境政策 i が実施される時刻を表し，$\mathcal{C}$ は，許容な政策実施時刻の全体を表す．時刻 t において，汚染物質のストックから被る損害を $X_t Y_t$ と表す．X_t は汚染物質のストックから受ける損害を表すシフ

---

[4] Q を使用電力量，あるいは発電電力量とし，汚染物質として二酸化炭素を考えると，γ は，二酸化炭素排出原単位に相当する．

ト変数であり，汚染物質の単位から損害額への変換もなされている．同じ汚染物質のストック量によっても，被る損害は，人口の変化や天候などそれ以外の不確実な要素によっても毎時異なると考えられる．したがって，損害が時間の経過を通じて変化することを表すために，X_t の過程 $X=\{X_t\}_{t\geq 0}$ は，つぎの確率微分方程式に従っているとする．

$$dX_t = \mu X_t dt + \sigma X_t dW_t, \quad X_0 = x \tag{2.4}$$

ただし，$\mu>0$, $\sigma>0$ は定数とし，W_t は通常の条件[5]を満たすフィルター付き確率空間 $(\Omega, \mathcal{F}, \mathbb{P}, \{\mathcal{F}_t\}_{t\geq 0})$ 上に定義される標準ブラウン運動である．経済主体が経済活動から得られる正味の便益は，つぎで与えられる便益関数 $B(Q_t, X_t, Y_t)$ によって表される．

$$B(Q_t, X_t, Y_t) = pQ_t - X_t Y_t \tag{2.5}$$

(2.5) 式は，環境政策の実施状態 i によって汚染物質の排出量が変化することを考慮すると，つぎのようになる．

$$B(Q_t, X_t, Y_t) = \begin{cases} B^0(Q_t, X_t, Y_t^0) = pQ_t - X_t Y_t^0, & t < \tau_S^1 \text{ or } \tau_S^2 \\ B^1(Q_t, X_t, Y_t^1) = pQ_t - X_t Y_t^1, & t \geq \tau_S^1 \\ B^2(Q_t, X_t, Y_t^2) = pQ_t - X_t Y_t^2, & t \geq \tau_S^2 \end{cases} \tag{2.6}$$

環境政策 i を実施するために必要な費用を，K^i とする．環境政策1の方が，環境政策2よりも費用が低く，$K^1 < K^2$ となっている．環境政策 i に関する主体の期待総割引便益 J^i は，つぎで与えられる．

$$J^i(q, x, y; \tau_S^i) = \mathbb{E}\left[\int_0^\infty e^{-rt} B(Q_t, X_t, Y_t) dt - e^{-r\tau_S^i} K^i\right] \tag{2.7}$$

ただし，$r>0$ は割引率を表す．ここで，意味のある問題を考察するために，つぎの条件を仮定する．

仮定 (AS.1)

$$\mathbb{E}\left[\int_0^\infty e^{-rt} |B(Q_t, X_t, Y_t)| dt\right] < \infty$$

以上より，主体の問題は，環境政策 i に関する主体の期待総割引便益 J^i を最大とするように，環境政策 i を実施する時刻 τ^i を選ぶ問題となる．

$$V^i(q, x, y) = \sup_{\tau^i \in \mathscr{C}} J^i(q, x, y; \tau_S^i) = J^i(q, x, y; \tau_S^{i*}) \tag{2.8}$$

---

[5] 例えば，Karatzas and Shreve (1991) を参照されたい．

ただし，V^i は価値関数を，τ_s^{i*} は最適な政策実施時刻を表す．

最適環境政策

主体の問題 (2.8) は，最適停止問題として定式化されており，以下，主体の問題を最適停止問題として考察する．

まず，(2.7) 式をつぎのように書き直す．

$$\begin{aligned}
J^i(q,x,y;\tau_s^i) &= \mathrm{E}\Big[\int_0^\infty e^{-rt}B(Q_t,X_t,Y_t)\mathrm{d}t - e^{-r\tau_s^i}K^i\Big] \\
&= \mathrm{E}\Big[\int_0^{\tau_s^i} e^{-rt}B^0(Q_t,X_t,Y_t^0)\mathrm{d}t\Big] \\
&\quad + e^{-r\tau_s^i}\Big(\int_{\tau_s^i}^\infty e^{-r(t-\tau_s^i)}B^i(Q_t,X_t,Y_t^i)\mathrm{d}t - K^i\Big) \\
&= \mathrm{E}\Big[\int_0^{\tau_s^i} e^{-rt}B^0(Q_t,X_t,Y_t^0)\mathrm{d}t + e^{-r\tau_s^i}G^i(Q_{\tau_s^i},X_{\tau_s^i},Y_{\tau_s^i}^i)\Big]
\end{aligned} \tag{2.9}$$

ただし，

$$G^i(Q_t,X_t,Y_t^i) = \int_t^\infty e^{-r(s-t)}B^i(Q_s,X_sY_s^i)\mathrm{d}s - K^i \tag{2.10}$$

主体は環境政策 i の実施について，経済活動から被る損害を抑制すべくシフト変数を観察している．したがって，主体が環境政策 i を実施しない領域（続行領域）H_s^i は，

$$H_s^i = \{x>0 ; V^i(q,x,y) > G^i(q,x,y)\} \tag{2.11}$$

となり，環境政策 i の実施時刻 τ_s^i は，つぎのように与えられる．

$$\tau_s^i = \inf\{t>0 ; x \notin H_s^i\} \tag{2.12}$$

最適停止問題は，変分不等式を用いて解くことができる．例えば，Hu and Øksendal (1998)，Dupuis and Wang (2002)，Øksendal (2003) などを参照のこと．本節の主体の問題に対応する変分不等式は，つぎのように与えられる．

$$\mathscr{L}V^i(q,x,y) + B^0(q,x,y) \leq 0 \tag{2.13}$$

$$V^i(q,x,y) \geq G^i(q,x,y) \tag{2.14}$$

$$[\mathscr{L}V^i(q,x,y) + B^0(q,x,y)][V^i(q,x,y) - G^i(q,x,y)] = 0 \tag{2.15}$$

ただし，$\mathscr{L}$ はつぎで与えられる偏微分作用素である．

$$\mathscr{L} = \frac{1}{2}\sigma^2 x^2 \frac{\partial^2}{\partial x^2} + \mu x \frac{\partial}{\partial x} + (\gamma^i q - \delta y)\frac{\partial}{\partial y} + \alpha q \frac{\partial}{\partial q} - r \tag{2.16}$$

(2.13)-(2.15)式は,つぎと書き直せる.

$$\max[\mathscr{L}V^i(q,x,y) + B^0(q,x,y), G^i(q,x,y) - V^i(q,x,y)] = 0 \tag{2.17}$$

価値関数 $V^i(q,x,y)$ の候補関数を $\phi^i(q,x,y)$ とする. $\phi^i(q,x,y)$ が (2.13)-(2.15)式の変分不等式の解であるとすると,Verification Theorem[6] より,候補関数が価値関数と一致し,最適な停止時刻 τ^{i*} が求まる.興味のある読者は,Hu and Øksendal (1998),Dupuis and Wang (2002),Øksendal (2003) などを参照のこと.

つぎに,候補関数 ϕ^i の解析解を求める.今,主体の最適な環境政策として,シフト変数の水準が x_S^i 以上になれば,主体は環境政策 i を実施する,という環境政策を考える.政策実施時刻 τ_S^i の定義 (2.12) は,つぎとなる.

$$\tau_S^i = \inf\{t > 0 \, ; \, X_t \geq x_S^i\} \tag{2.18}$$

変分不等式より,$x \geq x_S^i$ においては,つぎが成り立つ.

$$\mathscr{L}\phi^i(q,x,y) + B^0(q,x,y) = 0 \tag{2.19}$$

(2.19) 式の解は,つぎのように求まる.

$$\phi^i(q,x,y) = C_{S1}^i x^{\beta_1} + C_{S2}^i x^{\beta_2} + \frac{pq}{r-\alpha} - \frac{xy}{\rho_1} - \frac{x\gamma^0 q}{\rho_1 \rho_2} \tag{2.20}$$

ただし,C_{S1}^i,C_{S2}^i は未知定数.β_1,β_2 は,特性方程式

$$\frac{1}{2}\sigma^2 \beta(\beta-1) + \mu\beta - r = 0 \tag{2.21}$$

の解で,それぞれつぎと求まる.

$$\begin{aligned}\beta_1 &= \frac{1}{2} - \frac{\mu}{\sigma^2} + \sqrt{\left(\frac{\mu}{\sigma^2} - \frac{1}{2}\right)^2 + \frac{2r}{\sigma^2}} > 1 \\ \beta_2 &= \frac{1}{2} - \frac{\mu}{\sigma^2} - \sqrt{\left(\frac{\mu}{\sigma^2} - \frac{1}{2}\right)^2 + \frac{2r}{\sigma^2}} < 0\end{aligned} \tag{2.22}$$

(2.20)式の右辺第3-5項は,環境政策が将来にわたって実施されない場合の便益関数 B^i の期待割引現在価値である.

---

[6] Verification Theorem の詳細については,例えば,Øksendal (2003) Theorem 10.4.1 を参照のこと.

$$\begin{aligned}
&\mathrm{E}\Big[\int_0^\infty e^{-rt}(pQ_t - X_t Y_t^i)\mathrm{d}t\Big] \\
&= \int_0^\infty e^{-rt} pqe^{\alpha t}\mathrm{d}t - \int_0^\infty e^{-rt}xe^{\mu t}\Big(e^{-\delta t}\Big(y - \frac{\gamma^i q}{\alpha+\delta}\Big) + e^{\alpha t}\frac{\gamma^i q}{\alpha+\delta}\Big)\mathrm{d}t \\
&= \frac{pq}{r-\alpha} - \frac{xy}{r-\mu+\delta} - \frac{x\gamma^i q}{(r-\mu+\delta)(r-\mu-\alpha)} \\
&= \frac{pq}{r-\alpha} - \frac{xy}{\rho_1} - \frac{x\gamma^i q}{\rho_1 \rho_2}
\end{aligned} \qquad (2.23)$$

ただし，$\rho_1 = r-\mu+\delta$，$\rho_2 = r-\mu-\alpha$ である．また，シフト変数 X_t の値がゼロのときは，汚染物質から被る損害もゼロとなるため，主体の問題の境界条件として，つぎを得る．

$$\phi^i(q, 0, y) = \frac{pq}{r-\alpha} \qquad (2.24)$$

(2.20) 式が発散しないために，$C_{S2}^i = 0$ とおく．したがって，(2.20) 式はつぎとなる．

$$\phi^i(q, x, y) = C_{S1}^i x^{\beta_1} + \frac{pq}{r-\alpha} - \frac{xy}{\rho_1} - \frac{x\gamma^0 q}{\rho_1 \rho_2} \qquad (2.25)$$

(2.25) 式の右辺第1項は，主体が環境政策 i の実施時刻を柔軟に選択できることから生じる価値である．この価値をいわゆるリアルオプション価値と呼ぶ．主体の問題を解くために，求めなければならない未知パラメータは，C_{S1}^i と x_S^i である．これらは，value-matching 条件と smooth-pasting 条件として知られているつぎの条件[7] によって求まる．

$$\phi^i(q, x_S^i, y) = G^i(q, x_S^i, y) \qquad (2.26)$$
$$\phi_x^i(q, x_S^i, y) = G_x^i(q, x_S^i, y) \qquad (2.27)$$

ただし，(2.10)，(2.23) 式より，$G^i(q, x, y)$ はつぎとなる．

$$G^i(q, x, y) = \frac{pq}{r-\alpha} - \frac{xy}{\rho_1} - \frac{x\gamma^i q}{\rho_1 \rho_2} - K^i \qquad (2.28)$$

(2.25)-(2.28) 式より，環境政策 i に対する閾値 x_S^i と未知定数 C_{S1}^i は，つぎと求まる．

$$x_S^i = \Big(\frac{\rho_1 \rho_2}{(\gamma^0 - \gamma^i)q}\Big)\Big(\frac{\beta_1}{\beta_1 - 1}\Big)K^i \qquad (2.29)$$

---

7) これらの条件の詳細については，例えば，Dixit and Pindyck（1994）を参照されたい．

$$C_{S1}^i = \left(\frac{(\gamma^0 - \gamma^i)q}{\rho_1 \rho_2 \beta_1}\right)^{\beta_1} \left(\frac{K^i}{\beta_1 - 1}\right)^{1-\beta_1} \tag{2.30}$$

(2.29) 式と求まった x_S^i を用い，(2.18) 式で定義される政策実施時刻 τ_S^i が，最適な政策実施時刻 τ_S^{i*} であることを示すためには，候補関数 ϕ^i が，変分不等式 (2.13)-(2.15) 式を，満たすことを確かめなければならない．このことについては，Hu and Øksendal (1998)，Dupuis and Wang (2002) Proposition 1 を参照のこと．

3　代替環境政策

本節では，経済主体は，環境政策1と2のいずれも実施可能であり，2つの環境政策のどちらか一方を実施する場合を考察する．考察に際しては，2つの代替的なプロジェクトへの投資を分析した Décamps, Mariotti and Villeneuve (2006) に従う．

2つの環境政策のどちらか一方が実施されるため，環境政策の実施時刻 τ_A は，つぎのように与えられる．

$$\tau_A = \min[\tau_A^1, \tau_A^2] \tag{3.1}$$

ただし，$\tau_A^i (i=1,2)$ は，2つの環境政策が与えられているときに，環境政策 i が実施される時刻を表す．主体の期待総割引便益 J は，(2.7) 式からつぎのように与えられる．

$$\begin{aligned}
J(q,x,y;\tau_A) = &\mathrm{E}\Big[\int_0^{\tau_A^1 \wedge \tau_A^2} e^{-rt} B^0(Q_t, X_t, Y_t^0) \mathrm{d}t \\
&+ \mathbf{1}_{\{\tau_A^1 \leq \tau_A^2\}} e^{-r\tau_A^1} \Big(\int_{\tau_A^1}^{\infty} e^{-r(t-\tau_A^1)} B^1(Q_t, X_t, Y_t^1) \mathrm{d}t - K^1\Big) \\
&+ \mathbf{1}_{\{\tau_A^1 > \tau_A^2\}} e^{-r\tau_A^2} \Big(\int_{\tau_A^2}^{\infty} e^{-r(t-\tau_A^2)} B^2(Q_t, X_t, Y_t^2) \mathrm{d}t - K^2\Big)\Big] \\
= &\mathrm{E}\Big[\int_0^{\tau_A^1 \wedge \tau_A^2} e^{-rt} B^0(Q_t, X_t, Y_t^0) \mathrm{d}t \\
&+ \mathbf{1}_{\{\tau_A^1 > \tau_A^2\}} e^{-r\tau_A^1} G^1(Q_{\tau_A^1}, X_{\tau_A^1}, Y_{\tau_A^1}^1) \\
&+ \mathbf{1}_{\{\tau_A^1 > \tau_A^2\}} e^{-r\tau_A^2} G^2(Q_{\tau_A^2}, X_{\tau_A^2}, Y_{\tau_A^2}^2)\Big]
\end{aligned} \tag{3.2}$$

したがって，主体の問題は，主体の期待総割引便益 J を最大とするように，2 つの環境政策のうち一方の環境政策を実施する時刻 τ_A を選択する問題となる．

$$V(q,x,y) = \sup_{\tau_A \in \mathcal{C}} J(q,x,y\,;\,\tau_A) = J(q,x,y\,;\,\tau_A^*) \tag{3.3}$$

主体が環境政策を実施しない続行領域 H_A は，(2.11) 式より，つぎとなる．

$$H_A = \{x > 0\,;\,V(q,x,y) > \max[G^1(q,x,y), G^2(q,x,y)]\} \tag{3.4}$$

したがって，政策実施時刻 τ_A は，つぎのように与えられる．

$$\tau_A = \inf\{t > 0\,;\,X_t \notin H_A\} \tag{3.5}$$

第 2 節と同様に，最適停止問題として定式化された主体の問題を解く．本節の，主体の問題に対する変分不等式はつぎのようになる．

$$\mathscr{L}V(q,x,y) + B^0(q,x,y) \leq 0 \tag{3.6}$$

$$V(q,x,y) \geq \max[G^1(q,x,y), G^2(q,x,y)] \tag{3.7}$$

$$[\mathscr{L}V(q,x,y) + B^0(q,x,y)] \\ [V(q,x,y) - \max[G^1(q,x,y), G^2(q,x,y)]] = 0 \tag{3.8}$$

(3.6)–(3.8) 式は，つぎのように書き直せる．

$$\max[\mathscr{L}V(q,x,y) + B^0(q,x,y), G^1(q,x,y) \\ - V(q,x,y), G^2(q,x,y) - V(q,x,y)] = 0 \tag{3.9}$$

価値関数の候補関数 ϕ を求める．第 2 節で環境政策を個別に考察していた場合は，シフト変数の水準が x_S^i 以上になれば，主体は環境政策 i を実施した．その結果，(2.29) 式より，環境政策 1 の実施を定めるシフト変数の閾値 x_S^1 の値は，環境政策 2 のシフト変数の閾値 x_S^2 の値より小さいことがわかった：$x_S^1 < x_S^2$．一方，本節では，2 つの環境政策が与えられており，そのいずれか一方を実施する主体の問題を考察している．このため，シフト変数の値が x_S^1 より大きいとき：$x > x_S^1$ でも，環境政策 1 と 2 を比較してどちらを実施すべきかの意思決定を遅らせている領域が存在する．このような領域を (x_A^1, x_A^2) とする．つまり，主体は，$x < x_S^1$ においては，環境政策を実施していない．$x_S^1 \leq x \leq x_A^1$ においては，環境政策 1 を実施している．$x_A^1 < x < x_A^2$ においては，環境政策を実施していない．$x \geq x_A^2$ においては，環境政策 2 を実施している．シフト変数の領域の分割に関しては，Décamps, Mariotti and Villeneuve（2006）Theorem 2.1 を参照のこと．

したがって，2つの環境政策のうち，環境政策1が実施される時刻 τ_A^1 は，つぎで与えられる．

$$\tau_A^1 = \inf\{t>0 \,;\, x_S^1 \leq X_t \leq x_A^1\} \tag{3.10}$$

一方，2つの環境政策のうち，環境政策2が実施される時刻 τ_A^2 は，つぎで与えられる．

$$\tau_A^2 = \inf\{t>0 \,;\, X_t \geq x_A^2\} \tag{3.11}$$

(3.4)式で，与えられる環境政策が実施されない領域 H_A は，つぎとなる．

$$H_A = \{x \,;\, x < x_S^1, \; x_A^1 < x < x_A^2\} \tag{3.12}$$

変分不等式より，環境政策が実施されない領域 H_A においては，つぎが成り立つ．

$$\frac{1}{2}\sigma^2 x^2 \phi_{xx} + \mu x \phi_x + (\gamma^0 q - \delta y)\phi_y + \alpha q \phi_q - r\phi + B^0 = 0 \tag{3.13}$$

$x < x_S^1$ における解は，x が x_S^1 に到達すれば，環境政策1を実施することから，(2.25)式となる．一方，$x_A^1 < x < x_A^2$ における解は，x が x_A^1 に到達すれば環境政策1を実施し，x_A^2 に到達すれば環境政策2を実施することから，

$$\phi(q,x,y) = C_{A1} x^{\beta_1} + C_{A2} x^{\beta_2} + \frac{pq}{r-\alpha} - \frac{xy}{\rho_1} - \frac{x\gamma^0 q}{\rho_1 \rho_2} \tag{3.14}$$

となる．したがって，候補関数 ϕ は x の水準によって，つぎのように場合分けされる．

$$\phi(q,x,y) = \begin{cases} C_{S1}^1 x^{\beta_1} + \dfrac{pq}{r-\alpha} - \dfrac{xy}{\rho^1} - \dfrac{x\gamma^0 q}{\rho_1 \rho_2}, & x < x_S^1 \\[6pt] \dfrac{pq}{r-\alpha} - \dfrac{xy}{\rho_1} - \dfrac{x\gamma^1 q}{\rho_1 \rho_2} - K^1, & x_S^1 \leq x \leq x_A^1 \\[6pt] C_{A1} x^{\beta_1} + C_{A2} x^{\beta_2} + \dfrac{pq}{r-\alpha} - \dfrac{xy}{\rho_1} - \dfrac{x\gamma^0 q}{\rho_1 \rho_2}, & x_A^1 < x < x_A^2 \\[6pt] \dfrac{pq}{r-\alpha} - \dfrac{xy}{\rho_1} - \dfrac{x\gamma^2 q}{\rho_1 \rho_2} - K^2, & x < x_A^2 \end{cases} \tag{3.15}$$

主体の問題を解くために，求めなければならない未知パラメータは，$C_{A1}, C_{A2}, x_A^1, x_A^2$ である．これらはつぎの条件を用いることで求まる．

$$\phi(q, x_A^1, y) = G^1(q, x_A^1, y) \tag{3.16}$$

$$\phi(q, x_A^2, y) = G^2(q, x_A^2, y) \tag{3.17}$$

1　不確実性下における代替的な環境政策の選択　　37

$$\phi_x(q, x_A^1, y) = G_x^1(q, x_A^1, y) \tag{3.18}$$

$$\phi_x(q, x_A^2, y) = G_x^2(q, x_A^2, y) \tag{3.19}$$

ただし，本節の問題については，解析的な解を求めることはできないので，次節にて数値的にこれらの値を求める．

4　数値計算と比較静学

本節では，代替的な環境政策の実施に関わる閾値 x_A^1, x_A^2 を求める (3.16)-(3.19) 式を数値的に解き，閾値を求める．数値計算においては，Press et al. (1992) Chapter 9 を参考に，非線形連立方程式の数値解法である Newton-Raphson 法を拡張したアルゴリズムにより，4つの非線形連立方程式を解く．また，代替的な環境政策の特徴を明らかとするために，単一な環境政策の実施に関わる閾値 x_S^1, x_S^2 についても，値を求める．さらに，モデルに与えられた外生的なパラメータを変化させることで比較静学を実施し，経済学的な含意を明らかにする．比較静学に際しては，パラメータをつぎの4種類に分類する．経済環境パラメータ：r, α, q, δ．シフト変数パラメータ：μ, σ．排出フローパラメータ：$\gamma^i (i=0,1,2)$．環境政策実施費用パラメータ：$K^i (i=1,2)$．

数値計算に使用する基準となるパラメータ値はつぎである：$r=0.05$，$\alpha=0.01$，$q=5$，$p=10$，$\mu=0.01$，$\sigma=0.2$，$y=0.1$，$\delta=0.01$，$\gamma^0=0.05$，$\gamma^1=0.03$，$\gamma^2=0.02$，$K^1=100$，$K^2=300$．これらの基準パラメータ値を使い，各政策の価値関数を図1-1に示した．また，基準パラメータ値を用いたときの閾値の値は，それぞれ，$x_S^1=3.263$，$x_S^2=6.526$，$x_A^1=4.906$，$x_A^2=7.181$ となる．以下，閾値 x_S^1, x_S^2, x_A^1, x_A^2 と，各パラメータとの関係について考察する．

4.1　経済環境パラメータ

割引率 r との関係を，図1-2に示した．r が大きいということは，汚染物質から被る損害の現在価値が小さくなる．したがって，単一環境政策の場合の閾値 x_S^1, x_S^2 は大きくなり，環境政策の実施が抑制される．一方，代替的な環境政策においても，閾値 x_A^1, x_A^2 は大きくなっている．(3.12) 式より，代替的な環境政策において，環境政策が実施されない領域 H_A が，大きくなってお

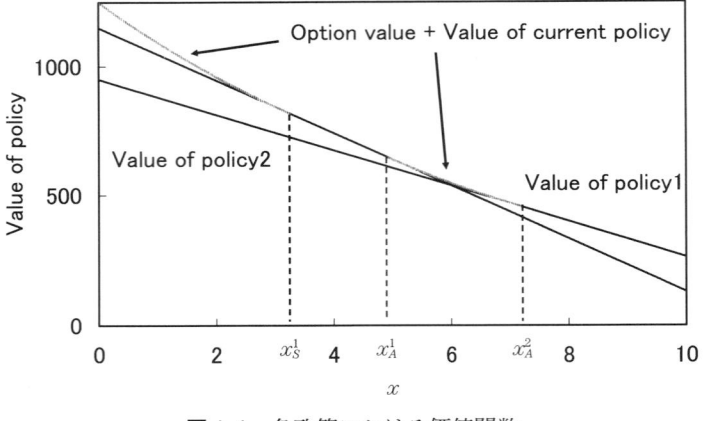

図 1-1　各政策における価値関数

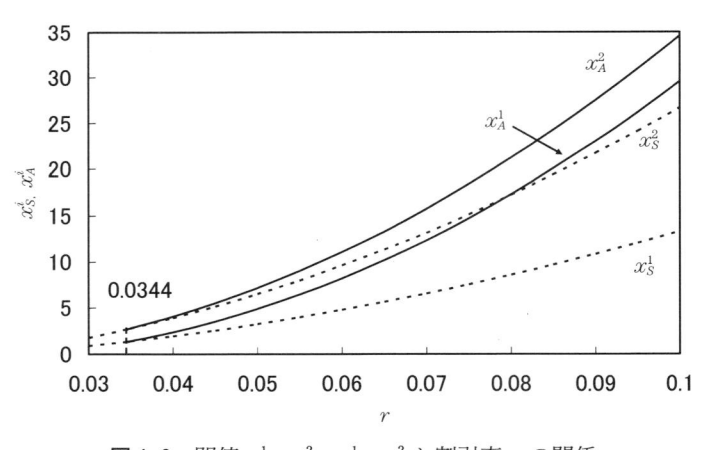

図 1-2　閾値 x_S^1, x_S^2, x_A^1, x_A^2 と割引率 r の関係

り，両環境政策の実施が抑制される．ここで，(3.10) 式より，代替的な環境政策において，環境政策 1 が実施されるシフト変数の領域 $[x_S^1, x_A^1]$ は，r が大きくなるに従い，大きくなっている．したがって，r が大きくなるに従い，環境政策 2 と比べ環境政策 1 の実施機会が増えている．一方，r を小さくし，$r=0.0344$ となったとき，$x_A^1 = x_S^1$, $x_A^2 = x_S^2$ となる．$r \leq 0.0344$ において，

(3.10) 式より，環境政策1が実施されることはなくなる．また，環境政策2の実施については，このとき，代替的な環境政策の問題から，単一な環境政策の問題に，主体の問題が変化している．

経済活動水準の期待成長率 α との関係を，図1-3に示した．α が大きいということは，汚物質から被る損害の現在価値が大きくなる．したがって，単一環境政策の場合の閾値 x_S^1, x_S^2 は，小さくなり，環境政策の実施が促進される．一方，代替的な環境政策においても，閾値 x_A^1, x_A^2 は小さくなっている．(3.10) 式より，代替的な環境政策において，環境政策1が実施されるシフト変数の領域 $[x_S^1, x_A^1]$ は，α が大きくなるに従い，小さくなり，環境政策1の実施が抑制される．また，代替的な環境政策において，環境政策が実施されない領域 H_A も小さくなっている．したがって，環境政策2の実施が促進される．さらに α を大きくすると $\alpha = 0.04$ で，仮定 (AS.1) を満たさなくなる．

経済活動水準の初期値 q との関係を，図1-4に示した．q が大きいということは，汚物質から被る損害も大きいことを意味する．したがって，q が大きくなるに従い，単一環境政策の場合の閾値 x_S^1, x_S^2 は，ともに小さくなり，環境政策の実施が促進される．一方，代替的な環境政策においても，閾値 x_A^1, x_A^2 は小さくなっている．代替的な環境政策において，環境政策1が実施されるシフト変数の領域 $[x_S^1, x_A^1]$ と，環境政策が実施されない領域 H_A は，α と

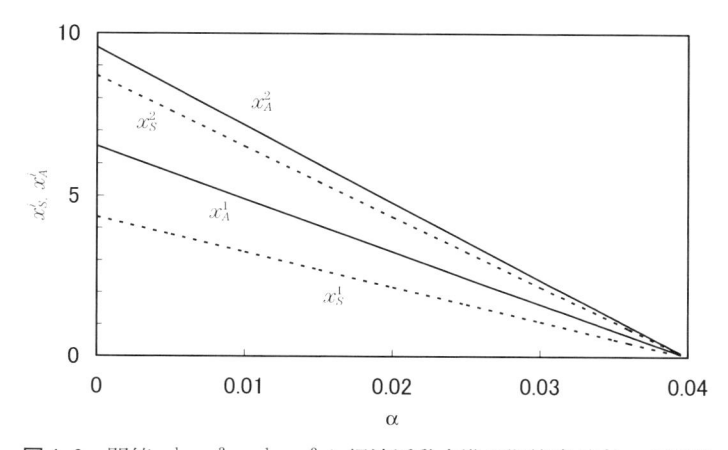

図 1-3 閾値 x_S^1, x_S^2, x_A^1, x_A^2 と経済活動水準の期待成長率 α の関係

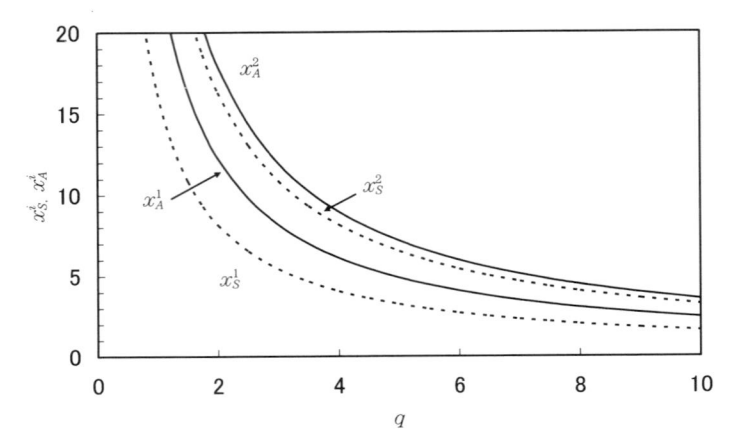

図 1-4　閾値 x_S^1, x_S^2, x_A^1, x_A^2 と経済活動水準の初期値 q の関係

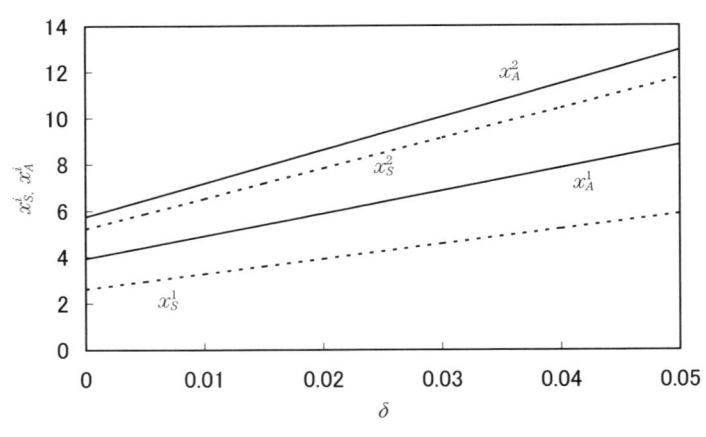

図 1-5　閾値 x_S^1, x_S^2, x_A^1, x_A^2 と自然浄化率 δ の関係

同様に q が大きくなるに従い，小さくなっている．したがって，環境政策 1 の実施が抑制され，環境政策 2 の実施が促進される．

　汚染物質の自然浄化率 δ との関係を，図 1-5 に示した．δ が大きいということは，汚染物質から被る損害の現在価値が小さいことを意味する．したがって，δ が大きくなるに従い，単一環境政策の場合の閾値 x_S^1, x_S^2 は，ともに大

きくなり，環境政策の実施が抑制される．一方，代替的な環境政策においても，閾値 x_A^1, x_A^2 は大きくなっている．代替的な環境政策において，環境政策が実施されない領域 H_A は，δ が大きくなるに従い，大きくなっており，環境政策の実施が抑制される．ここで，δ が大きくなるに従い，環境政策 1 が実施されるシフト変数の領域 $[x_S^1, x_A^1]$ が，大きくなっていることから，環境政策 2 と比べ環境政策 1 の実施機会が増している．

4.2 シフト変数パラメータ

シフト変数の期待成長率 μ との関係を，図 1-6 に示した．μ が大きいということは，汚染物質から被る損害の現在価値が大きいことを意味する．したがって，μ が大きくなるに従い，単一環境政策の場合の閾値 x_S^1, x_S^2 は，ともに小さくなり，環境政策の実施が促進される．一方，代替的な環境政策においても，閾値 x_A^1, x_A^2 は小さくなっている．代替的な環境政策において，環境政策 1 が実施されるシフト変数の領域 $[x_S^1, x_A^1]$ は，μ が大きくなるに従い，小さくなっている．環境政策が実施されない領域 H_A において，領域 $(0, x_S^1)$ は，μ が大きくなるに従い，小さくなっている．一方，領域 (x_A^1, x_A^2) は，図 1-7 にあるように，(x_A^1, x_A^2) は，μ が大きくなるに従い，ほぼ小さくなっているが，μ が 0.02 に近いところでは，逆に大きくなっている．したがって，μ の

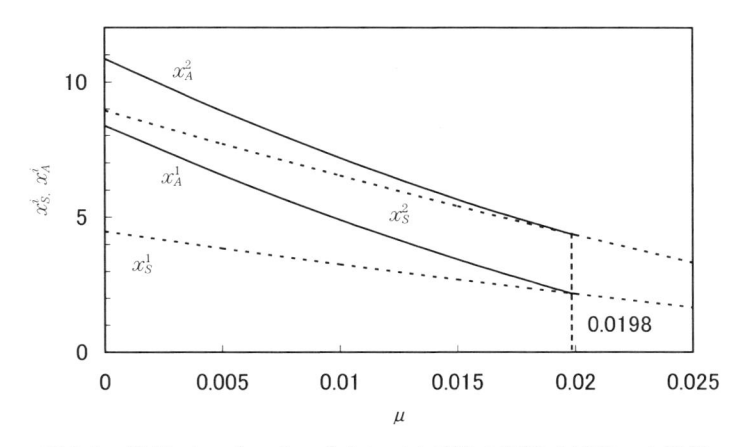

図 1-6 閾値 x_S^1, x_S^2, x_A^1, x_A^2 とシフト変数の期待成長率 μ の関係

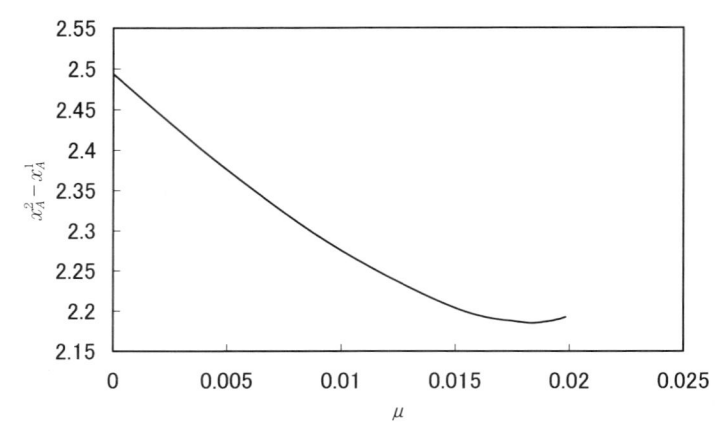

図1-7 閾値の差 $x_A^2 - x_A^1$ とシフト変数の期待成長率 μ の関係

H_A に対する影響については定かではない．このような (x_A^1, x_A^2) と μ の関係は，つぎの理由によって得られる．μ が大きくなると，汚染物質から被る損害が大きくなる可能性が高くなるため，相対的に環境政策2の選択が促進され，x_A^2 が小さくなる．しかしながら，μ が 0.018 付近になると環境政策1の選択がより抑制され，x_A^1 が相対的に減少する．全体としては，環境政策1の実施が抑制され，環境政策2の実施が促進される，という相対関係が読み取られる．μ を大きくし，$\mu=0.0198$ となったとき，$x_A^1=x_S^1$，$x_A^2=x_S^2$ となる．$\mu \geq 0.0198$ において，環境政策1が実施されることはなくなる．また，環境政策2の実施については，このとき，代替的な環境政策の問題から，単一な環境政策の問題に，主体の問題が変化している．

シフト変数のボラティリティ σ との関係を，図1-8に示した．σ が大きいということは，汚染物質から被る損害に関する不確実性が大きいことを意味する．したがって，σ が大きくなるに従い，政策実施を待ち損害に関する情報を得ようとする誘因が強まる．したがって，単一環境政策の場合の閾値 x_S^1，x_S^2 は，大きくなり，環境政策の実施が抑制される．一方，代替的な環境政策においては，閾値 x_A^1 は小さくなり，x_A^2 は大きくなっている．代替的な環境政策において，環境政策1が実施されるシフト変数の領域 $[x_S^1, x_A^1]$ は，σ が大きくなるに従い，小さくなっている．環境政策が実施されない領域 H_A は，σ が大

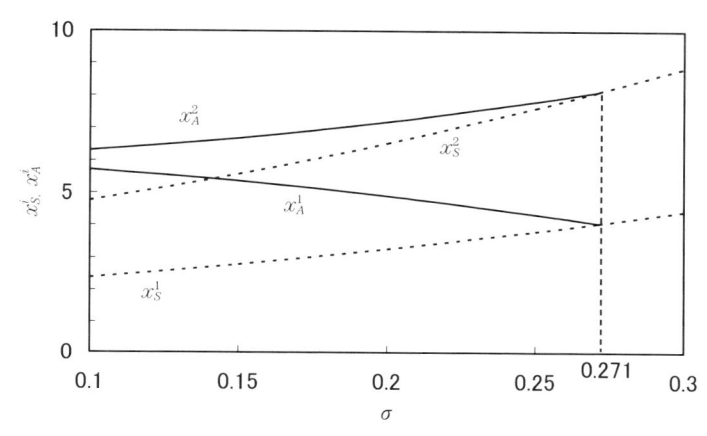

図 1-8 閾値 x_S^1, x_S^2, x_A^1, x_A^2 とシフト変数のボラティリティ σ の関係

きくなるに従い,大きくなっている.したがって,環境政策の実施が抑制される.σ を大きくし,$\sigma=0.271$ となったとき,$x_A^1=x_S^1$,$x_A^2=x_S^2$ となる.$\sigma \geq 0.271$ において,環境政策 1 が実施されることはなくなる.また,環境政策 2 の実施については,このとき,代替的な環境政策の問題から,単一な環境政策の問題に,主体の問題が変化している.

4.3 排出フローパラメータ

排出フローパラメータ γ^0 との関係を,図 1-9 に示した.γ^0 は,環境政策が実施されていないときの排出フローパラメータである.γ^0 が大きいということは,汚染物質の排出フローが大きく,汚染物質から被る損害も大きいことを意味する.したがって,単一環境政策の場合の閾値 x_S^1,x_S^2 はともに小さくなり,環境政策の実施が促進される.一方,代替的な環境政策においては,x_A^2 は小さくなっているが,x_A^1 は大きくなっている.代替的な環境政策において,γ^0 が大きくなるに従い,環境政策 1 が実施されるシフト変数の領域 $[x_S^1, x_A^1]$ は,大きくなっていることや,環境政策が実施されない領域 H_A が,小さくなっていることにより,環境政策の実施が促進される.γ^0 を大きくしていくと,やがて x_A^1 と x_A^2 が一致し:$\lim_{\gamma^0 \to \infty}(x_A^2 - x_A^1)=0$,図 1-1 より,閾値は,$\check{x}=x_A^1=x_A^2$ となる.ただし,$\check{x}$ は,$G^1(q,x,y)=G^2(q,x,y)$ となる x の値である.

基準パラメータを使うと，$\bar{x}=6$ となる．逆に，γ^0 の小さい範囲について考察する．$\gamma^0=0.0452$ において，$x_A^1=x_S^1$，$x_A^2=x_S^2$ となる．したがって，$\gamma^0 \geq 0.0452$ において，環境政策1が実施されることはなくなる．また，環境政策2の実施については，代替的な環境政策の問題から，単一な環境政策2の問題

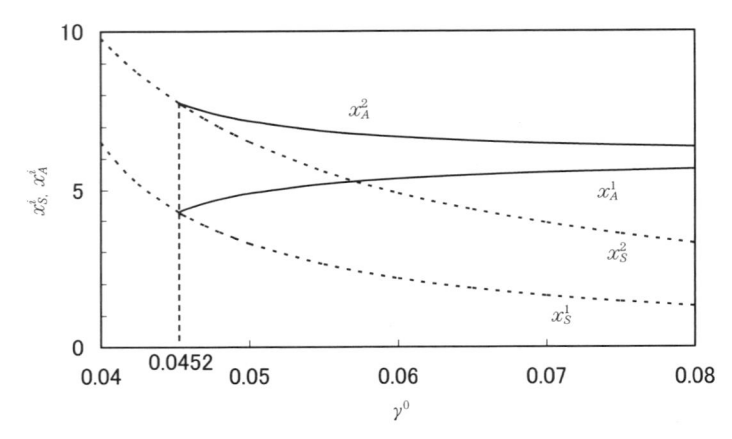

図 1-9　閾値 x_S^1, x_S^2, x_A^1, x_A^2 と排出フローパラメータ γ^0 の関係

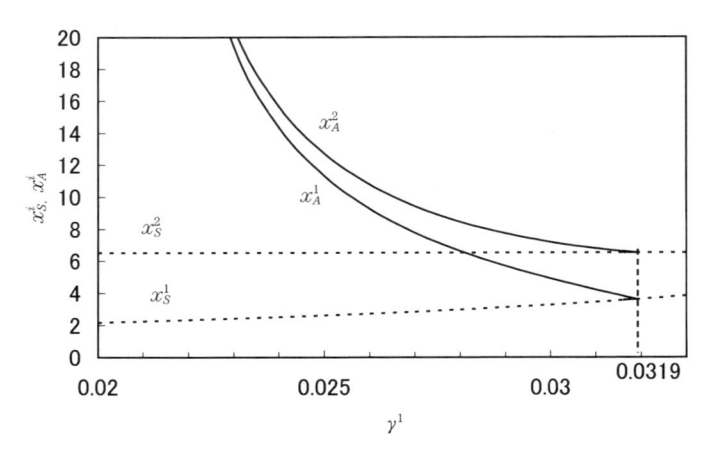

図 1-10　閾値 x_S^1, x_S^2, x_A^1, x_A^2 と排出フローパラメータ γ^1 の関係

に，主体の問題が変化している．

つぎに，排出フローパラメータ γ^1 との関係を考察する．この関係を，図1-10に示した．γ^1 は，環境政策1が実施された後の排出フローパラメータである．γ^1 が大きいということは，環境政策1を実施したとしても，排出フロー削減量が小さいことを意味する．したがって，単一環境政策の場合の閾値 x_S^1 は大きくなり，環境政策1の実施が抑制される．一方，代替的な環境政策の場合，γ^1 が大きくなるに従い，領域 $[x_S^1, x_A^1]$ の大きさが小さくなっている．したがって，環境政策1の実施が抑制される．また，環境政策1の実施が抑制されることにより，環境政策が実施されない領域 H_A が大きくなっている．ただし，γ^1 が大きくなるに従い，x_A^2 は小さくなっていることから，環境政策2の実施は促進される．γ^1 を大きくしていき，$\gamma^1=0.0319$ となったとき，$x_A^1=x_S^1$，$x_A^2=x_S^2$ となる．$\gamma^1\geq0.0319$ において，環境政策1が実施されることはなくなる．また，環境政策2の実施については，このとき，代替的な環境政策の問題から，単一な環境政策の問題に，主体の問題が変化している．

つぎに，排出フローパラメータ γ^2 との関係を考察する．この関係を，図1-11に示した．γ^2 は，環境政策2が実施された後の排出フローパラメータである．γ^1 と同様に，γ^2 が大きいということは，環境政策2を実施したとしても，排出フロー削減量が小さいことを意味する．したがって，単一環境政策の場合

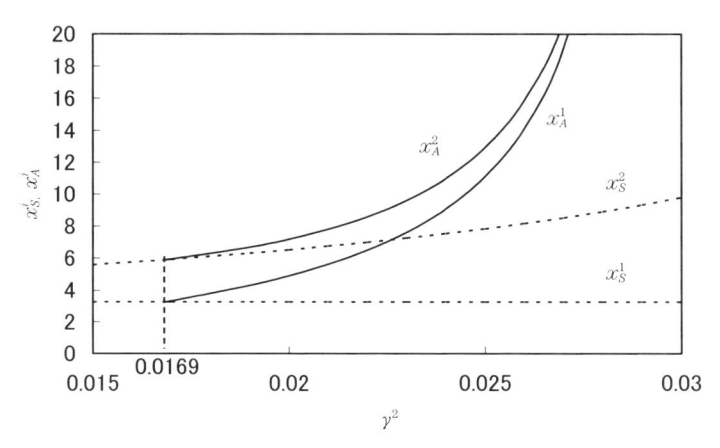

図1-11 閾値 x_S^1，x_S^2，x_A^1，x_A^2 と排出フローパラメータ γ^2 の関係

の閾値 x_S^2 は大きくなり，環境政策2の実施が抑制される．一方，代替的な環境政策の場合，γ^2 が大きくなるに従い，領域 $[x_S^1, x_A^1]$ が大きくなっている．したがって，環境政策1の実施が促進される．また，環境政策2実施の抑制と比べ，環境政策1実施の促進の影響が相対的に大きいことから，γ^2 が大きくなるに従い，環境政策が実施されない領域 H_A の (x_A^1, x_A^2) が小さくなっている．一方，γ^2 を小さくしていくと，$\gamma^2=0.0169$ となったとき，$x_A^1=x_S^1$，$x_A^2=x_S^2$ となる．$\gamma^2 \leq 0.0169$ において，環境政策1が実施されることはなくなる．また，環境政策2の実施については，このとき，代替的な環境政策の問題から，単一な環境政策の問題に，主体の問題が変化している．

4.4 環境政策実施費用パラメータ

環境政策1の実施費用 K^1 との関係を考察する．この関係を，図1-12に示した．環境政策1の実施費用 K^1 が大きくなるに従い，単一環境政策の場合の閾値 x_S^1 は大きくなり，環境政策1の実施が抑制される．一方，代替的な環境政策の場合，K^1 が大きくなるに従い，領域 $[x_S^1, x_A^1]$ が小さくなる．したがって，環境政策2の実施が抑制される．環境政策が実施されない領域 H_A の (x_A^1, x_A^2) について，図1-13に示したように，K^1 との関係が一定ではない．K^1 が小さくなるに従い，環境政策1が実施される領域 $[x_S^1, x_A^1]$ は大きくな

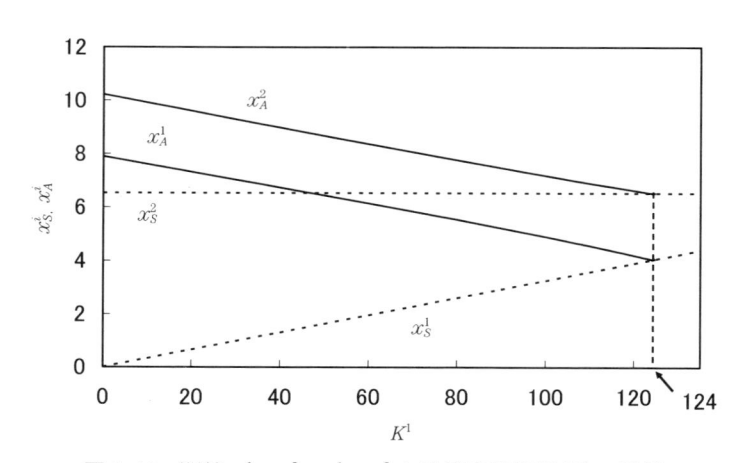

図 1-12 閾値 x_S^1，x_S^2，x_A^1，x_A^2 と政策実施費用 K^1 の関係

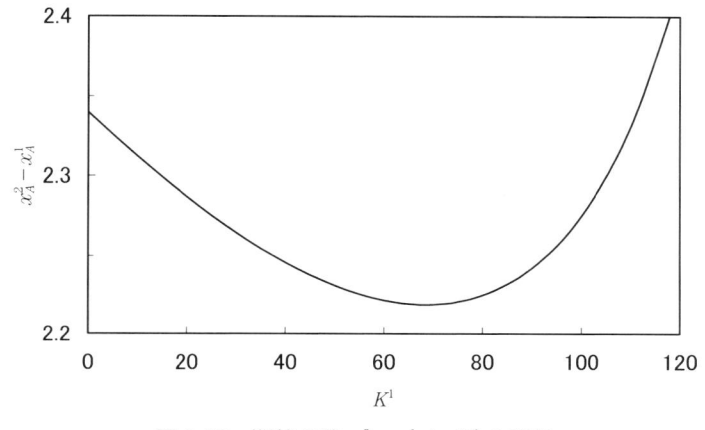

図 1-13 閾値の差 $x_A^2 - x_A^1$ と K^1 の関係

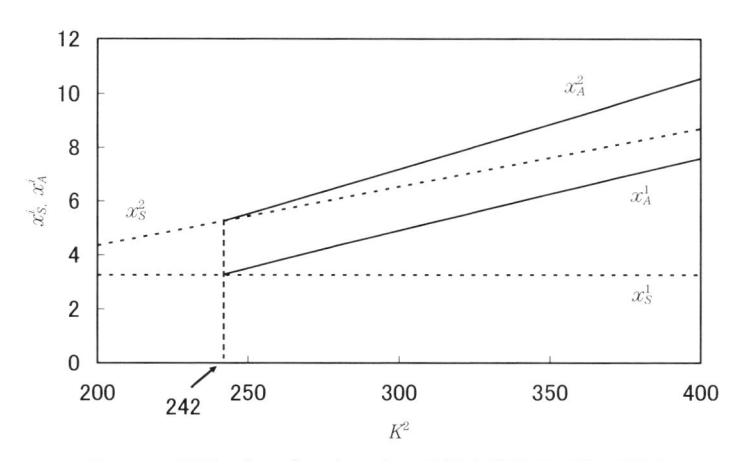

図 1-14 閾値 x_S^1, x_S^2, x_A^1, x_A^2 と政策実施費用 K^2 の関係

り，環境政策 1 の実施が促進されるが，x_A^2 は大きくなり，環境政策 2 の実施が抑制される．このとき，環境政策 2 に関する影響の方が相対的に大きく，環境政策を実施しない領域 (x_A^1, x_A^2) は大きくなる．一方，K^1 が大きくなるに従い，環境政策 1 が実施される領域 $[x_S^1, x_A^1]$ は小さくなり，環境政策 1 の実施が抑制されるが，x_A^2 は小さくなり，環境政策 2 の実施が促進される．この

とき，相対的に環境政策1に関する影響の方が大きく，(x_A^1, x_A^2)は大きくなる．このことは，経済主体が二つの環境政策を選択肢として保有している場合，ある政策の実施費用が減少すると，他の環境政策の実施が抑制され，より環境政策が実施されない状況が大きくなることを示している．

K^1を大きくしていき，$K^1=124$となったとき，$x_A^1=x_S^1$, $x_A^2=x_S^2$となる．このとき，代替的な環境政策の問題から，単一な環境政策の問題に，主体の問題が変化している．

つぎに，環境政策2の実施費用K^2との関係を考察する．この関係を，図1-14に示した．環境政策2の実施費用K^2が大きくなるに従い，単一環境政策の場合の閾値x_S^2は大きくなり，環境政策2の実施が抑制される．一方，代替的な環境政策の場合，K^2が大きくなるに従い，領域$[x_S^1, x_A^1]$が大きくなる．したがって，環境政策1の実施が促進される．また，環境政策2実施の抑制の影響の方が，環境政策1実施の促進の影響よりも相対的に強いことから，K^2が大きくなるに従い，環境政策が実施されない領域H_Aの(x_A^1, x_A^2)が大きくなっている．K^2を小さくしていき，$K^2=242$となったとき，$x_A^1=x_S^1$, $x_A^2=x_S^2$となる．$K^2 \leq 242$において，環境政策1が実施されることはなくなる．また，環境政策2の実施については，このとき，代替的な環境政策の問題から，単一な環境政策の問題に，主体の問題が変化している．

5 ま と め

本研究は，不確実性下において，経済主体は2種類の環境政策を実施することが可能であり，このような代替的な環境政策の実施について考察を行った．2種類の環境政策は，政策実施費用は低いが，排出削減量も小さい環境政策1と，政策実施費用は高いが，排出削減量も大きい環境政策2である．分析に際しては，経済主体の問題を最適停止問題と定式化し，主体が環境政策を実施する最適な時刻を求めた．代替的な環境政策について分析をするために，まず，第2節において，単一の環境政策についての分析を行った．つぎに，第3節において，代替的な環境政策について分析を行った．次いで，第4節において，主体の問題を解いて求めた，政策実施時刻を定める閾値について数値的に比較

静学を実施し，経済学的な含意を明かとした．

本研究の興味ある拡張として，以下の研究が挙げられる．本研究で用いたパラメータ値は，比較静学を数値的に行うために与えたに過ぎない．したがって，本研究の拡張として，実際のデータを本研究のモデルに対して用いた分析が挙げられる．つぎに，Dixit and Pindyck（1994）Chapter 12 や Pindyck（2000, 2002）を，経済主体が 2 主体存在し，各主体が同じ単一の環境政策の実施を検討している場合を考察した研究として，Barrieu and Chesney（2003），Ohyama and Tsujimura（2006, 2008）が挙げられる．これらの研究を参考とした，2 主体がそれぞれ 2 つの政策選択肢を持つ場合の研究・Baranzini, Chesney and Morisset（2003）を参考とした，環境の激変の影響を考慮した研究が挙げられる．また，エネルギー政策においても，代替政策への移行や代替シナリオの保有が考えられており，Gollier et al.（2005）を参考とした，エネルギー政策に関する研究が挙げられる．これらの研究を，将来の研究課題として残す．

〔参考文献〕

経済産業省・資源エネルギー庁（2006），「新・国家エネルギー戦略」
　　http://www.enecho.meti.go.jp/topics/energy-strategy/index.htm

Arrow, K.J. and A.C. Fisher (1974), "Environmental Preservation, Uncertainty, and Irreversibility," *Quarterly Journal of Economics*, **88**, 312-319.

Baranzini, A., M. Chesney and J. Morisset (2003), "The Impact of Possible Climate Catastrophes on Global Warming Policy," *Energy Policy*, **31**, 691-701.

Barrieu, P. and M. Chesney (2003), "Optimal Timing for an Environmental Policy in a Strategic Framework," *Environmental Modeling and Assessment*, **8**, 149-163.

Conrad, J.M. (1997), "Global Warming: When to Bite the Bullet," *Land Economics*, **73**, 164-173.

Décamps, J.-P., T. Mariotti and S. Villeneuve (2006), "Irreversible Investment in Alternative Projects," *Economic Theory*, **28**, 425-448.

Dixit, A. (1993), "Choosing among Alternative Discrete Investment Projects under Uncertainty," *Economics Letters*, **41**, 265-268.

Dixit, A.K. and R.S. Pindyck (1994), *Investment under Uncertainty*, Princeton University Press, New Jersey.

Dupuis, P. and H. Wang (2002), "Optimal Stopping with Random Intervention Times," *Advances in Applied Probability*, **34**, 141-157.

Gollier, C., D. Proult, F. Thais and G. Walgenwitz (2005), "Choice of Nuclear Power Investments under Price Uncertainty : Valuing Modularity," *Energy Economics*, **27**, 667-685.

Henry, C. (1974), "Option Value in the Economics of Irreplaceable Assets," *Review of Economic Studies*, **41**, 89-104.

Hu, Y. and B. Oksendal (1998), "The Optimal Time to Invest When the Price Processes are Geometric Brownian Motions," *Finance and Stochastics*, **2**, 295-310.

Karatzas, I. and S.E. Shreve (1991), *Brownian Motion and Stochastic Calculus*, 2nd ed., Springer-Verlag, New York.

Lin, T.T., C.-C. Ko and H.-N. Yeh (2007), "Applying Real Options in Investment Decisions Relating to Environmental Pollution," *Energy Policy*, **35**, 2426-2432.

Ohyama, A. and M. Tsujimura (2006), "Political Measures for Strategic Environmental Policy with External Effects," *Environmental and Resource Economics*, **35**, 109-135.

Ohyama, A. and M. Tsujimura (2008), "Induced Effects and Technological Innovation with Strategic Environmental Policy," *European Journal of Operational Research*, **190**, 834-854.

Øksendal, B. (2003), *Stochastic Differential Equations : An Introduction with Applications*, 6th ed., Springer-Verlag, New York.

Pindyck, R.S. (2000), "Irreversibilities and the Timing of Environmental Policy," *Resource and Energy Economics*, **22**, 233-259.

Pindyck, R.S. (2002), "Optimal Timing Problems in Environmental Economics," *Journal of Economic Dynamics and Control*, **26**, 1677-1697.

Press, W.H., S.A. Teukolsky, W.T. Vetterling and B.P. Flannery (1992), *Numerical Recipes in Fortran : The Art of Scientific Computing*, 2nd ed., Cambridge University Press, Cambridge.

Wirl, F. (2006 a), "Pollution Thresholds under Uncertainty," *Environmental and Development Economics*, **11**, 493-506.

Wirl, F. (2006 b), "Consequences of Irreversibilities on Optimal Intertemporal CO_2 Emission Policies under Uncertainty," *Resource and Energy Economics*, **28**, 105-123.

（後藤　允：早稲田大学理工学学術院）
（高嶋隆太：東京大学大学院工学系研究科）
（辻村元男：龍谷大学経済学部）

2 リアルオプションを用いた無形資産価値評価について*

山口　智弘

概要　本稿では，残差アプローチに基づき，リアルオプションを用いた無形資産価値評価モデルを考案する．リアルオプションを用いて評価する手法として，従来無形資産価値を事業への投資機会のコールオプションとする手法が用いられてきた．しかしながら，付加価値の源泉が有形資産から無形資産へ移ってきており，投資機会への投資というよりも，企業は必要な無形資産を確保するために投資を行っていると考える．また，残差アプローチとして市場は無形資産の価値を評価しているが，無形資産は取引が不可能である見えざる資産であるため，そのまま評価価値とすることには問題がある．本モデルは，企業が無形資産を確保するために行う投資を，残差アプローチにより評価される無形資産価値を原資産として参照するプットオプションとする．そして，プットオプションである無形資産投資にインプライされている権利行使価格を，確保された無形資産の価値として評価するものである．また，従来のモデルは適用に際してボラティリティや原資産価値の推計等困難な面もあるが，本モデルでは株価等の市場で評価されている数値を用いるため容易であり，実用的である．その上，一般に公開されている財務データを用いるため，客観的なモデルでもある．そして，本モデルを用いて算出した無形資産価値によるプットのフロア効果，権利行使の効果が実証分析によって示された．これは，本モデルの有効性を実証するものであるが，プットのフロア効果は株価へのポジティブな影響も示唆する．

　また，無形資産への投資は，企業における利益還元や内部留保の使い道の一つで

---

*　2006 年 11 月 21 日投稿受付，2007 年 7 月 6 日採択通知．
　本研究は，筆者が大和証券投資信託委託株式会社在籍時に京都大学大学院経済学研究科大和証券グループ寄附講座と同社の共同研究の一環として行われたものです．本研究にあたり，京都大学大学院の木島正明教授，西出勝正准教授に指導して頂きました．また，担当エディターである筑波大学大学院の山田雄二准教授を始めとする編集委員会や匿名のレフリーの方々にも貴重なコメントを頂きました．記して感謝致します．

あることを明らかにした．そして，無形資産価値の無形資産投資に対する弾力性により，投資のタイミングについての示唆が得られた．なお，算出された無形資産価値は特性ごとに技術資産，ブランド資産，人的資産に分類したが，各無形資産とバリュエーションとの関係から，現時点では市場は技術資産や人的資産については無形資産として認識するが，ブランド資産については費用としての認識が高いことが示唆された．

1 はじめに

わが国の総人口は2005年に戦後初めて減少に転じ，人口減少社会を迎えている．また，老年従属人口指数[1]も上昇基調にあり，高齢化社会も同時に迎えており，経済成長に必要な生産要素の一つである労働力の低下を免れることは至難の業であろう．わが国が労働力の低下を伴いつつも高い付加価値を獲得し豊かな社会を継続するためには，生産性の向上が求められるが，生産性の向上とは無形資産価値の向上と同義であるため，無形資産価値の向上は喫緊の課題である．無形資産価値の向上には，価値の評価が必須であり，さらに無形資産の将来のオンバランス化へ向けた会計的要因，企業価値評価といった投資家の視点等からも無形資産価値評価は重要度が高まっている．

さて，無形資産価値評価モデルはいくつか考案されているが，詳細がブラック・ボックスであるものも多く，重要度の高さに比して議論は進捗していないと思われる．したがって，様々な評価アプローチ[2]を基に評価モデルを考案し，検証を重ねることが求められている．本稿においては，残差アプローチに基づき，リアルオプションを用いた評価モデルを考案し，実証分析を行う．なお，残差アプローチに基づいた評価モデルとしては，アンケート調査や財務データによる指標と混合したモデルが考案されており，またリアルオプションを用いた評価モデルとしては，研究開発投資や特許権をコールオプションの価値として評価するモデルが考案されている．本モデルはこれらの先行モデルとは

---

1) 老年従属人口指数は65歳以上人口の15-64歳人口に対する比率．国立社会保障・人口問題研究所が算定して公表する．なお，総人口は総務省「国勢調査」による．
2) 無形資産価値の評価は一般的には残差アプローチのほか，インカム・アプローチ，コスト・アプローチ，マーケット・アプローチなどの評価手法を基に行う．

異なり，企業は無形資産を確保するために投資を行うとして，確保された無形資産価値を，残差アプローチにより評価される無形資産価値を原資産として参照する，プットオプションの権利行使価格として評価するものである．なお，一般に公開されている財務データを用いるため，公正かつ実用的なモデルである．

そして，本モデルを基に企業の無形資産価値を算出し，プットのフロア効果および権利行使の効果を実証することによってモデルの有効性を示す．なお，無形資産への投資は，企業の利益還元や内部留保の使い道の一つであることを示すが，実証分析によって無形資産へ投資のタイミングや最適資産構成等の示唆が得られた．

2 先行モデル

残差アプローチとは，株式時価総額から自己資本を控除した残差であるMVA[3]を無形資産の価値として評価する手法であり，ブランドに起因するMVAを算出するモデルが報告されている．また，リアルオプションを用いたモデルとして，研究開発投資や特許権の価値をコールオプションの価値として評価するものがあるが，以下に各々説明する．

2.1 残差アプローチ

残差アプローチを用いた手法としては，コーポレートブランドの価値を評価する伊藤・日経（2002）のCBバリュエーターがある．アンケート調査と財務データ等から，企業のブランド力を表す「CBスコア」，ブランド力をキャッシュフローの創造に結び付ける力である「CB活用力」，それらを価値に転換する機会を示す「CB活用機会」を求め，それらを株式時価総額に乗じることによってコーポレートブランドに起因するMVAを算出する[4]．

---

[3] スターンスチュワート社（2001）が定義する，Market Value Added. 同じく，EVA：Economic Value Addedも同社が定義するが，MVAは将来EVA流列の割引現在価値と等しくなるとしている．詳細は，前掲書とともにStewart (1991) を参照．

[4] ただし，モデルの詳細等は非公開であるため，その妥当性を検証することは容易ではない．

2.1.2 リアルオプションアプローチ

研究開発投資の価値評価モデルとしては，McDonald and Siegel (1986) の投資機会オプション価値評価モデルがある．Dixit and Pindyck (1994) は投資機会オプションとは，事業価値が幾何ブラウン運動に従うとして，投資費用よりも十分に大きい場合に投資することができるといった権利であり，投資コールオプションとする．そして，Luehrman (1997) は研究開発投資とは，現在事業からのキャッシュフローはなくとも，状況変化によって後に再び投資するための機会への投資であり，研究開発の投資額や種類の決定は，機会を価値評価することとしている．また，Ellis (1997) は，結果が予想以上に悪くなった場合，当初支払った研究開発投資額のほかに費用が掛からないため，不確実性の高い応用研究は金融オプションの特性と非常に近いとしている．

特許権の価値評価モデルとしては，米国 pl-x 社 (The Patent & License Exchange, Inc.) が考案した TRRU メトリクス[5] がある．技術を原資産とするコールオプションの価値を，特許権の価値とする．権利行使価格を特許権の使用により製品化する場合に必要な費用，満期までの期間を製品化に必要な期間として，Black and Scholes (1973) の Black-Sholes モデルにより価値を算出する．なお，原資産である技術の価値は，単一技術に特化した小規模企業であるピュアプレイ企業の MVA を，その技術の価値として，特許権価値の算出にあたり類似する技術の価値を用いる．

3 無形資産価値評価モデル

本稿においては，残差アプローチに基づき，リアルオプションを用いた評価モデルを考案する．無形資産投資が MVA を原資産とするプットオプションの価値，無形資産価値をプットオプションの権利行使価格として評価するモデルであるが，以下に詳細を説明する．

---

5) 詳細は，渡邊 (2002) を参照．

3.1 モデルの背景

企業の無形資産への投資は，従来と考え方が変化しており，それにあわせてオプション理論の適用方法も変えていく必要があるため，本稿において新たにモデルの提示を行う．

従来，代表的な無形資産投資である研究開発投資は，新知識の発見から開発段階を経て新製品，新事業に至るといった，Price and Bass（1969）のリニア・モデルを前提して行われることが一般的であった．リニア・モデルでは研究開発投資を行い，成功した研究のみ事業化するため，研究開発の価値について，事業への投資機会のコールオプションとして評価する手法が用いられてきた．

しかしながら，Klein（1985）等リニア・モデルの単一性，一方向性，出発点の限定への批判も少なくなく，わが国においても文部科学省（2006）の調査にもある通り，リニア・モデルといった技術主導型の研究開発投資よりも，ニーズ主導型の投資が増えている．近年，研究開発投資はより成果や効率性が求められてきており，企業は技術目標を設定し，それを確保すべく投資を行っている．それは，研究開発投資だけではなく，広告宣伝投資や人的資産への投資においても，将来事業化する機会への投資といった不確実性の高い投資よりも，必要な効果や能力を設定して投資を行っていると考えられる．

企業の付加価値の源泉が有形資産から無形資産へ移行する知識経済の進展が叫ばれているが，労働力の低下を免れることができないわが国の産業にとって，無形資産を確保することが重要な課題となる．無形資産への投資は，将来の事業化への投資機会獲得というよりも，必要な見えざる資産そのものを確保するための投資という意味合いが高まっていくと考えられる．したがって，本稿において新たにオプション理論を適用したモデルの提示を行う．

3.2 モデルの仕組

企業の無形資産価値は (1) 式の通り，株式時価総額から自己資本を控除した残差である MVA として，株式時価総額に含まれて市場から評価されている．

$$MVA = M - E \tag{1}$$

MVA：＝市場が評価する無形資産価値

M　　：＝株式時価総額

E　　：＝自己資本

しかしながら，無形資産は MVA として市場が評価していても，取引が不可能な見えざる資産であり，また MVA は無形資産がもたらす利益の期待値が変化することによって常に変化しており，MVA をそのまま無形資産価値として評価することには問題がある．

本モデルは，企業は研究開発投資，広告宣伝投資，人的資産投資等，無形資産への投資を行っているが，これらの投資は無形資産の将来価値を確保するためのプットオプションへの投資と見なす．したがって，無形資産の将来価値は，原資産を MVA，プットの価値を無形資産投資とするプットオプションの権利行使価格と考えられる．したがって，市場が無形資産の現在価値として MVA を高く評価していても，プットオプションへの投資である無形資産への投資が少ないのであれば，無形資産は価値を低く評価される．なお，オプションを設定するに際して，企業は権利行使の水準，すなわち確保すべく技術力やブランド力，人的能力について定義しているが，それらの価値については見えざる力であるため明示的ではなく，権利行使価格としてプットオプションである無形資産投資にインプライされているのである．ここで，プットオプションは新規の投資であり，次期には当期に投資したプットも含めて市場は無形資産価値を MVA として評価する．また，オプションの満期までの期間については，無形資産投資の成果発現期間とする．複数の無形資産への投資を行っている場合は，成果発現期間は各無形資産投資により加重平均して求める．成果発現期間は，一般的には投資の成果と投資との関係を推計することにより求められる[6]．

すなわち，本モデルでは企業の無形資産投資は，市場が評価する将来の

---

6) 成果発現期間は，企業へのアンケートによって推計する方法等もある．成果発現期間の実証的な推計事例は少ないが，本稿では付加価値を成果として，研究開発費，広告宣伝費，超過人件費との関係を推計することによって求めた，山口（2006）の成果発現期間を用いる．なお，個別に企業が成果発現期間を把握しているのであれば，それを使うことが望ましい．

MVA が，一定のフロアを確保しつつ，それを上回る水準を得られるような，プロテクティブ・プットのペイオフをもたらすように実行されると考える．その上で，プットオプションの権利行使価格としてインプライされている無形資産価値を評価するのである．そして，権利行使して無形資産を使用することにより利益が獲得される．企業は毎期オプションの満期により権利行使し無形資産を使用するとともに，無形資産への投資を行っている[7]．したがって，ヨーロピアン・オプションと考えられる．

また，市場は株主価値を株式時価総額として評価し，MVA は株式時価総額にインプライされた価値であるため，負の値でも評価されることが特徴である．本モデルにおいても，この特徴を反映させるため，MVA と自己資本の和である株式時価総額を原資産，無形資産価値と自己資本の和を権利行使価格として定式化する．ここで，プットオプションには無形資産投資のほかに，自己資本に対するオプション料も含まれることになるが，自己資本のボラティリティは微小であり，マネネスを1と見なせばごく僅かである．そして，株式時価総額はリスク中立確率のもとにあると仮定する．株式時価総額を用いた複製ポートフォリオの構成には問題もあるが，MVA にリスク中立確率が存在すると仮定するよりは妥当性があろう．また，ボラティリティと金利は一定であり，原資産に配当の支払いはないと見なす．

株式時価総額 M は (2) 式の通り，幾何ブラウン運動に従うとする．

$$\frac{dM_t}{M_t} = \mu dt + \sigma dW_t \tag{2}$$

μ ：＝株式時価総額期待リターン

σ ：＝株式時価総額ボラティリティ

W ：＝標準ブラウン運動

企業が無形資産への投資によって確保する I_e の将来価値は，(3) 式の通り

---

[7] 無形資産への投資によって，従前の無形資産を背景に，プットの売り手である従業員，需要者等に将来利益を約束させるものと考えられる．ここで，従業員は技術力や人的能力，需要者等は信頼というブランドを企業に提供する．これらの無形資産を使用することにより，企業は利益を獲得する．なお，本モデルではシンプルな考え方で定式化するために，投資の成果発現は満期時のみとしている．実際には，成果発現期間中に徐々に成果発現が行われる場合も多いと思われるが，モデルは非常に複雑化する．

Black-Scholes モデルのプット価格式にプットオプションの権利行使価格としてインプライされている．

$$p = I_f \exp(-r\tau) \Phi\left(\frac{\ln(I_f/M) - (r - (\sigma^2/2))\tau}{\sigma\sqrt{\tau}}\right)$$
$$- M\Phi\left(\frac{\ln(I_f/M) - (r - (\sigma^2/2))\tau}{\sigma\sqrt{\tau}} - \sigma\sqrt{\tau}\right) \tag{3}$$

I ：＝無形資産価値
I_e ：＝$I + E$
I_f ：＝I_e の将来価値
p ：＝無形資産投資[8]
r ：＝金利（リスクフリーレート）
τ ：＝満期までの期間
Φ ：＝標準正規分布の分布関数

ここで，(4) 式の通り，I_e は I_f の現在価値である．

$$I_e = I_f \exp(-r\tau) \tag{4}$$

したがって，(3) 式は (4) 式を代入することにより，金利が消去された (5) 式となる．

$$p = I_e \Phi(d_1) - M\Phi(d_2) \tag{5}$$
$$d_1 := \frac{\ln(I_e/M) + (\sigma^2/2)\tau}{\sigma\sqrt{\tau}}$$
$$d_2 := \frac{\ln(I_e/M) + (\sigma^2/2)\tau}{\sigma\sqrt{\tau}} - \sigma\sqrt{\tau} = d_1 - \sigma\sqrt{\tau}$$

ここで，(5) 式を I_e について解析的に解くことはできないため，I_e は (5) 式より数値解法によって求める．そして，I_e が求められると，(6) 式によって

---

[8] 無形資産への投資は，営業費用のうち原価と減価償却費を除く全ての費用と考えられるが，研究開発費，広告宣伝費，超過人件費でその大半をカバーできると思われる．
　無形資産投資＝営業費用（売上原価・販売費・一般管理費）－（原価＋減価償却費）
　　　　　　　＝研究開発費＋広告宣伝費＋超過人件費（＋その他費用）
　例えば，販売費のうち販売力や顧客資産獲得，運搬費のうち販売ネットワーク獲得等，単年度のコストを超えて，次期以降の収益に影響を与える部分もあると思われるが，僅少であると思われる．しかしながら，個別に企業において，無形資産投資として認識する費用があるのであれば含めることが望ましい．

無形資産価値が求められる．

$$I = I_e - E \tag{6}$$

さらに，無形資産価値 I は投資の割合にあわせて (7) 式の通りに分類する[9]．

$$\begin{aligned}I &= RC + BC + HC \\ &= I\frac{RE}{p} + I\frac{AE}{p} + I\frac{HE}{p}\end{aligned} \tag{7}$$

RE ：＝研究開発費
AE ：＝広告宣伝費
HE ：＝超過人件費
RC ：＝技術資産
BC ：＝ブランド資産
HC ：＝人的資産

ここで，超過人件費 HE とは (8) 式の通り，人件費総額から人件費のうち生産のために費やされる原価部分を差し引いたものであり，人的資産への投資と考えられる[10]．

$$HE = 人件費総額 - 原価人件費 \tag{8}$$

3.3 モデルのインプリケイション
3.3.1 比　較　静　学

上で得られたモデルを基に，各変数についての比較静学を行う．

まず，無形資産価値を投資額によって偏微分すると，(9) 式の通り 0 より大きくなる．したがって，無形資産への投資が増加すると，無形資産価値も増加

---

[9] 無形資産の分類には，様々な見解があり統一はされていない．しかしながら，例えば Lev (2001) は無形資産の要因として「新発見，イノベーション力」，「組織デザイン」，「人的資源」に分類し，無形資産はこれらの要因の組み合わせから創出されるとしているが，一般的に技術，人，組織に分類されるケースが多い．ブランド資産は組織資産の一部とも考えられることから，本モデルでも技術，人，組織に関する資産として分類することになる．

[10] 原価部分の水準としては，業種平均人件費，業種最低人件費，人件費総額に対する一定割合，製造原価明細書に計上された労務費のみ，企業ごとに事業特性を勘案する方法等様々な考え方があるが，本稿では業種最低人件費とする．

することが示される．(9) 式の値が大きいほど無形資産投資の効果が高いとも考えられるため，企業は自社の時系列の値や同業他社の値を把握し，無形資産投資へのタイミングについて意識することが望ましい．

$$\frac{\partial I}{\partial p} = \frac{1}{\Phi(d_1)} > 0 \tag{9}$$

つぎに，無形資産価値を株式時価総額によって偏微分すると，(10) 式の通り0より大きく，株式時価総額が増加すると，無形資産価値も増加することが示される．株式時価総額の増加はMVAの増加であり，無形資産の期待利益の増加を意味するため，無形資産価値が増加する．

$$\frac{\partial I_e}{\partial M} = \frac{\Phi(d_2)}{\Phi(d_1)} > 0 \tag{10}$$

そして，無形資産価値を満期までの期間によって偏微分すると，(11) 式の通り0より小さく，期間が長いほど無形資産価値は小さいことが示される．期間が長いほど投資の不確実性が高く，また投資の成果発現に時間が掛かることでもあるため，無形資産価値は小さく評価される．したがって，企業にとって無形資産投資の成果発現期間について短縮させることも，投資の効果を高めるために必要なことである．

$$\frac{\partial I}{\partial \tau} = -\frac{I_e \phi(d_1) \sigma/2\sqrt{\tau}}{\Phi(d_1)} < 0 \tag{11}$$

ϕ：＝標準正規分布の密度関数

また，無形資産価値をボラティリティによって偏微分すると，(12) 式の通り0より小さく，ボラティリティが大きいほど無形資産価値は小さいことが示される．ボラティリティが大きいほど，投資の不確実性が高まるため，無形資産価値は小さく評価される．企業は一般的に株価上昇を経営目標とすることは多いが，ボラティリティ低下を目標とすることは少ないと思われる．しかしながら，ボラティリティ低下が無形資産価値向上に寄与することを認識し，収益拡大だけではなく収益安定化についても意識を高める必要があろう．

$$\frac{\partial I}{\partial \sigma} = -\frac{I_e \phi(d_1) \sqrt{\tau}}{\Phi(d_1)} < 0 \tag{12}$$

なお，(5) 式において金利が消去されたが，金利が高いほど将来の無形資産価値も高まるが，現在価値に割り引くことにより相殺されるため，無形資産価

値と金利は独立である．

3.3.2 財務諸表との関係

無形資産を財務諸表上に表すと，図2-1の通りとなる．

まず，B/Sの貸方を見ると，資本提供者は負債については債権者，自己資本は株主である．しかしながら，MVA は株主と従業員である[11]．企業は債権者，株主とともに従業員のものといわれる所以がここにある．そして，無形資産価値を高めることは，株主，従業員双方の利益になる．

また，利益還元や内部留保の使い道として，従来企業はB/Sの貸方については負債返済，配当，自社株買いなど，借方においては設備投資や金融資産などへの投資を選択している．しかしながら，借方における，無形資産への投資も選択肢として考慮すべきである．その際，企業が誤った投資先を選択していないか，株主はチェックする必要がある．研究開発投資については，有価証券報告書において投資する目的等が開示されており，また知的財産報告書や知的資産報告書を発刊する企業も増えているが，無形資産投資への情報開示は重要性が高まると考える．

そして，株価を目的変数とする「株価重視経営」の是非が問われて久しい

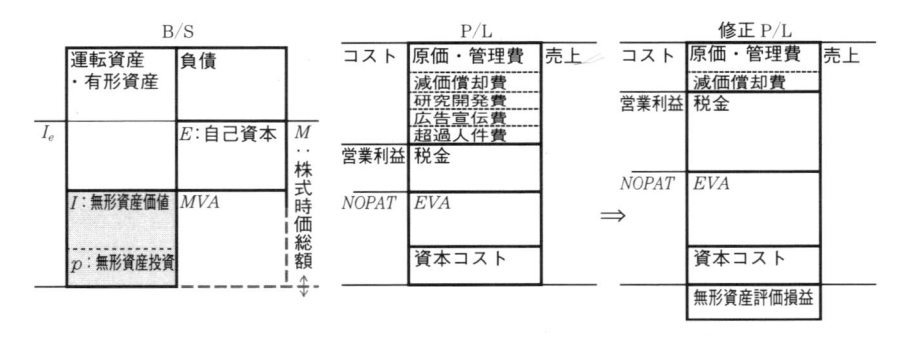

図 2-1 財務諸表における無形資産

---

11) 企業が倒産した場合，まず債権者に負債の返済が行われ，残余財産が株主に分配されるが，人的資産については返済順位に無関係で必ず従業員に分配される．また，ブランド資産は需要者の信頼の提供があって価値となすため，広義では需要者も MVA の資本提供者である．なお，本稿においては，無形資産を担保とすることは困難であるため，債権者には無形資産は帰属しないと考えるが，今後は無形資産が付加価値の源泉とする企業が増えるに従い，無形資産に対する融資，債権者が増えることも想定される．

が，本モデルを用いると，無形資産を高める投資が少なく，ボラティリティが高い企業は無形資産価値が低く評価されるため，見せ掛けの株価ではなく真の株価の実力を示唆することにもなる．

また，権利行使により無形資産を使用した場合に得られる利益は EVA である．EVA は売上からコストと税金を差し引いた $NOPAT$（税引き後営業利益）から，投下資本がもたらす利益である資本コスト[12]を控除した利益であり，無形資産がもたらす利益と考えられる．ただし，会計上コストには無形資産への投資も含まれている．コストから無形資産への投資を控除することによって求められる修正 EVA が，より無形資産がもたらす利益を表すと考えられる．なお，無形資産は減耗分も含め毎期評価替えされるため，修正 P/L では，営業外に評価損益が計上される[13]．

なお，当然ではあるが未上場企業は MVA が計上されない．しかしながら，類似上場企業の株価や株式時価総額を用いる類似企業比較法により，本モデルで無形資産価値を推定することも可能である．

3.4 先行モデルと本モデルとの比較

先行モデルと本モデルに共通する特徴としては，MVA を利用することや，原資産がリスク中立確率のもとにあるとすることにより，一般的な DCF モデルと異なり，将来キャッシュフローを資産の特徴にあわせて予測することなく価値を評価できることがある．

また，CB バリュエーターではアンケート調査等が必要であるが，投資機会オプション価値評価モデル，TRRU メトリクスとともに本モデルでは，財務データのみで算出が可能であるため，客観性のあるモデルである．

また，投資機会オプション価値評価モデル，TRRU メトリクスともにコールオプションの価値を求めるものであるが，本モデルではプットオプションを用いるため，これらの先行リアルオプションモデルでは権利行使によって追加

---

12) 資本コストとは，文字通り投下資本に対するコストであるが，一般的にはコストと利益は見合うと考えられる．
13) 減耗額がわかるのであれば，無形資産償却費として営業費用に計上し，評価損益には減耗分を差し引いた額を計上する方が望ましい．

的なキャッシュフローの支出が必要となるが,本モデルでは権利行使によってキャッシュフローが獲得される.

なお,先行リアルオプションモデルは事業収益や技術のボラティリティが高いほど価値が高くなるが,本モデルではボラティリティが低く,不確実性が低いほど価値は高くなる.また,先行オプションモデルでは満期までの期間が長く,事業化,製品化までに時間が掛かるほど価値が高くなるが,本モデルでは満期までの期間が短く,早く投資の成果が発現するほど価値が高くなる.したがって,本モデルの特性はよりコモンセンスと整合的である.

そして,先行リアルオプションモデルは原資産が観測不可能なためボラティリティ推計が問題となるが,本モデルでは算出する企業の株価ボラティリティを用いるため容易である.原資産価値についても,先行モデルでは推計する必要があるが,本モデルでは株式市場で評価されている価値を用いるため,恣意性も排除される.

また,先行リアルオプションモデルでは研究開発投資や特許権などと無形資産を特定して価値を評価する必要があるが,本モデルでは,無形資産価値を包括的に評価することが可能である.

以上のことから,本モデルは非常に実用的で客観性があり,その特性もコモンセンスと整合的であると考えられる.

4 実 証 分 析

つぎに,本モデルを用いて,無形資産価値を算出する.そして,プットのフロア効果および権利行使を実証することによってモデルの有効性を示す.また,実証分析によって,モデルの応用も検討する.

4.1 無形資産価値の算出

本稿における実証分析では,「日経 NEEDS-FinancialQUEST 企業財務データベース」から取得した,上場企業1,604社,1999—2005年度,連結優先ベースのデータを用いる[14].無形資産投資の成果発現期間については,山口(2006)の業種別推計値を用いる.

なお，株式時価総額ボラティリティ σ_i は，株価ボラティリティを代理変数として用いる．株価ボラティリティは株価月次対数リターンの標準偏差の年率換算値とするが，やや長期である 2007 年 3 月より過去 5 年間のサンプルを用いて推計する．これは，見えざる資産である無形資産の価値評価においては，ボラティリティは短期的な変動を控除した，企業の長期的な特徴を反映したものを用いることが望ましいと考えるためである．

また，人件費は人件費，福利厚生費，役員報酬および労務費の総和，株式時価総額は，決算月前後 3 ヵ月末値平均値とする．

以上のデータを用いて，(5) 式により I_e を数値解法[15]によって求め，(6) 式より無形資産価値を算出する．

4.2 モデルの有効性の検証

当期に投資したプットオプションについては，次期以降の株式時価総額にフロアの効果として影響をもたらすと考えられる．また，満期時の権利行使によって利益が獲得されるが，それにより無形資産が減耗されると考えられる．したがって，これらの効果を検証することによって，モデルの有効性を実証する．

4.2.1 フロアの検証

無形資産への投資はプットオプションの購入と考えるため，当期の I_e が株式時価総額を上回れば，次期以降の株式時価総額は当期の I_e まで増価すると考えられる．また，株式時価総額が I_e を大きく上回るほど，投資の裏付けのない増価であるため，次期以降の株式時価総額は減価する可能性が高くなる．したがって，株式時価総額リターンを株価リターンに置き換え，当期の株価リターンを被説明変数，1 期前の株式時価総額に対する I_e の割合を説明変数，マーケットの変動をコントロールするため，属する業種指数リターンをコントロール変数とする (13) 式を推計する[16]．モデルの有効性が高いのであれば，

---

14) 連続してデータが取得できる企業で，東証 33 業種のうち金融等を除く 18 業種とした．

15) $\frac{\partial p}{\partial I_e} = \Phi(d_1) > 0$ であるため，p や $\frac{\partial p}{\partial I_e}$ は I_e についての単調関数であり，収束が速く一般的であるニュートン・ラフソン法を用いることができる．

表 2-1 フロアと株式リターンの回帰分析結果

被説明変数：$\ln(S_{it}/S_{i,t-1})$

説明変数	係数	t 値
$\ln(I_{e,i,t-1}/M_{i,t-1})$	0.927	25.91***
$\ln(S_{k,it}/S_{k,i,t-1})$	0.857	57.63***
定数項	-0.090	-10.96***
R^2　within	0.433	
between	0.027	
overall	0.242	
F 検定	1.23***	
Hausman 検定	573.81***	
推定方法	固定	
サンプル数	6,416	

(注)　***：1% 水準で統計的に有意．期間は 2002－2005 年度．

説明変数に対する係数 b は有意に正になると考えられる．

$$\ln\left(\frac{S_{it}}{S_{i,t-1}}\right)=a+b\ln\left(\frac{I_{e,i,t-1}}{M_{i,t-1}}\right)+c\ln\left(\frac{S_{k,it}}{S_{k,i,t-1}}\right)+\varepsilon_{it} \tag{13}$$

　　S_k：＝属する業種指数
　　ε　：＝攪乱項

分析の結果，表 2-1 の通りパネル分析において F 検定と Hausman 検定から，固定効果モデルが受容される．そして，係数 b の推計値は有意に正となった．したがって，プットのフロア効果が示されたことになる．この結果から，無形資産への投資は，次期以降の株価を上昇させる効果があるとも考えられる．

4.2.2　権利行使の検証

プットを行使して無形資産を使用し，利益を獲得することにより，無形資産価値は減耗すると考えられる．実際の企業活動においては，毎期投資するだけではなく，満期に伴って権利行使もしていると考えられる．したがって，利益の増加に伴って無形資産価値の減耗が見られるか検証するため，被説明変数を無形資産価値，説明変数を利益とするパネル分析を行う．利益は（14）式で求める修正 EVA[17]，無形資産投資をコントロール変数として，各変数を自己資

---

16)　全て対数値．業種指数は業種別東証株価指数を用いる．株価，業種指数ともに決算月前後 3 ヵ月末値平均値とする．

表 2-2　修正 EVA と無形資産価値の回帰分析結果

被説明変数：I_{it}/E_{it}

説明変数	係数	t 値
EVA_{it}/E_{it}	−2.692	−8.12***
p_{it}/E_{it}	8.617	110.51***
定数項	−1.748	−17.85***
R^2　within	0.703	
between	0.607	
overall	0.677	
F 検定	1.54***	
Hausman 検定	107.28***	
推定方法	固定	
サンプル数	8,020	

(注)　***：1% 水準で統計的に有意．期間は 2001−2005 年度．

本でデフレートした (15) 式を推計すると，モデルの有効性が高いのであれば，説明変数に対する係数 b は有意に負になると思われる．

$$EVA_{it} = (OP_{it} + RE_{it} + AE_{it} + HE_{it})(1-0.4) - IC_{it}r_{wacc,it} \tag{14}$$

　　EVA　：＝修正 EVA
　　OP　：＝営業利益
　　IC　：＝投下資本
　　r_{wacc}　：＝資本コスト率（WACC）

$$\frac{I_{it}}{E_{it}} = a + b\frac{EVA_{it}}{E_{it}} + c\frac{p_{it}}{E_{it}} + \varepsilon_{it} \tag{15}$$

分析の結果，表 2-2 の通りパネル分析において F 検定と Hausman 検定から，固定効果モデルが受容される．そして，係数 b の推計値は有意に負となった．したがって，権利行使により EVA を獲得すると，無形資産価値は減耗することが示された．また，係数 c の推計値は有意に正となったが，EVA 獲得により無形資産が減耗すると同時に，新たな投資によって無形資産価値が高

---

17)　修正 EVA 算出にあたっての WACC は，2006 年 8 月より過去 5 年の TOPIX 月次リターンと 20 年国債利回りよりリスクプレミアムを 7.1% として，同じく 5 年間の月次株価リターンより求めた各企業のベータ値より株主資本コスト率を算出し，連結優先ベースの負債に対する支払利息・割引料の割合から負債コスト率を求めることにより算出した．投下資本は，有形資産として建設仮勘定を除いた有形固定資産，オンバランスされている無形固定資産，運転資産として流動負債を差し引いた流動資産の総和とする．また，大サンプルの実証分析を行うため，法人税の実効税率は一律 40% と見なす．

まることを示している[18]．

4.3 無形資産価値上位企業

無形資産価値の上位20社を，表2-3に示す．電気機器が5社，情報・通信業4社，精密機器も1社ランクインしており，半数がいわゆるハイテク業種に属している企業となっている．ただし，上位10社は輸送用機器4社が占めており，技術，ブランド，人的資産とも高い数値となり上位へのランクインとなっている．

つぎに，各資産別の上位20社を，表2-4に示す．技術資産については，輸送用機器，電気機器，医薬品等の企業が並び，これらは研究開発型産業の企業である．ブランド資産については，輸送用機器，医薬品，情報・通信業，化学

表 2-3　無形資産価値上位20社

企業名	業種名	無形資産（計）	技術資産	ブランド資産	人的資産
トヨタ自動車	輸送用機器	130,686	80,821	39,543	10,322
日産自動車	輸送用機器	43,163	18,165	9,849	15,150
武田薬品工業	医薬品	37,149	21,202	2,989	12,958
松下電器産業	電気機器	35,180	20,955	6,724	7,501
NTTドコモ	情報・通信業	33,591	17,174	8,176	8,241
ソニー	電気機器	32,737	17,741	13,995	1,001
本田技研工業	輸送用機器	32,487	24,758	3,647	4,082
日本たばこ産業	食料品	25,457	4,741	3,027	17,689
デンソー	輸送用機器	22,650	16,543	282	5,826
ヤフー	情報・通信業	22,504	210	2,402	19,892
HOYA	精密機器	16,118	6,204	3,537	6,376
富士通	電気機器	15,814	7,134	287	8,393
アステラス製薬	医薬品	15,675	8,997	1,725	4,953
ファナック	電気機器	14,804	7,664	249	6,891
シャープ	電気機器	14,670	6,846	2,276	5,548
KDDI	情報・通信業	14,260	1,456	3,051	9,753
住友金属工業	鉄鋼	14,241	4,691	0	9,550
花王	化学	13,750	2,921	6,078	4,751
信越化学工業	化学	13,212	8,893	66	4,253
日東電工	化学	13,012	4,251	0	8,761

（注）　単位：億円．2005年度．

---

18)　修正前の EVA を用いても，これらの結果は同じであった．したがって，脚注13)に指摘したが，無形資産償却費を推計し営業費用に計上した場合でも結果は同じであろう．

表 2-4　無形資産種類別上位 20 社

技術資産		ブランド資産		人的資産	
トヨタ自動車	80,821	トヨタ自動車	39,543	ヤフー	19,892
本田技研工業	24,758	ソニー	13,995	日本たばこ産業	17,689
武田薬品工業	21,202	日産自動車	9,849	日産自動車	15,150
松下電器産業	20,955	NTT ドコモ	8,176	武田薬品工業	12,958
日産自動車	18,165	任天堂	7,047	トヨタ自動車	10,322
ソニー	17,741	松下電器産業	6,724	KDDI	9,753
NTT ドコモ	17,174	花王	6,078	住友金属工業	9,550
デンソー	16,543	本田技研工業	3,647	日東電工	8,761
日本電産	9,481	HOYA	3,537	富士通	8,393
アステラス製薬	8,997	スズキ	3,498	NTT ドコモ	8,241
信越化学工業	8,893	KDDI	3,051	新日本製鐵	7,753
日本電気	8,030	日本たばこ産業	3,027	松下電器産業	7,501
日本電信電話	7,709	武田薬品工業	2,989	セコム	7,094
ファナック	7,664	日本電信電話	2,772	ファナック	6,891
アドバンテスト	7,616	ヤフー	2,402	NTT データ	6,686
三菱電機	7,614	シャープ	2,276	三菱自動車工業	6,439
富士通	7,134	ニコン	2,264	HOYA	6,376
シャープ	6,846	ダイキン工業	2,004	デンソー	5,826
エーザイ	6,585	資生堂	1,983	シャープ	5,548
リコー	6,562	クボタ	1,859	オリンパス	5,358

(注)　単位：億円．2005 年度．

等業種は分散しているが，個別企業の特徴を見ると，消費財企業が並ぶ．人的資産については，業種が分散しており，社歴の浅い企業もランクインしている．

4.4　モデルの応用

4.4.1　投資に対する弾力性

　無形資産への投資は，利益の源泉でもある無形資産価値を高め，4.2.1 の結果から次期以降の株価にポジティブな影響もあり，企業にとって内部留保の使い道の一つとしての認識も必要である．そして，無形資産投資の効果は無形資産価値の投資に対する弾力性である (9) 式の値が大きいほど高い．したがって，企業は自社の値を把握し，無形資産投資へのタイミングについて意識することが望ましい．そして，無形資産投資へのタイミングについて，自社の時系列値，同業他社の値のほか，表 2-5 に示した業種平均値と比較することによっ

表 2-5 業種別投資額に対する無形資産価値弾力性

業種名 \ 年度	2001	2002	2003	2004	2005	平均
ガラス・土石製品	1.192	1.256	1.364	1.463	1.658	1.386
ゴム製品	1.318	1.231	1.510	1.629	2.012	1.540
サービス業	1.892	1.677	2.066	2.285	2.691	2.122
その他製品	1.314	1.221	1.454	1.440	1.617	1.409
パルプ・紙	1.619	1.411	1.523	1.357	1.609	1.504
医薬品	1.353	1.273	1.356	1.409	1.503	1.379
化学	1.179	1.142	1.283	1.345	1.520	1.294
機械	1.245	1.259	1.496	1.545	2.017	1.513
金属製品	1.061	1.079	1.207	1.298	1.445	1.218
建設業	1.134	1.123	1.319	1.236	1.446	1.252
情報・通信業	2.408	2.081	2.451	2.524	2.801	2.453
食料品	1.128	1.135	1.206	1.276	1.328	1.215
精密機器	2.486	1.508	1.491	1.369	1.624	1.695
繊維製品	1.396	1.422	1.718	2.008	2.299	1.768
鉄鋼	3.321	2.314	2.721	2.995	3.179	2.906
電気機器	1.382	1.231	1.461	1.483	1.694	1.450
非鉄金属	1.855	1.729	2.059	2.438	3.754	2.367
輸送用機器	1.150	1.137	1.302	1.416	1.661	1.333
平均	1.580	1.402	1.610	1.695	1.992	1.656

(注) 業種別平均値．サンプル企業数 1,604 社．

て図ることも有効であると思われる．

4.4.2 最適資産構成

つぎに，バリュエーションと各無形資産との関係を検証し，各無形資産による最適な資産構成について考察する．ここでは，バリュエーションが高く株主価値にポジティブな無形資産構成を，最適資産構成とする．被説明変数をバリュエーションの高さを示す P/B，説明変数は自己資本 E でデフレートした各無形資産とする（16）式で示される回帰式によって，パネル分析を行う．

$$PBR_{it} = a + b_1 \frac{RC_{it}}{E_{it}} + b_2 \frac{BC_{it}}{E_{it}} + b_3 \frac{HC_{it}}{E_{it}} + \varepsilon_{it} \quad (16)$$

$PBR := P/B$（Price Book to Ratio：株価純資産倍率）

ここで，

$$PBR = \frac{m+E}{E}, \quad \frac{I+E}{E} = \frac{E}{E} + \frac{RC}{E} + \frac{BC}{E} + \frac{HC}{E}$$

表 2-6 バリュエーションと各無形資産価値の回帰分析結果

被説明変数：PBR

説明変数	係数	t 値
RC/E	1.210	32.52***
BC/E	0.024	1.89***
HC/E	1.015	259.44***
定数項	0.882	94.23***
R^2 within	0.997	
between	0.987	
overall	0.995	
F 検定	5.65***	
Hausman 検定	52.42***	
推定方法	固定	
サンプル数	8,020	

(注) ***：1% 水準で統計的に有意．期間は 2001－2005 年度．

であるため，各資産に対する市場の評価が等しければ，係数は全て1となる．

表 2-6 の通りパネル分析の結果，F 検定と Hausman 検定から，固定効果モデルが受容される．そして，技術資産に対する係数は1より大きく，ブランド資産については1より小さく，人的資産については1程度となった．したがって，市場は技術資産については割高に，ブランド資産については割安に評価していると考えられる．株主価値を高めるためには，無形資産のうち，技術への投資が有効であると考えられるとともに，現時点において市場は技術や人への投資は無形資産への投資と認識するが，ブランドへの投資，広告宣伝費についてはそのまま費用として捉える意識が高いとも考えられる[19]．

5 ま　と　め

本稿では，残差アプローチに基づき，リアルオプションを用いた無形資産価値評価モデルを考案した．リアルオプションを用いて評価する手法として，従

---

[19] 山口（2006）はわが国企業の広告宣伝費についても効果は支出期に留まらないことを示し，無形資産としての資産性を実証しており，本モデルもこれを前提としている．ただし，Bublitz and Ettredge（1989）など効果は短期間とする分析結果もある．

来事業への投資機会のコールオプションとして評価する手法が用いられてきた．また，無形資産は取引が不可能である見えざる資産であるため，残差アプローチとして市場が評価する無形資産価値を，そのまま評価価値とすることには問題がある．本モデルは，企業は無形資産を確保するために投資を行うとして，確保された無形資産価値を，残差アプローチにより評価される無形資産価値を原資産として参照する，プットオプションの権利行使価格と見なして評価するものである．また，従来のモデルは適用に際してボラティリティや原資産価値の推計等困難な面もあるが，本モデルでは株価等の市場で評価されている数値を利用するため容易であり，実用的である．また，一般に公開されている財務データを用いるため，客観的なモデルでもある．そして，実証分析によって本モデルで算出した無形資産価値によるプットのフロア効果，権利行使の効果が示された．これは，モデルの有効性を実証するものであるが，プットのフロア効果は株価へのポジティブな影響も示唆する．

　また，無形資産への投資は，利益還元や内部留保の使い道の一つであることを明らかにした．そして，無形資産価値の無形資産投資に対する弾力性による，投資タイミングについての示唆を得ることができた．また，各無形資産価値とバリュエーションとの関係から，現時点では市場は技術資産については無形資産として認識するが，ブランド資産，人的資産については費用としての認識が高いことが示唆された．

　無形資産価値の向上は，少子高齢化を迎えるわが国の社会構造のほか，会計，企業価値評価等の観点からも非常に重要な課題である．したがって，無形資産価値の評価も重要度が増している．しかしながら，その重要性に比べて議論が進捗していないと思われる．本稿において，新しい無形資産価値評価モデルを提示するとともに，無形資産投資の重要性の示唆が与えられたが，今後議論の高まりとともに，価値向上が進むことを期待する．

〔参考文献〕

伊藤邦雄・日本経済新聞社広告局（2002），『実践　コーポレートブランド経営』日本経済新聞社．

スターンスチュワート社（2001），『EVA による価値創造経営—その理論と実際』ダイヤモンド社．

文部科学省（2006），「民間企業の研究活動に関する調査報告（平成 17 年度）」．

山口智弘（2006），「無形資産価値評価モデルについて」『証券アナリストジャーナル』第 44 巻第 6 号．

渡邊俊輔（2002），「特許の価値評価」『知的財産 戦略・評価・会計』東洋経済新報社．

Black, F. and M. Scholes (1973), "The Pricing of Options and Corporate Liabilities," *Journal of Political Economy*, **81**(3), 637-654.

Bublitz, B. and M. Ettredge (1989), "The Information in Discretion Outlays: Advertising, Research and Development," *The Accounting Review*, **64**(1), 108-124.

Dixit, A.K. and R.S. Pindyck (1994), *Investment under Uncertainty*, Princeton University Press.

Ellis, L.W. (1997), *Evaluation of R&D Processes: Effectiveness Through Measurements*, Artech House Publishers.

Klein, S.J. (1985), "Innovation is not a linear process," *Research Management*, **28**(4), 36-45.

Lev, B. (2001), *Intangibles: Management, Measurement, and Reporting*, Brookings Institution Press.

Luehrman, T.A. (1997), "What's it worth? A general manager's guide to valuation," *Harvard Business Review*, **75**(3), 132-42.

McDonald, R. and D. Siegel (1986), "The Value of Waiting to Invest," *Quarterly Journal of Economics*, **101**(4), 707-728.

Price, W.J. and L.W. Bass (1969), "Scientific research and the innovative process," *Science*, **164**(16), 802-806.

Stewart, G.B. (1991), *The Quest for Value*, HarperCollins Publishers.

（東京大学大学院工学系研究科）

3 リアル・オプションによる資源開発プロジェクトの事業価値評価*

中 岡 英 隆

概要 本研究は二つの課題から構成されている．第一の課題は，原油・ガス探鉱・開発プロジェクトにおける埋蔵量リスクをモデルとして定式化し，明示的に事業の価値評価に織り込むことである．第二の課題，そして本研究の究極の課題は，コモディティの先物価格とボラティリティの期間構造モデルを活用することにより，長期事業における原資産価値測定問題が解決できることを示し，長期事業投資に対するより現実的な経営の意思決定を行うための新しいリアル・オプション・アプローチを提示することである．二つの課題は独立した課題として全く別個に議論することのできるものであるが，第二の課題は主要産品に関連した先物市場の存在する広範な事業の原資産価値トラッキングに応用可能な，より基本的で普遍的な方法である．原油・ガス探鉱・開発プロジェクトを題材として実証分析を行った結果，長期投資事業価値のボラティリティにはいわゆる Samuelson hypothesis と呼ばれる先物価格のボラティリティの maturity effect が顕著に影響を与えることが検証され，本研究のアプローチの有効性が確認された．

Keywords：リアル・オプション，非完備市場，プロジェクト評価，先物価格，ボラティリティ期間構造，資源開発

1 は じ め に

本研究は二つの研究課題から構成されている．第一の課題は，原油・ガス探鉱・開発プロジェクトにおける埋蔵量リスクというものを明示的に事業の価値評価に織り込むため，埋蔵量リスクをモデルとして定式化し，そのインパクトにつき分析を行うことである．第二の課題，そして本研究の究極の課題は，プ

---

* 2006 年 12 月 1 日投稿受付，2007 年 3 月 28 日採択通知．

ロジェクトの主要なリスク・ファクターに関連するコモディティの先物市場が存在する場合には，その先物価格とボラティリティの期間構造モデルを活用することにより，長期事業における原資産価値測定問題が解決できることを示し，原油・ガス探鉱・開発プロジェクトを題材として，長期事業投資に対するより現実的な経営の意思決定を行うための新しいリアル・オプション・アプローチの方法を提示することである．

　流動性の高い原資産市場が存在する株式のような金融資産のオプション価格評価と異なり，リアル・オプション価格評価に特有の課題は，原資産市場の流動性が低い非完備な市場か，あるいは原資産市場が存在しない場合を対象にすることが多いことである．原油・ガス探鉱・開発プロジェクトは，典型的なリアル・オプション・アプローチの題材として多くの文献に取り上げられてきたが，非完備市場における原資産価値とそのボラティリティの測定問題というリアル・オプション価格評価に特有の課題が存在するため，実務家にとって実際の資源開発事業のプライシングにリアル・オプションを適用するのが困難な状況がつづいている．また，昨今は原油・ガスの埋蔵量リスクというものが，事業評価上は勿論のこと，会計上も国際石油スーパーメジャーの大きな経営問題となるなど，資源開発にとって重要な課題となっている．

　本研究では，これらの二つの課題克服を目指して，まず先行研究を踏まえて原油・ガス資源開発事業価値評価の理論的なレビューを行い，新たに開発後の埋蔵量リスクを導入したモデルへの拡張を行う．次いで，長期事業投資に対するリアル・オプション価格評価のための新しいソリューションとして，先物価格とそのボラティリティの期間構造モデルを活用して長期事業における原資産価値のトラッキングを行う「先物期間構造事業評価モデル」を提示する．そして，原資産市場が非完備な場合においても，その主要なリスク・ファクターが商品先物価格の関数として表される場合には，長期事業における原資産価値測定問題が解決できることを示し，長期事業のボラティリティがスポット価格のそれとは異なる性質をもつものであることを明らかにしたい．これは，プロジェクトの事業価値は，いわゆる Samuelson hypothesis と呼ばれる先物価格のボラティリティの maturity effect に影響を受けるのではないかという著者の実体験から得た直観的なモチベーションに基づくものである．

本来，第一の課題である埋蔵量リスクのモデル化と，第二の課題である「先物期間構造事業評価モデル」の提示は，二つの独立した課題として全く別個に議論することのできるものであるが，「先物期間構造事業評価モデル」は原油・ガス探鉱・開発プロジェクトに限らず，主要産品に関連した先物市場の存在する広範な事業の原資産価値トラッキングに応用可能な，より基本的で普遍的な方法である．本研究ではこの第二の課題が究極の目的ではあるが，評価の対象事業として原油・ガス探鉱・開発プロジェクトを取り上げたため，第一の課題についても必然的にその理論的な考察を行い，新しいモデルを提示したものである．今後また機会を改めて，埋蔵量リスクのさらなる考察と実証分析を行う予定であるが，その場合にも，原資産価値のトラッキングには本研究の「先物期間構造事業評価モデル」が重要な役割を果たすことになる．

　このような研究の目的を背景として，まず第2節において原油・ガス資源開発事業を対象にしたリアル・オプション先行研究の文献サーベイを行い，これまでのこの分野における研究の理論的なフレームワークのレビューを行うとともに，その中で埋蔵量リスクが先行研究でどのように取り扱われてきたかに注目してレビューを行いたい．

　第3節では，コモディティの先物価格とそのボラティリティの期間構造モデルに関連する先行研究の文献サーベイを行い，ボラティリティのmaturity effectがどのような市場で現れ，それがどのようにモデル化されているか，そして，特にそれがプロジェクトの事業価値評価という文脈においてどう取り扱われてきたかに焦点をあてながら，この分野における先行研究の総括的なレビューを行う．

　第4節では，原油・ガス資源開発事業において新たに開発後の埋蔵量リスクを導入したモデルの定式化を行うとともに，探鉱・開発・生産の全てのフェーズにおける事業価値の考察を行う．

　第5節では，先物価格と事業の原資産価値との間の関係を理論的に考察した上で，事業に即した原資産価値のトラッキングを行うための「先物期間構造事業評価モデル」を新たに提案し，ボラティリティのmaturity effectが長期事業の価値に与える影響につき考察を行う．この「先物期間構造事業評価モデル」は，その事業分野におけるプロジェクトの売買取引の流動性が極めて低く

とも，関連するコモディティの先物価格期間構造の推定ができるようなプロジェクトであれば，広範な応用が可能である．こうして得られた事業の価値およびオプション価値のプライシングは，あくまで擬似的なプライシングではあるが，このアプローチは，原油・ガス資源開発事業のみならず，非完備な資産市場への幅広い応用が可能であり，多くのリアル・オプション価格評価が抱える共通の問題を解決するための一つの有力方法になるものと期待される．

第6節では，実証分析として，まずSchwartz（1997）の2ファクター・モデルにより，原油先物価格とそのボラティリティの期間構造を実証的に導出した上で，「先物期間構造事業評価モデル」により，仮想的な原油・ガス資源開発プロジェクトの事業価値の推定を行い，ボラティリティのmaturity effectが長期事業の価値に与える影響につき実証的に検証を行う．

最後に，第7節にて本研究の結論をまとめて報告する．

2　原油・ガス資源開発プロジェクトのバリュエーション

原油・ガス資源開発事業は，当に地質・物理探鉱・石油工学などの技術分野から契約，さらには財務分野にまでわたる不確実性の制御技術の集約ともいえる事業である．この分野におけるパイオニア的な先行研究としては，Paddock, Siegel and Smith（1988）が挙げられ，それまでの彼等の研究を総括した研究となっている．この論文は，米国の洋上油田のリース契約におけるオプション価値のプライシングを，原資産である原油埋蔵量価値の市場均衡モデルにより導出したリアル・オプション・アプローチの基本となる優れた研究である．探鉱フェーズにおける埋蔵量リスクの定式化から最終の生産フェーズにおける原資産価値の確率モデルの定式化に至るまで包括的な分析を行い，それらを踏まえた上でオプション価値のプライシングを行っている．ただ，Paddock, Siegel and Smith（1988）では，探鉱により開発移行後の埋蔵量リスクが解消されるものとしており，また，原油埋蔵量価値についても単純に原油価格の約3分の1の価格であると見なし，ボラティリティは米国の輸入原油価格のボラティリティで代替しているなど，実務家が個別の対象鉱区に即したトラッキングを行えるような普遍的なアプローチを提示するまでに至っていない．

Brennan and Schwartz（1985）は，天然資源開発プロジェクト一般を対象に，コモディティのスポット価格過程に物理的な在庫量に反比例するコンビニエンス・イールドを導入して，コモディティの現物をロングし，先物をショートすることによる無リスク・ポートフォリオを作って，資源開発事業の原資産価値の定式化を行っている．しかしながら，先物価格に関しては，コンビニエンス・イールドが定数である場合を例示しているのみで，ボラティリティのmaturity effect については全く言及していない．さらに，生産コストや法人税，閉鉱・再開コストなどを織り込んでプロジェクトの営業キャッシュフローを記述し，プロジェクトのオプション価値をも織り込んだ鉱区の価値の定式化を行っているが，モデルが複雑すぎて解析的な分析が難しい結果を示すに止まっている．また，埋蔵量については一貫して確定的な関数として扱っている．

　次いで，Bjerksund and Ekern（1990）は，原油開発プロジェクトを対象に，原資産価値の不確実性の源泉として，生産物である原油の価格過程に注目して，先物価格を用いた市場均衡モデルにより事業の価値を導出しているが，先物価格の導出に際しては，コンビニエンス・イールドを定数とし，先物価格のボラティリティについてもスポット価格と同一としてモデル化しているため，ボラティリティのmaturity effect には全く触れていない．また，開発後の事業価値に焦点をあてているため，埋蔵量リスクについては探鉱フェーズも含めてほとんど言及していない．

　Dixit and Pindyck（1994）は，海上油田への投資のリアル・オプション評価につき論じているが，基本的にPaddock, Siegel and Smith（1988）を踏襲したものに，原油価格が平均回帰過程に従う場合のモデルを付加したものとなっている．

　さらに，Smit（1997）においては，オランダ領大陸棚の北海油田オフショア鉱区における油田開発に対する不確実性下の複合的な意思決定のプロセスに従う投資事業の評価をリアル・オプション・アプローチにより行っている．彼によれば，リアル・オプション・アプローチは，BPやシェル，アモコ・オランダなどのリーディング・カンパニーにおいて，パイロット的な内部研究として適用されてきたが，それをさらに普及させるために，この論文では，実務家にとって実際にオプション評価を実行するための包括的な手法を提示すること

を一つの目標としている．そして，まずオランダ領大陸棚のオフショア鉱区における探鉱・開発・生産各フェーズに内在するオプション構造と財務条件につき精査した上で，生産中の鉱区を Brent 原油の先物価格を用いて複製を行うことを目指している．しかしながら，実際には6ヶ月超の満期をもつ Brent 原油の先物取引が存在しないとして，原油先物価格が金利，貯蔵コスト，コンビニエンス・イールドにより決定される価格モデルにより，ヒストリカル・データからコンビニエンス・イールドを推定し長期の先物価格を予測することを試みている．その結果，コンビニエンス・イールドの不安定さを指摘しつつも，結局は平均値を取って定数としたモデルを用いて Brent 先物価格を予測している．したがって，肝腎のボラティリティについても maturity effect には全く言及がなく，スポット価格のボラティリティを以って全ての満期の先物価格のボラティリティの推定値として代替させ，sensitivity analysis によりその推定誤差を補完する方法を取っている．また，埋蔵量についても，探鉱段階において一旦 test drilling および appraisal drilling を行えばその不確実性が解消されるとしており，開発後の埋蔵量リスクには全く言及していない．

これらのほかにも，Constantinides (1978)，Trigeorgis (1990) など，プロジェクト一般につきリアル・オプションで事業価値評価を行っている文献は数多くあるが，内容が上述の文献に包含されている文献もあり，ここでは本研究がフォーカスしているテーマに触れる文献のみを紹介することとする．

以上の文献サーベイの結果を総括すると，表3-1の通り，原油・ガス資源開発プロジェクトの事業価値評価に関しては，Paddock, Siegel and Smith

表 3-1 主要論文の研究分野カバレッジ

研究者名	埋蔵量リスク		先物価格	ボラティリティ期間構造
	探鉱フェーズ	開発・生産フェーズ		
Brennan and Schwartz (1985)	×	×	○	×
Paddock, Siegel and Smith (1988)	○	×	×	×
Bjerksund and Ekern (1990)	×	×	○	×
Dixit and Pindyck (1994)	○	×	×	×
Smit (1997)	○	×	○	×
本研究	○	○	○	○

(1988) を中心としていくつもの優れたリアル・オプション・アプローチによる先行研究がなされてきたが，埋蔵量リスクについては，3論文が探鉱フェーズに関して言及し，特に Paddock, Siegel and Smith（1988）が探鉱フェーズにおける埋蔵量リスクの分析を行っているものの，開発移行後の埋蔵量リスクについてはどの先行研究も全く検討を加えていない．また，プロジェクトの事業価値評価という文脈において，コモディティのボラティリティの maturity effect の影響につき言及している文献は全くない．

これらのサーベイ結果を踏まえて，本節では，開発移行後の埋蔵量リスクを新たに織り込んだ原資産価値の確率モデルの定式化を行うための準備として，基本的に Paddock, Siegel and Smith（1988）をベースとして，原油・ガス資源開発事業評価の理論的フレームワークのレビューを行うこととする．

2.1 探鉱・開発フェーズにおける原油・ガス開発鉱区の評価

原油・ガス開発鉱区リース契約保有者は，探鉱，開発，生産という3段階のフェーズを経て原油・ガスを獲得する．探鉱フェーズでは，リース契約に定められた最低義務作業量に従って，地震探鉱や探鉱井の掘削を行い，原油・ガス埋蔵量に関する情報を獲得すると同時に，開発コストの推測を行う．この結果が有望であれば，つぎに開発フェーズへと進み，プラットフォームや生産井の掘削を行って，未開発可採埋蔵量を開発可採埋蔵量へと転換する．政府は，リース契約を付与する際に開発期限を設け，リース保有者は，この期限内に限って，探鉱から開発フェーズへと進むオプションを保有し，このオプションを行使したときに限り，生産フェーズへと進むことになる．したがい，原油開発リース契約のバリュエーションは，この多段階プロセスのキャッシュフローの評価を如何に行うかということになる．

鉱区の探鉱権益の価値は，探鉱の結果得られる未開発原油・ガス可採埋蔵量の価値の期待値として表され，最低義務作業量を下回らない探鉱コストの期待値 E^* を支払って取得する．現在を時点 t として，未開発可採埋蔵量の単位数量あたり現在価値を $X_t(V_t)$ とすると，Paddock, Siegel and Smith（1988）では，鉱区全体の探鉱権益の価値 $X_t^*(V_t)$ は，

$$X_t^*(V_t) = \int Q X_t(V_t) dP(Q) \tag{1}$$

と定式化しており，$E^* < X_t^*(V_t)$ であれば探鉱権益を取得することになる．ただし，Q はプレリミナリーな情報に基づいた鉱区全体の当初推定未開発可採埋蔵量，$P(Q)$ は Q の確率分布関数，V_t は開発原油・ガス可採埋蔵量の単位数量あたり現在価値，そして行使価格は単位数量あたり開発コストの現在価値 $D(Q)$ である．

この数量に関するリスクは，地質学上の技術的な非システマティック・リスクであり，Paddock, Siegel and Smith（1988）によれば，探鉱フェーズにおいては，鉱区がドライである確率がスパイク状に存在し，埋蔵量がゼロでない場合の可採埋蔵量 Q の分布が条件付確率として表される混合対数正規分布として仮定されている．

探鉱フェーズにて商業生産可能な原油・ガス埋蔵量が発見されると，Front End Engineering Design（FEED）を実施して詳細な開発計画の策定がなされ，開発フェーズに進むか否かの意思決定がなされる．この意思決定に際して，鉱区保有者は開発コストを支払って開発原油・ガス可採埋蔵量を受け取るアメリカン・コール・オプションを保有することとなり，Paddock, Siegel and Smith（1988）では，Constantinides（1978）における均衡分析の方法を用いて，これを次式のように記述している．

$$\frac{\partial X_t}{\partial t} + \frac{1}{2} \frac{\partial^2 X_t}{\partial V_t^2} \sigma_V^2 V_t^2 + (r - \theta_t) \frac{\partial X_t}{\partial V_t} - r X_t = 0. \tag{2}$$

ただし，V_t は開発原油・ガス可採埋蔵量の単位数量あたり現在価値，σ_V は V_t の収益率の単位時間あたり標準偏差，θ_t は生産中の開発可採埋蔵量のペイアウト・レートである．

この境界条件は，Paddock, Siegel and Smith（1988）に示されている通り，停止時刻 τ において $C_t = V_t/D$ が初めてある一定の閾値 C_τ^* を下からヒットしたとき，

$$X_\tau(V_\tau^*) = (V_\tau^* - D)_+ = V_\tau^* - D \tag{3}$$

のように書ける．また，オプションの満期を T とすると，他の境界条件は以下の通りである．

$$X_t(0) = 0, \tag{4}$$
$$X_T(V_T) = (V_T - D)_+. \tag{5}$$

2.2 生産フェーズにおける埋蔵量価値評価

リース契約保有者が一旦開発オプションを行使すると，彼は開発原油・ガスを保有し，これを生産するオプションを保有することになるが，市場の均衡状態においては，開発原油・ガス可採埋蔵量を保有することから得られる期待ペイオフは，保有者の他の投資への機会コストを満たさなければならない．Paddock, Siegel and Smith (1988) では，これを市場均衡モデルとして以下のように定式化している．

まず，開発可採埋蔵量を B_t，開発可採埋蔵量の単位数量あたりの価値を V_t，開発可採埋蔵量を保有することから得られる単位時間あたりのネット・ペイオフを R_t とし，保有者の収益率がディフュージョン過程に従うと仮定すると，以下のように書くことができる．

$$\frac{R_t dt}{B_t V_t} = \alpha_V^* dt + \sigma_V dz_V. \tag{6}$$

ただし，α_V^* は鉱区保有者の期待収益率，σ_V は単位時間あたり収益率の標準偏差，dz_V はウィーナー過程増分である．

開発可採埋蔵量は，原油の生産量が自然対数に比例して減衰するものとして，以下のように確定的な関数として定式化している．

$$dB_t = -\gamma B_t dt. \tag{7}$$

したがって，Paddock, Siegel and Smith (1988) では，生産フェーズにおける埋蔵量リスクは想定していない．

これを用いると，ネット・ペイオフ R_t は，原油生産から得られる利益と残存埋蔵量のキャピタルゲインの和であるので，時間 dt の間のネット・ペイオフは次式のように書ける．

$$R_t dt = \{\gamma B_t P_t dt\} + \{(B_t - \gamma B_t dt)(V_t + dV_t) - B_t V_t\}. \tag{8}$$

ただし，P_t は原油販売から得られる単位数量あたり税後営業利益である．

(8) 式を (6) 式に代入して整理すると，次式が得られる．

$$\frac{dV_t}{V_t} = \alpha_V dt + \sigma_V dz_V. \tag{9}$$

ただし，$\alpha_V = \alpha_V^* - \theta_t, \qquad \theta_t = \frac{\gamma P_t}{V_t} - \gamma. \tag{10}$

θ_t は生産中の開発可採埋蔵量のペイアウト・レート，α_V はキャピタルゲインの期待収益率であるが，Paddock, Siegel and Smith (1988) では，V_t が原油スポット価格の3分の1であるとの仮定をおき，P_t が近似的に $P_t = cV_t$（c は定数）のように書けるとしているため，θ_t は定数となる．

3　先物価格およびボラティリティの期間構造

先物市場におけるボラティリティの期間構造モデルに関しては，「先物価格のリターンのボラティリティは，満期までの期間が短くなると増大する」(maturity effect of volatility) としたいわゆる Samuelson hypothesis に端を発して，金融，コモディティの様々な領域において検証が試みられたが，Fama and French (1987, 1988) は，在庫レベルとコンビニエンス・イールドの関係に注目して，農産物，畜産物，メタル市場において価格の平均回帰過程が存在し，ボラティリティの maturity effect が生じることを実証的に検証した．

そうした中で，Gibson and Schwartz (1990) は，原油のスポット価格過程に確率的な平均回帰的コンビニエンス・イールド過程を加えた2ファクター・モデルを導入し，コンビニエンス・イールドとスポット価格との間の正の相関により，先物価格のボラティリティに maturity effect が生じることを示した．また，Bessembinder et al. (1995, 1996) は，様々な先物価格につきその平均回帰性を検証した結果，実物資産の市場価格には広く平均回帰性が認められ，特に原油と農産物については，スポット価格にいわゆるコンビニエンス・イールドとの間の相関から生じた強い平均回帰性があり，コンビニエンス・イールドが重要な役割を果たしていることを検証した．彼等は，メタルについても，スポット価格にはコンビニエンス・イールドおよび金利との相関による平均回帰性が存在するが，金融資産については平均回帰性の証拠は弱いとの検証

を行った．

　このコンビニエンス・イールドを用いたアプローチとして，Schwartz (1997) は，先行研究を包括的に発展させ，コモディティのスポット価格に平均回帰過程を導入した1ファクター・モデル，スポット価格に正の相関をもつ確率的な平均回帰的コンビニエンス・イールド過程を加えた2ファクター・モデル，さらに確率的な平均回帰的スポット金利過程を加えた3ファクター・モデルの比較検証を行い，先物価格のclosed formの解を導出した上で，先物価格とそのボラティリティの期間構造と，ヘッジング，投資の意思決定につき包括的な分析を行った．Hilliard and Reis (1998) は，Schwartz (1997) の拡張として，金利プロセスにHJMモデルを取り入れた期間構造モデルへの拡張を行うとともに，スポット価格にジャンプ過程も導入し，closed formの解を導出するとともに，オプション価格に対する影響を洞察した．また，Schwartz (1998)，Schwartz and Smith (2000) は，それまでにSchwartzが提唱した1ファクター・モデル，2ファクター・モデルをベースにより取り扱いやすいモデルへと改良を行い，Mazaheri (1999) は，ARFIMAモデルにより石油先物市場におけるコンビニエンス・イールドの長期記憶性を検証して，ボラティリティのmaturity effectを説明した．

　一方，コモディティのプライシングに先物価格のフォワードカーブを取り入れたアプローチの研究も進められたが，Miltersen and Schwartz (1998) は，Hilliard and Reis (1998) のモデルを発展させる形で，金利プロセスに加えてコンビニエンス・イールド過程にもHJMモデルを適用して，コモディティの先物価格のプライシングに関するコンビニエンス・イールド・モデルとフォワードカーブ・モデルとの結合を行い，オプション価格の一般化プライシング・モデルを導出するとともに，ガウス過程の場合のオプション価格のclosed formの解を導出した．

　さらに，フォワードカーブ・アプローチの発展形として，Koekebakker and Lien (2004) は，ジャンプ拡散過程のもとで拡散係数の関数形を特定して，フーリエ級数による季節性とmaturity effectを捕捉する確定的時変ボラティリティを拡散項に織り込み，モデルのパラメータを非線形最小二乗法により推定する方法を採用した．

3 リアル・オプションによる資源開発プロジェクトの事業価値評価　　85

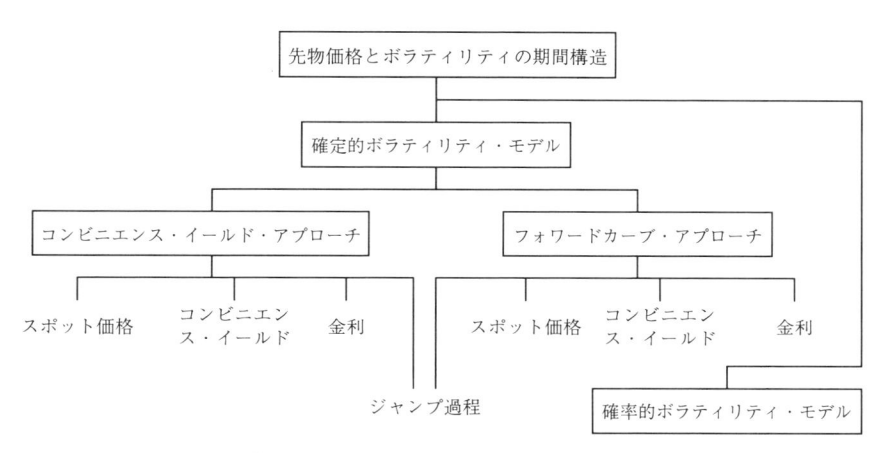

図 3-1　先物価格とボラティリティの期間構造のアプローチ

　また，上記の二つのアプローチとは別に，Covrig and Low (2003) や Andersen, Bollerslev and Meddahi (2004) がボラティリティの確率的モデルを前提に長期ホライズンのボラティリティの予測力についての検証を行うなど新しい動きも出てきているが，期間構造のモデル化までには至っていない．以上のアプローチをまとめたものが図 3-1 である．

　第 2 節の「原油・ガス資源開発プロジェクトのバリュエーション」におけるサーベイで示した通り，この資源開発分野における先行研究では，プロジェクトの事業価値評価という文脈において，これまでにコモディティのボラティリティの maturity effect の影響につき論じられた形跡がない．また，本節で取り上げた文献においても，Schwartz (1997) が平均回帰するスポット価格過程や確率的なコンビニエンス・イールドがプロジェクトの NPV に与える影響について簡単に議論しているものの，事業のボラティリティという文脈において議論するまでには至っていない．したがって，本研究では，先物価格のボラティリティの maturity effect がどのように長期事業の価値に影響を与えるかについて，まず理論的な考察を行い，その上で実証的な検証を行うこととする．こうした先物価格とそのボラティリティの期間構造モデルを活用して，長期投資プロジェクトの事業価値のプライシングを行うアプローチを本研究においては「先物期間構造事業評価モデル」と呼ぶことにするが，この「先物期間

構造事業評価モデル」は，その事業分野におけるプロジェクトの売買取引の流動性が極めて低くとも，関連するコモディティの先物価格期間構造の推定ができるようなプロジェクトであれば広範な応用が可能である．こうして得られた事業の価値およびオプション・プライシングは，現実の先物市場ではプロジェクト・ライフにわたる超長期の満期の先物取引は存在しないため，あくまで擬似的なプライシングではあるが，このアプローチは，原油・ガス資源開発事業のみならず，非完備な資産市場への幅広い応用が可能であり，リアル・オプション価格評価に特有の原資産価値測定問題という共通の課題を解決するための一つの有力な方法になるものと期待される．

4 原油・ガス資源開発プロジェクトの埋蔵量リスク

4.1 生産フェーズにおける埋蔵量リスクを考慮した鉱区の価値

第2節にて述べた通り，Paddock, Siegel and Smith（1988）では生産フェーズにおける開発可採埋蔵量 B_t を確定的な変数として取り扱い，開発可採埋蔵量の単位数量あたりの価値 V_t の従う確率微分方程式を導出している．しかしながら，原油・ガス探鉱・開発事業は地下数千メートルに偏在する地下資源を掘りあて，掘り出す事業であるため，探鉱段階は勿論のこと，開発・生産フェーズにおいても地質構造や温度・圧力などの状態により可採埋蔵量には常に不確実性が伴う．したがって，本節では Paddock, Siegel and Smith（1988）のモデルを拡張して，地下の残存可採埋蔵量の確率的変動による拡散項を加え，開発埋蔵量が次式の幾何ブラウン運動に従うものと仮定することにより，埋蔵量リスクを明示的にモデル化する．

$$\frac{dB_t}{B_t} = -\gamma dt + \sigma_B dz_B. \qquad (11)$$

ただし，γ（$\gamma>0$），σ_B は定数，dz_B はウィーナー過程の増分である．

また，V_t は次式の確率微分方程式に従うものとする．

$$\frac{dV_t}{V_t} = \alpha_V dt + \sigma_V dz_V. \qquad (12)$$

ただし，α_V，σ_V は確定的係数，dz_V はウィーナー過程の増分であり，

$$dz_V \cdot dz_B = 0 \tag{13}$$

という関係を満たすものとする．

ここで，鉱区全体の開発可採埋蔵量の価値を U_t とおくと，$U_t = B_t V_t$ と表すことができるので，伊藤の公式と (11)～(13) 式により

$$\frac{dU_t}{U_t} = (\alpha_V - \gamma) dt + \sigma_V dz_V + \sigma_B dz_B \tag{14}$$

という関係式が導かれる．ここで，<u>互いに独立な</u>ウィーナー過程の増分 dz_V, dz_B を，相関のあるウィーナー過程の増分 dz_U, dz_B に変換すると，埋蔵量リスクを考慮した鉱区全体の価値 U_t と埋蔵量 B_t は次式のディフュージョン過程に従うことが導かれる．

$$\frac{dU_t}{U_t} = (\alpha_V - \gamma) dt + \sigma_U dz_U, \qquad \frac{dB_t}{B_t} = -\gamma dt + \sigma_B dz_B. \tag{15}$$

ただし

$$\sigma_U^2 = \sigma_V^2 + \sigma_B^2, \quad \rho = \frac{\sigma_B}{\sqrt{\sigma_V^2 + \sigma_B^2}}, \quad dz_U \cdot dz_B = \rho dt \tag{16}$$

という関係を満たすものとする．

4.2 開発フェーズにおける開発オプション価値

開発フェーズにおいては，実際に開発に進むか否かの意思決定がなされるが，この意思決定に際して，鉱区保有者は開発コストを支払って開発原油・ガス可採埋蔵量を受け取るアメリカン・コール・オプションを保有することとなる．鉱区全体の開発オプション価値，すなわち未開発可採埋蔵量の価値 Y_t は，U_t が複製可能であると仮定すると，以下のような複製を行うことにより求めることができる．すなわち，U_t を確率空間 $(\Omega, \mathcal{F}, P)$ 上の $\mathcal{F}_t$ 可測な確率変数とし，鉱区全体の開発費を D^* とすると，U_t を原資産とした鉱区全体の開発オプション価値 $Y_t(U_t)$ は，伊藤の公式および前項の確率微分方程式 (15) 式により次式のように書ける．

$$dY_t = \frac{\partial Y_t}{\partial t} dt + \frac{\partial Y_t}{\partial U_t} dU_t + \frac{1}{2} \frac{\partial^2 Y_t}{\partial U_t^2} \sigma_U^2 U_t^2 dt. \tag{17}$$

ここで，Y_t に関する仮想の無リスク・ポートフォリオを構築する．Y_t を 1 枚

ロングし，U_t を $\frac{\partial Y_t}{\partial U_t}$ 枚ショートしたポートフォリオ Φ を考えると，dt 時間の間に U_t 1枚あたり $\gamma U_t dt$ の配当を支払う必要があるので，次式の関係が成立する．

$$d\Phi = dY_t - \frac{\partial Y_t}{\partial U_t} dU_t - \gamma U_t \frac{\partial Y_t}{\partial U_t} dt. \tag{18}$$

この式に（17）式を代入すると，

$$d\Phi = \frac{\partial Y_t}{\partial t} dt + \frac{1}{2} \frac{\partial^2 Y_t}{\partial U_t^2} \sigma_U^2 U_t^2 dt - \gamma U_t \frac{\partial Y_t}{\partial U_t} dt \tag{19}$$

という関係式が得られるので，ポートフォリオ Φ はリスク・フリーであることがわかり，無リスク金利 r が一定であると仮定すると，次式のように書くことができる．

$$d\Phi = r\Phi dt = r\left(Y_t - \frac{\partial Y_t}{\partial U_t} U_t\right) dt. \tag{20}$$

（19）式と（20）式より，Y_t の満たすべき偏微分方程式が次式の通り導かれる．

$$\frac{\partial Y_t}{\partial t} + \frac{1}{2} \frac{\partial^2 Y_t}{\partial U_t^2} \sigma_U^2 U_t^2 + (r - \gamma) U_t \frac{\partial Y_t}{\partial U_t} - rY_t = 0. \tag{21}$$

以上でアメリカン・コール・オプションの偏微分方程式が導かれたが，この境界条件は，$C_t = U_t/D^*$ が停止時刻 τ において初めてある一定の閾値 C_τ^* を下からヒットしたとき，

$$Y_\tau(U_\tau^*) = (U_\tau^* - D^*)_+ = U_\tau^* - D^* \tag{22}$$

のように書ける．また，オプションの満期を T とすると，他の境界条件は以下の通りである．

$$Y_t(0) = 0, \tag{23}$$

$$Y_T(U_T) = (U_T - D^*)_+. \tag{24}$$

4.3 探鉱フェーズにおける探鉱権益価値

第2節にて示したように，鉱区の探鉱権益の価値は，探鉱の結果得られる未開発原油・ガス可採埋蔵量の価値の期待値として表され，最低義務作業量を下回らない探鉱コストの期待値 E^* を支払って取得する．現在を時点 t として，

鉱区全体の未開発可採埋蔵量の現在価値を $Y_t(U_t(Q))$ とすると，鉱区全体の探鉱権益の価値 Y_t^* は，

$$Y_t^* = \int Y_t(U_t(Q))\,dP(Q) \tag{25}$$

のように書くことができ，$E^* < Y_t^*$ であれば探鉱権益を取得することになる．ただし，Q はプレリミナリーな情報に基づいた鉱区全体の当初推定未開発可採埋蔵量，$P(Q)$ は Q の確率分布関数，$U_t(Q)$ は鉱区全体の開発原油・ガス可採埋蔵量の現在価値，そして行使価格は鉱区全体の開発コストの現在価値 $D^*(Q)$ である．

この数量に関するリスクは，地質学上の技術的な非システマティック・リスクであり，探鉱ステージにおいては，埋蔵量がゼロである確率を $p(0)$，埋蔵量がゼロでない場合の可採埋蔵量 Q の条件付確率密度関数を $f_E(Q)$ とすると，次式のように表される．

$$dP(Q) = (1-p(0))f_E(Q)\,dQ \quad (Q \neq 0). \tag{26}$$

5　先物期間構造事業評価モデル

本節では，原資産価値とボラティリティのトラッキングに関する新しいソリューションとして，「先物期間構造事業評価モデル」を提示する．本節にて示す通り，原資産市場が非完備であっても，流動性の高い短中期の商品先物市場が存在する場合は，先物価格の期間構造モデルにより超長期ホライズンの先物価格を擬似的に推測し，プロジェクトの財務モデルにインプットすることにより，原資産のキャッシュフローを擬似的に導出し，原資産価値およびそのボラティリティを推測することが可能である．本研究では，このアプローチを「先物期間構造事業評価モデル」と呼ぶことにする．第3節で議論した先物価格の期間構造モデルを活用し，この先物期間構造事業評価モデルを適用すれば，長期間にわたる事業の原資産価値とそのボラティリティの測定問題を解決することができ，個別の財務条件をもつ長期事業投資に柔軟に対応できる新しいリアル・オプション・アプローチが可能となる．

こうして得られた事業の価値およびオプション価値のプライシングは，実在

する短中期の先物価格のみならず，市場で取引されていない超長期の先物価格の推定値も含めた価格に基づき測定されるため，あくまで擬似的なプライシングではあるが，このアプローチは非完備な資産市場への幅広い応用が可能であり，リアル・オプションの原資産価値測定問題解決への一つの有力な方法になるものと期待される．

5.1 先物価格による開発可採埋蔵量の価値評価

時点 t における鉱区保有者の単位時間あたり瞬間ネット・キャッシュフローを $f_t(S_t, B_t)$，原油スポット価格を S_t，満期 u の先物価格を $F_t(u)$ とし，無リスク金利 r は一定であるとすると，リスク中立確率のもとで，開発可採埋蔵量の単位数量あたりの価値 V は，ネット・キャッシュフローによる事業の割引価値として次式のように書ける．

$$V = \frac{1}{B} \tilde{E}\left[\int_0^T e^{-rt} f_t(S_t, B_t)\, dt \,\middle|\, S_0 = S, B_0 = B \right]. \tag{27}$$

本節では，先物価格のボラティリティの maturity effect がプロジェクトの事業価値評価に与える影響についての理論的な考察にフォーカスするため，開発可採埋蔵量 B_t が確定的変数であると仮定する．

ネット・キャッシュフローを改めて $f_t(S_t)$ のように書くとすると，右辺の期待値と積分の順序は入れ替えることができるので，次式のように変形できる．

$$V = \frac{1}{B} \int_0^T e^{-rt} \tilde{E}[f_t(S_t) | S_0 = S]\, dt. \tag{28}$$

ここで，$f_t(S_t)$ が S_t につきアフィン形で $f_t(S_t) = a_t S_t + b_t$ (a_t, b_t は確定的な係数) のように書けると仮定すると，

$$\tilde{E}[f_t(S_t) | S_0 = S] = a_t \tilde{E}[S_t | S_0 = S] + b_t = a_t F_0(t) + b_t = f_t(F_0(t)) \tag{29}$$

のように変形できるので，もしプロジェクト・ライフにわたる様々な満期の先物価格が取引されているとしたら，V は次式のように現時点の確定的な先物価格によって記述されたネット・キャッシュフロー関数の現在価値の積分として書けることがわかる．

$$V = \frac{1}{B}\int_0^T e^{-rt} f_t(F_0(t))\,dt. \tag{30}$$

5.2　先物期間構造事業評価モデル

　一般的に，原油・ガス資源開発事業においては，鉱区ごとに複雑な財務条件や，埋蔵量，生産量，CAPEX，OPEX および原油価格などの諸変数が入り組んで事業のキャッシュフローを生み出しているので，数理的に扱いやすいシンプルな関数でこれを表現することが難しい．しかしながら，実務的には，これらの諸リスク・ファクターをカスタマイズしたプロジェクト・ライフにわたる精緻な財務モデルを作成して事業の経済性を算出しており，こうした財務モデルは，真のネット・キャッシュフロー関数に極めて近い関数が織り込まれたモデルとなっている．(30) 式によれば，こうした財務モデルにおいて，原油スポット価格の代わりに原油先物価格を代入し，プロジェクト・ライフにわたるネット・キャッシュフローの割引現在価値の総和を計算してやれば，プロジェクトの原資産価値が推定できることになる．同時に，先物価格のボラティリティの maturity effect が，如何に長期投資事業のボラティリティに影響を与えるかが明示的に見て取れる．

　したがって，(30) 式を用いることにより，原油スポット価格および市場で取引されている期近の先物価格の時系列データから推定された超長期満期にわたる先物価格の時系列データに対応して，事業の原資産価値の時系列データを導出することができるので，原資産価値が従う確率モデルに基づいてその収益率のボラティリティを推定することができる．

　ただし，前述の通り，現実には長期の満期の先物市場はまだ流動性が少なく，さらに超長期の満期の先物契約はまだ市場が存在しないため，超長期のプロジェクトを完全に先物でヘッジすることは不可能で，こうして推定された原資産価値とそのボラティリティは，あくまで理論値による擬似的な推定ということになる．

　こうした考察に基づき，本研究では，以下に定義する「先物期間構造事業評価モデル」により，プロジェクトの事業価値評価を行うことを提案する．

　(1) 適当な期間構造モデルを使って，原油先物価格およびそのボラティリテ

ィの期間構造を推定する．

(2) この期間構造モデルに基づき，プロジェクト・ライフにわたる超長期ホライズンの原油先物価格を時系列データにより擬似的に推測する．

(3) 導出した擬似的先物価格を財務モデルのネット・キャッシュフロー関数にインプットすることにより，プロジェクトの原資産価値の時系列データを推定する．

(4) 原資産価値の確率モデルと時系列データにより，その収益率のボラティリティを推定する．

6 実 証 分 析

6.1 Schwartz（1997）の2ファクター・モデル

原油などのコモディティの先物価格とそのボラティリティには期間構造が存在することは，その分野の実務家の間では広く知られている．例えば，最大のコモディティ先物市場であるNYMEX（New York Mercantile Exchange）のWTI（West Texas Intermediate）原油先物価格について，その絶対値とボラティリティの限月別のチャートを例示してみると，図3-2，図3-3のような期間構造となっており，絶対値の限月別カーブがbackwardationあるいはcontangoとその形状を変えているのに対して，ボラティリティの限月別カーブは安定して期近が高く期先が低い形状を示している．

「先物期間構造事業評価モデル」の基礎として，本項では，Schwartz（1997）の2ファクター・モデルを取り上げ，その骨子を紹介した上で，実際の原油先物価格とそのボラティリティの期間構造につき実証分析を行う．このモデルは，この分野における先駆的なモデルであり，より複雑なモデルに遜色ないあてはまり具合を示しているばかりでなく，解析解も求められているので，非常に取り扱いやすいという利点を備えている．

Schwartz（1997）の2ファクター・モデルは，スポット価格が確率的コンビニエンス・イールドを考慮した標準的な過程に従い，その確率的コンビニエンス・イールドがスポット価格に正の相関をもち平均回帰するモデルであり，次式のように記述される．

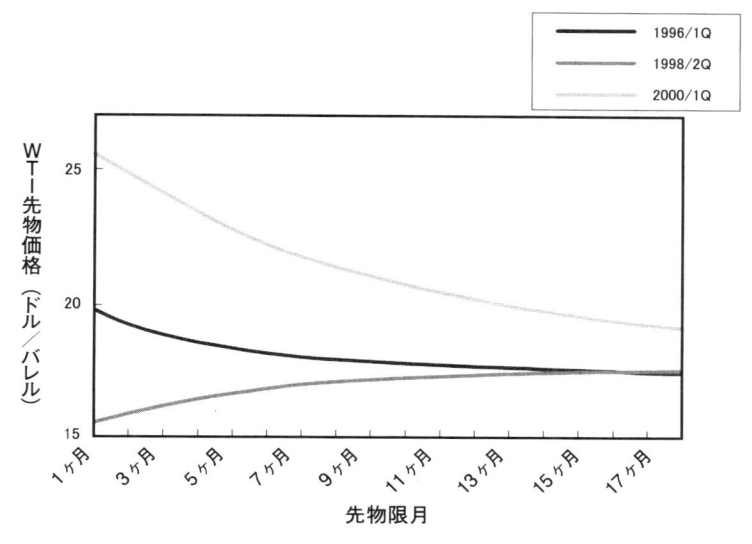

3 リアル・オプションによる資源開発プロジェクトの事業価値評価   93

図 3-2　WTI 先物価格の期間構造

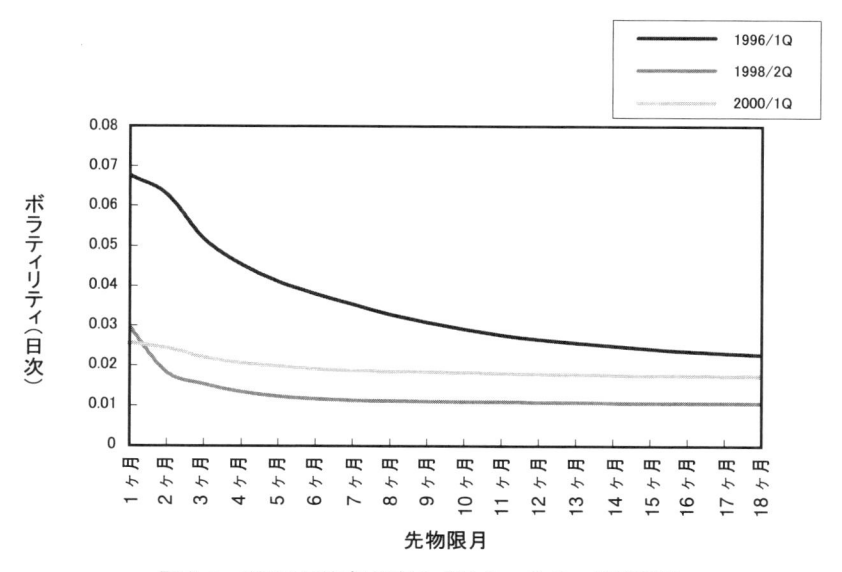

図 3-3　WTI 日次収益率のボラティリティ期間構造

$$dS = (\mu - \delta) S dt + \sigma_1 S dz_1 \tag{31}$$

$$d\delta = \kappa(a - \delta) dt + \sigma_2 dz_2 \tag{32}$$

$$dz_1 \cdot dz_2 = \rho dt . \tag{33}$$

ここで，コンビニエンス・イールドのリスクの市場価格 λ を導入して，同値マルチンゲール測度に測度変換すると，先物価格 $F(S, \delta, T)$ に関する以下の PDE が得られる．

$$\frac{1}{2}\sigma_1^2 S^2 F_{SS} + \sigma_1 \sigma_2 \rho S F_{S\delta} + \frac{1}{2}\sigma_2^2 F_{\delta\delta} + (r - \delta) S F_S \\ + (\kappa(a - \delta) - \lambda) F_\delta - F_T = 0 . \tag{34}$$

この解析解は，Jamshidian and Fein (1990) と Bjerksund (1991) により以下の通り与えられている．

$$F(S, \delta, T) = S \exp\left[-\delta \frac{1 - e^{-\kappa T}}{\kappa} + A(T)\right] \tag{35}$$

$$A(T) = \left(r - \hat{a} + \frac{1}{2}\frac{\sigma_2^2}{\kappa^2} - \frac{\sigma_1 \sigma_2 \rho}{\kappa}\right) T + \frac{1}{4}\sigma_2^2 \frac{1 - e^{-2\kappa T}}{\kappa^3} \\ + \left(\hat{a}\kappa + \sigma_1 \sigma_2 \rho - \frac{\sigma_2^2}{\kappa}\right)\frac{1 - e^{-\kappa T}}{\kappa^2} . \tag{36}$$

ただし，$\hat{a} = a - \frac{\lambda}{\kappa}$．したがって，(35) 式より，ボラティリティは次式のように与えられる．

$$\sigma_F^2(T) = \sigma_1^2 + \sigma_2^2 \frac{(1 - e^{-\kappa T})^2}{\kappa^2} - 2\sigma_1 \sigma_2 \rho \frac{1 - e^{-\kappa T}}{\kappa} \tag{37}$$

$$\sigma_F^2(\infty) = \sigma_1^2 + \frac{\sigma_2^2}{\kappa^2} - \frac{2\sigma_1 \sigma_2 \rho}{\kappa} . \tag{38}$$

また，forward cost of carry は，状態変数の初期値に関係なく次式のレートに収束する．

$$\frac{1}{F}\frac{\partial F}{\partial T}(T \to \infty) = r - \hat{a} + \frac{1}{2}\frac{\sigma_2^2}{\kappa^2} - \frac{\sigma_1 \sigma_2 \rho}{\kappa} . \tag{39}$$

6.2　WTI 原油による Schwartz (1997) 2 ファクター・モデルの実証分析

NYMEX (New York Mercantile Exchange) に先物として上場されている WTI (West Texas Intermediate) 原油の 1990 年 1 月から 2001 年 3 月ま

での限月別月次平均価格の実績データを用いて，Schwartz (1997) の2ファクター・モデルの実証分析を行った．分析に際しては，モデルのパラメータおよび観測できない状態変数の時系列の推定にはカルマン・フィルタを用いて最尤法により推定を行った．観測値としてはWTI 9ヶ月先物およびデータ期間中に利用可能な先物の中で最も長期の満期をもつWTI 18ヶ月先物価格を用い，また原油スポット価格は近似的に先物直近限月価格に等しいものと仮定した．その結果，モデルのパラメータは以下の通り推定された．

$\mu = -0.4534,\quad \kappa = 1.0650,\quad \alpha = -0.4690,\quad \sigma_1 = 0.1655,$
$\sigma_2 = 0.1552,\quad \rho = 0.9860,\quad \lambda = -0.4927.$

これらのパラメータを用いて先物価格の推定を行った結果，図3-4，3-5 のボラティリティおよび先物価格の期間構造が導出された．先物価格はbackwardation および contango の2例をグラフに示した．実証分析の結果は，ボラティリティのmaturity effect が明確に示され，Samuelson hypothesis に整合した結果となった．ボラティリティは，(37) 式，(38) 式に示される通り，満期が長くなるにつれ減少し，最終的に 11.3% に収束して行く．また，先物価格の絶対値については，時点によりbackwardation あるいは contango を示し，その期間構造は一定しないが，いずれの場合においても，(39) 式に示

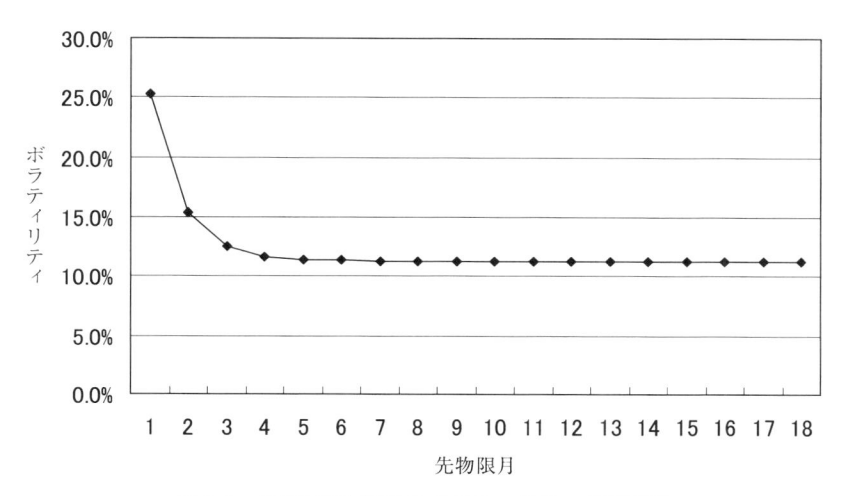

図 3-4 WTI 先物価格のボラティリティ期間構造

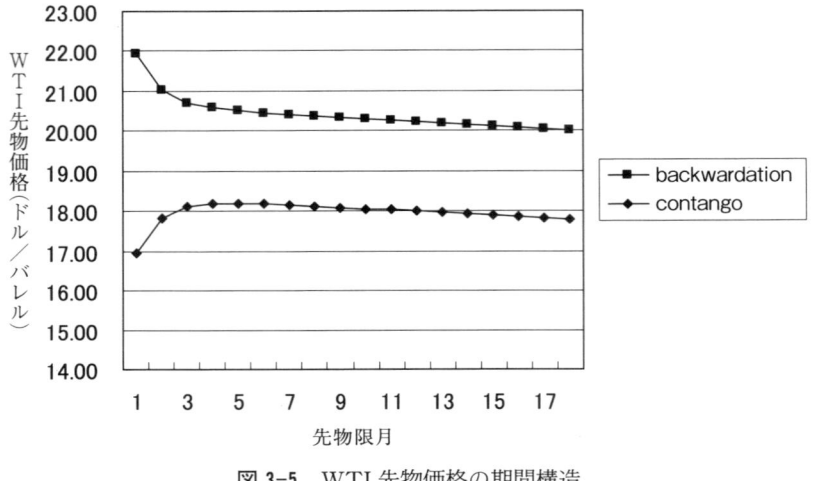

図 3-5 WTI 先物価格の期間構造

される通り，満期が増すごとの先物価格の変化率 forward cost of carry は1年あたり −2.1％ に収束して行く．これらの実証分析により示された先物期間構造の性質は，原油先物市場において広く受け入れられている知見に良く合致しており，実務家にとっては，本研究の先物期間構造事業評価モデルを原油・ガス資源開発事業価値の評価に適用するに際しての安心材料となろう．

6.3 実証ケース・スタディ～"プロジェクト X"の原資産価値～

本項では，実証研究として，ある仮想的な "プロジェクト X" の財務モデルに，先物期間構造事業評価モデルを適用して，原資産である開発原油・ガス可採埋蔵量の価値およびそのボラティリティを計測し，その結果について，従来手法との比較検証を行ってみる．

プロジェクト X は，既に Feasibility Study が完了し，埋蔵量評価も確定した原油・ガス開発プロジェクトで，原油・ガス確認可採埋蔵量は原油換算 10 億バレルである（本ケースにおいては，単純化のため，確認可採埋蔵量は確率的に変動しないものとする）．プロジェクト・オーナーは，今後5年間にわたり，9,000万ドルをかけて Front End Engineering Design（FEED）を実施し，マーケティングを行う権利を有している．このマーケティングの成果が，

つぎの開発フェーズに進むかどうかの鍵を握っている．開発フェーズでは，生産井の掘削，プラットフォーム・パイプラインの建設，および生産された原油・ガスの陸上処理設備・出荷設備の建設を行い，建設費は総額25億ドルを予定している．プロジェクト・ライフは27年間である．FEED の期間中も含めた5年間，プロジェクト・オーナーは開発を中止するオプションを保有している．なお，無リスク金利はこの5年間を通じて6.0%と仮定する．すると，プロジェクトXの事業価値は，行使価格2.59ドル/バレル，満期5年のアメリカン・コール・オプションとして評価することができる．

このプロジェクトXの原資産価値，すなわち開発原油・ガス可採埋蔵量の単位数量あたり現在価値の時系列の推定に，「先物期間構造事業評価モデル」を適用する．前節と同様，Schwartz（1997）の2ファクター・モデルに，1990年1月から2001年3月までのWTIの限月別月次平均価格の時系列データを適用して，超長期ホライズンの先物価格を導出し，原資産価値を時系列データとして導出する．そして，この時系列データを用いて原資産価値のボラティリティを推定する．

図3-6の黒い棒グラフは，このようにして導出した原資産価値の収益率の分布を示すヒストグラムである．一方，白い棒グラフはこの収益率の分布と等し

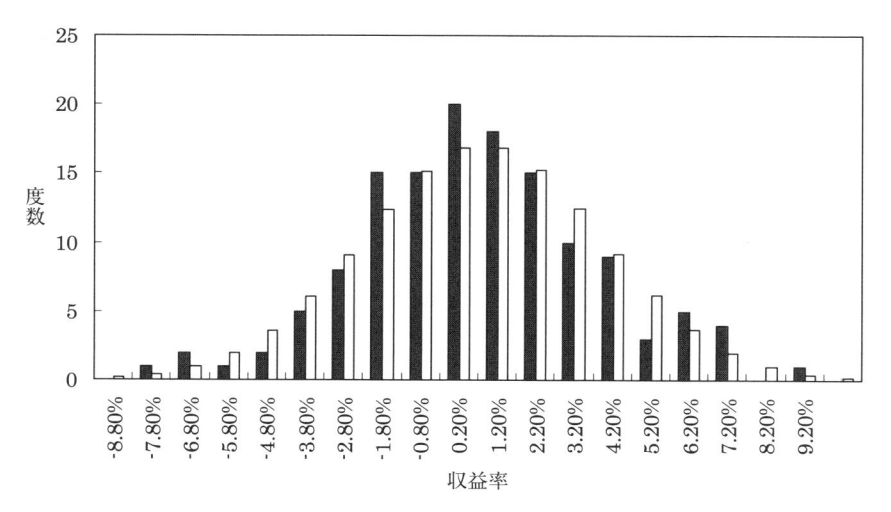

図 3-6　原資産価値の収益率分布

い平均と分散をもつ正規分布である．この図から，収益率の分布として正規分布を想定しても，実務上は十分であることが期待される．そこで，本項では原資産価値が幾何ブラウン運動に従うと想定して，ボラティリティおよび期待収益率を計算する．

その結果，プロジェクト X の原資産価値の期待収益率は年率 2.6％，収益率のボラティリティは年率 10.8％，平均価格は 4.74 ドル/バレルと推定された．

この結果を企業が通常行っているプロジェクトのリスク評価の手法と比較してみると，企業がプロジェクトのリスクを評価する際，現物のスポット価格ないし直近限月の先物価格の収益率のボラティリティでリスクを計測することが一般的である．この従来型のリスク評価の手法によれば，1990 年 1 月から 2001 年 3 月までの WTI 先物価格直近限月の月次収益率のボラティリティは，幾何ブラウン運動を仮定すると年率 28.1％ であり，本研究にて推定したボラティリティに比べて遙かに過大評価をしている．したがって，プロジェクト X をリアル・オプションで評価する場合，もしプロジェクト X の原資産価値のボラティリティの代替として，WTI 先物の直近限月価格のボラティリティでトラッキングを行うとすると，オプション価値を過大評価する可能性が高いことが予想される．

6.4　プロジェクト X のアメリカン・コール・オプション価値評価

こうして求めたプロジェクト X の原資産価値過程のパラメータを用いて，プロジェクト X の事業価値の評価を行い，従来手法である原油先物の直近限月の価格のボラティリティ 28.1％ を用いて計測した事業価値評価との比較検討を行ってみる．アメリカン・コール・オプションの計算にあたっては，二項モデルを用い，原資産価値の初期値を 2.00 ドル/バレルから 5.00 ドル/バレルまで 50 セント刻みで変動させて，本研究の「先物期間構造事業評価モデル」と従来型のリスク評価の手法（便宜的に「WTI Front Month Model」と称する）との対比を行った．結果は表 3-2，図 3-7 に示した通りである．

図 3-7 において，「先物期間構造事業評価モデル」（図表では「先物期間構造モデル」と記載）と「WTI Front Month Model」のオプション価値の差異は顕著で，特に，原資産価値初期値がオプション行使価格を下回っている 2.00

表 3-2　原資産価値別オプション価値（アメリカン・コール・オプション）

原資産価値（初期値）	2.00	2.50	3.00	3.50	4.00	4.50	5.00
先物期間構造モデル	0.21	0.61	1.09	1.58	2.08	2.58	3.08
WTI Front Month Model	0.50	0.90	1.29	1.71	2.18	2.66	3.14

（単位：ドル/バレル）

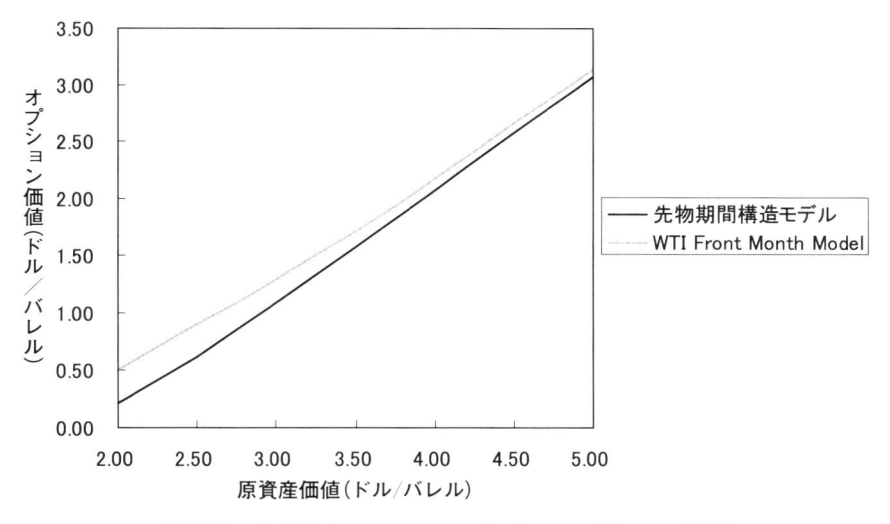

図 3-7　アメリカン・コール・オプションとしての価値

ドル/バレルにおいては，原資産価値の約 15% に相当する 29 セント/バレルの差が認められる．両モデルの差異は，原資産価値の初期値がオプション行使価格を大きく上回る 4.00 ドル/バレル以上になると，その差は 10 セント/バレル以下にまで縮小するが，プロジェクトの事業価値を評価する場合，このように原資産価値が行使価格を遙かに上回るような状況が現実的に起こることは稀であると考えられるので，「WTI Front Month Model」では「先物期間構造事業評価モデル」に比べて実際上プロジェクトの事業価値を大幅に過大評価することとなる．

6.5　プロジェクト X の複合オプション価値評価

プロジェクト X の事業主が，6.3 の基本要件に加えて，さらに 2 年間の建

設縮小オプションと，5年間の拡張オプションを保有する場合の複合オプション価値評価につき，「先物期間構造事業評価モデル」と「WTI Front Month Model」のオプション価値の差異を検証してみる．この新たなプロジェクトXの基本要件は，原油・ガス確認可採埋蔵量が10億バレル，2年間の開発中止オプション（F/S費用9,000万ドルを払って撤退），建設費用が25.9億ドル（含F/S費用9,000万ドル），2年間の建設縮小オプション（建設費22%減で設備能力を2分の1に縮小），5年間の拡張オプション（建設費36%増で設備能力を50%拡張），無リスク金利が年率6.0%，プロジェクト・ライフが27年間である．前項と同様に両モデルの比較検証を行った結果は，表3-3，図3-8の通りである．

表 3-3 原資産価値別オプション価値（複合オプション）

原資産価値（初期値）	2.00	2.50	3.00	3.50	4.00	4.50	5.00
先物期間構造モデル	0.50	0.57	0.81	1.06	1.31	1.56	1.81
WTI Front Month Model	0.80	0.79	0.95	1.12	1.32	1.56	1.81

（単位：ドル／バレル）

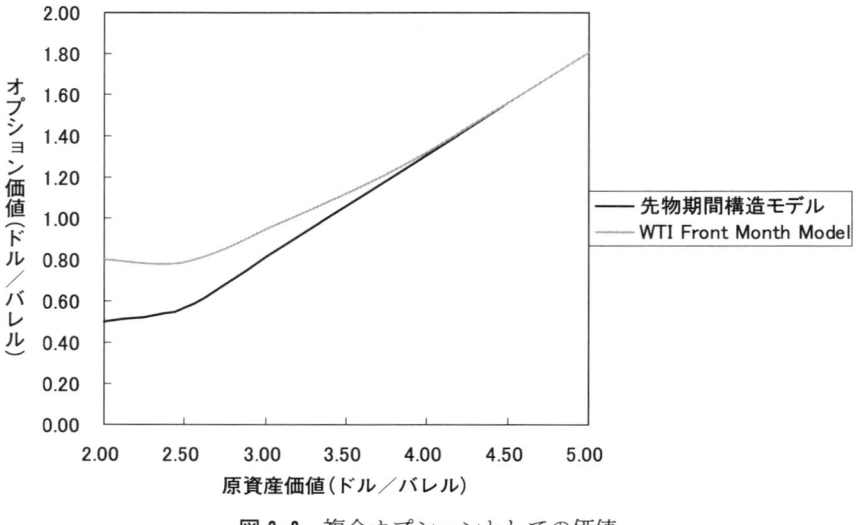

図 3-8 複合オプションとしての価値

図3-8においても,「先物期間構造事業評価モデル」と「WTI Front Month Model」の複合オプション価値の差異は顕著で,原資産価値初期値がオプション行使価格を下回っている2.00ドル/バレルにおいては,原資産価値の15%に相当する30セント/バレルの差が認められる.原資産価値の初期値がオプション行使価格を大きく上回る4.00ドル/バレル以上になると両モデルの差異はほとんどなくなるが,やはり現実的にはこのような状況が起こることは稀であると考えられるので,このケースにおいても「WTI Front Month Model」では「先物期間構造事業評価モデル」に比べて実際上プロジェクトの事業価値を大幅に過大評価することとなり,「先物期間構造事業評価モデル」の有効性が確認される結果となった.

7 本研究のまとめ

本研究は二つの研究課題から構成される.第一の課題は,原油・ガス探鉱・開発プロジェクトにおける埋蔵量リスクの定式化である.第二の課題,そして本研究の究極の課題は,先物価格とボラティリティの期間構造モデルを活用することにより,長期事業における原資産価値とそのボラティリティの測定問題が解決できることを示し,長期事業投資に対するより現実的な経営の意思決定を行うための新しいリアル・オプション・アプローチを提示することである.本研究ではこの第二の課題が究極の目的ではあるが,評価の対象事業として原油・ガス探鉱・開発プロジェクトを取り上げたため,第一の課題についても必然的にその理論的な考察を行い,新しいモデルを提示したものである.したがって,二つの課題は独立した課題として全く別個に議論することのできるものであるが,第二の課題は主要産品に関連した先物市場の存在する広範な事業の原資産価値トラッキングに応用可能な,より基本的で普遍的な方法である.

第一の課題として,国際石油業界において事業評価上・会計上重要な問題となっている埋蔵量リスクにフォーカスし,先行研究のレビューを行った上で,原油・ガス資源開発事業の開発移行後の埋蔵量リスクを新たに織り込んだ,より現実のビジネスに即した埋蔵量価値評価モデルを定式化した.地下の地質構造に偏在する原油・ガスの状態に応じて変化する可採埋蔵量を新たな確率変数

としてモデルに組み入れたものである．

　第二の課題として，先物価格とボラティリティの期間構造モデルを活用して長期事業の原資産価値を測定する「先物期間構造事業評価モデル」を提示し，長期事業の原資産価値とそのボラティリティの測定問題を解決する新しい手法を示した．また，これにより，いわゆる Samuelson hypothesis と呼ばれる先物価格のボラティリティの maturity effect が，長期投資事業価値のボラティリティに影響を与えることを示した．この「先物期間構造事業評価モデル」は，従来のモデルでは織り込めなかった先物価格とそのボラティリティの期間構造という状態に関する新しい情報をモデル化した点にその意義がある．これらのモデル化により，長期事業の原資産価値に先物価格のボラティリティの maturity effect という新たな情報を織り込むことが可能となったものである．「先物期間構造事業評価モデル」に示される通り，長期事業価値のボラティリティは一般的にはコモディティのスポット価格のボラティリティとは異なる性質のものである．この「先物期間構造事業評価モデル」は，プロジェクトの主要なリスク・ファクターに関連するコモディティの先物市場が存在する場合には，原油・ガス資源開発事業のみならず，非完備な資産市場への幅広い応用ができる可能性があり，リアル・オプション価格評価に特有の原資産価値測定問題という共通の課題を解決するための一つの有力な方法になるものと期待される．

　最後に，実証分析として，Schwartz（1997）の2ファクター・モデルを用いて原油先物価格とそのボラティリティの期間構造を実証的に推定した上で，「先物期間構造事業評価モデル」により仮想的な原油・ガス探鉱・開発プロジェクトの原資産価値の推定を行った．その結果，長期事業価値のボラティリティには先物価格のボラティリティの maturity effect の影響が顕著に現れることが実証的にも検証され，本研究のアプローチの有効性が確認された．

　本論文における貢献は以下の2点である．第一に，埋蔵量リスクという地下の埋蔵量の状態に伴う情報をモデルに組み入れたことである．第二に，先物価格とそのボラティリティの期間構造という新たな情報を織り込んだ「先物期間構造事業評価モデル」を考案し，原資産価値の時系列を推定する新しい方法を提示したことである．その結果，事業の財務条件など固有の条件に即した原資

産価値が推定可能となり，また，こうした先物価格の期間構造という新たな情報を織り込むことにより，長期事業の原資産価値に先物価格のボラティリティの maturity effect という事象を反映させることが可能となった。本論文においては，従来のリアル・オプション・アプローチでは織り込むことのできなかったこれらの新たな情報をモデル化することにより，長期事業投資に対するより現実的な経営の意思決定を行うための新しいリアル・オプション・アプローチを提示したものである。

〔参考文献〕

Andersen, T.G., T. Bollerslev and N. Meddahi (2004), "Analytical Evaluation of Volatility Forecasts," *International Economic Review*, 45(4).

Bessembinder, H., et al. (1995), "Mean Reversion in Equilibrium Assets Prices: Evidence from the Futures Term Structure," *Journal of Finance*, 50, 361-375.

Bessembinder, H., et al. (1996), "Is There a Term Structure of Futures Volatilities? Reevaluating the Samuelson Hypothesis," *Journal of Derivatives*, 45-58.

Bjerksund, P. (1991), "Contingent Claims Evaluation When the Convenience Yield Is Stochastic: Analytical Results," Working Paper, Norwegian School of Economics and Business Administration.

Bjerksund, P. and S. Ekern (1990), "Managing Investment Opportunities Under Price Uncertainty: From "Last Chance" to "Wait and See" Strategies," *Financial Management*, 19(3), 65-83.

Brennan, M.J. and E.S. Schwartz (1985), "Evaluating Natural Resource Investments," *Journal of Business*, 58, 135-157.

Constantinides, G.M. (1978), "Market Risk Adjustment in Project Valuation," *Journal of Finance*, 33, 603-616.

Covrig, V. and B.S. Low (2003), "The Quality of Volatility Traded on the Over the Counter Currency Market: A Multiple Horizons Study," *Journal of Futures Markets*, 23(3), 261-285.

Dixit, A.K. and R.S. Pindyck (1994), *Investment under Uncertainty*, Princeton University Press.

Fama, E. and K. French (1987), "Commodity Futures Prices : Some Evidence on Forecast Power, Premiums, and the Theory of Storages," *Journal of Business*, **60**, 55-74.

Fama, E. and K. French (1988), "Business Cycles and the Behavior of Metals Prices," *Journal of Finance*, **43**, 1075-1094.

Gibson, R. and E.S. Schwartz (1990), "Stochastic convenience yield and the pricing of oil contingent claims," *Journal of Finance*, **45**, 959-976.

Hilliard, J.E. and J.A. Reis (1998), "Valuation of Commodity Futures and Options under Stochastic Convenience Yields, Interest Rates, and Jump Diffusions in the Spot," *Journal of Financial and Quantitative Analysis*, **33**, 61-86.

Jamshidian, F. and M. Fein (1990), "Closed-Form Solutions for Oil Futures and European Options in the Gibson-Schwartz Model : A Note," Working Paper, Merrill Lynch Capital Markets.

Koekebakker, S. and G. Lien (2004), "Volatility and Price Jumps in Agricultural Futures Prices-Evidence from Wheat Options," *American Journal of Agricultural Economics*, **86**(4), 1018-1031.

Mazaheri, A. (1999), "Convenience Yield, Mean Reverting Prices, and Long Memory in the Petroleum Market," *Applied Financial Economics*, **9**, 31-50.

Miltersen, K.R. and E. Schwartz (1998), "Pricing of Options on Commodity Futures with Stochastic Term Structure of Convenience Yields and Interest Rates," *Journal of Financial and Quantitative Analysis*, **33**, 33-59.

Paddock J.L., D.R. Siegel and J. L. Smith (1988), "Option Valuation of Claims on Real Assets : The Case of Offshore Petroleum Leases," *The Quarterly Journal of Economics*, August 1988.

Schwartz, E.S. (1997), "The stochastic behavior of commodity prices : Implications for valuation and hedging," *Journal of Finance*, **52**(3), 923-973.

Schwartz, E.S. (1998), "Valuing Long Term Commodity Assets," *Journal of Energy Finance & Development*, **3**(2), 85-99.

Schwartz, E.S. and J.E. Smith (2000), "Short-Term Variations Long-Term Dynamics in Commodity Prices," *Management Science*, **46**, 893-911.

Smit, H.T.J. (1997), "Investment Analysis of Offshore Concessions in the Netherlands," *Financial Management*, **26**(2), 5-17.

Trigeorgis, L. (1990), "A Real Options Application in Natural Resource Investments," *Advances in Futures and Options Research*, **4**, 153-164.

(多摩大学大学院経営情報学研究科)

4 ARCH 型分散変動モデルによる冬季気温リスク・スワップの検証*

Tee Kian Heng・刈屋武昭

概要 日本の天候リスク・スワップ契約（天候リスクの相互ヘッジ契約）は，2001年6月に東京電力と東京ガスの夏期の気温リスク・スワップ契約以来，広く進展していった．例えば，2002年4月に関西電力と大阪ガス，2003年6月に中国電力と広島ガス，2005年1月に東北電力と仙台市ガスなどが夏期の気温リスク・スワップ契約を行った．これは2つの会社の間で夏期における気温と利益の相関が逆相関であることを利用して，気温リスクをヘッジする契約である．一方，冬季における電力会社とガス会社との気温と利益の相関が同じであるため，気温リスクをヘッジするスワップ契約を交わすことは合理的でない．しかし，暖冬の場合，電力会社もガス会社も需要が減り，収益の減少をもたらすので冬季の気温リスクをヘッジするニーズがある．特にガス会社の場合，年間収益に占める冬季の収益の割合が高いため，暖冬による収益の減少へのヘッジのあり方が課題である．

この課題に対しては，いくつかのガス会社は，金融機関とのリスク・スワップ契約を試みている．これは金融機関が暖冬リスクを引き受け，厳冬になった場合はガス会社が金融機関に対価を支払う契約である．このような冬季気温リスク・スワップは2002年11月に西部ガスと三井住友海上保険株式会社（以下三井住友海上）と2004年8月に北海道ガスと三井住友海上が行われている．ただし，前者は契約料（プレミアム）がゼロであるのに対して，後者はプレミアム支払いがあった（金額は未公表）．

本稿は北海道ガスのケースに焦点をあてて，刈屋・Tee・郷古（2004），刈屋（2005）の ARCH 型分散変動モデルを用いて札幌の気温時系列プロセスを定式化し，リスク・スワップの等価性を検証する．

---

* 2007年1月29日投稿受付，2007年5月25日採択通知．
科学研修費（基盤研究（C）16530139）の補助を受けた．

1 はじめに

　企業の収益は猛暑や暖冬など気温リスクにさらされている場合がある．エネルギー会社の収益は特に気象変動の影響を受ける．夏季の場合，一般的には電力会社とガス会社とでは気温と収益の構造が逆相関となり，リスク・スワップ契約を結ぶことにより互いの気象変動リスクを軽減することができる．他方，冬季の場合，一般的には電力会社もガス会社も収益は順相関であるので，このようなスワップ契約は合理的でない．しかし，寒冷地のガス会社では年間収益に占める冬季収益の割合が大きく，できれば暖冬リスクをヘッジしたい．例えば札幌を例に取ると，2000年以降の冬季の気温変動が激しく，暖冬リスクをヘッジして収益を平準化するニーズがあろう．

　本稿では，それを実際に行った北海道ガスと三井住友海上との暖冬リスク・スワップを参考してわれわれが想定するリスク・スワップの等価性の検証を行う．両社の契約内容は以下の通りである．

気温リスク・スワップ契約の内容

　2004年8月に北海道ガスは暖冬リスクをヘッジするために三井住友海上と気温リスク・スワップ契約（以下 HMRS と呼ぶ）を行った．三井住友海上は，他の天候デリバティブ商品と同様に契約料（プレミアム）を取り，暖冬リスクの取り手として，北海道ガスにスワップ商品を販売したことになる．ただ，厳冬となった場合は北海道ガスから対価の支払いを受けるので契約料は圧縮している．北海道ガス，三井住友海上発表ニュースリリースによると契約内容は以下の通りである．

1. 対象期間：2004年10月1日から2005年2月28日（151日間）
2. 指標値：札幌管区気象台（札幌市）で観測した対象期間の平均気温
3. 基準気温：取引相手先との合意に基づく気温
4. 金銭の授受内容
   （ア）対象期間の平均気温が基準気温をある一定の幅を超えて上回る場合，北海道ガスが三井住友海上から対価を受け取る．逆に基準気温をある一定の幅を超えて下回った場合，北海道ガスが三井住友海上に対

価を支払う．

（イ）最大支払い額は約3千万円とする．

HMRS は基準気温から一定の幅以内なら金銭の授受は発生しないとなっている．これはこの幅内では北海道ガスの収益に大きな影響をもたらすことはないと考えられる．また，三井住友海上にとって基準気温から一定の幅を超えて上回らない場合は免責値（ストライク）であると考えられる．

しかし，両社の契約ではこの基準気温を公表していないし，詳しい金銭の授受内容とその結果も示していない．そこで，本稿では両社のペイオフをヨーロピアンコールとヨーロピアンプットの交換であると想定する．

(1.1)　北海道ガスのペイオフ：$W^{HG} = \min\{3000, M*151 \max(X(Sapporo) - \alpha, 0)\}$

　　　三井住友海上のペイオフ：$W^{MS} = \min\{3000, M*151 \max(\beta - X(Sapporo), 0)\}$

ただし，$X(Sapporo)$ は札幌の平均気温であり，M は気温1°Cにつき支払う金額であり，α と β は基準気温から一定の幅を取ったものとする．

北海道ガスは観測期間内の札幌の平均気温が基準気温から一定の幅(α)を超えて上回ったとき三井住友海上から 151 日×気温差×M の補償金を受け取ることができる．また，三井住友海上は観測期間内の札幌の平均気温が基準気温から一定の幅(β)を超えて下回ったとき北海道ガスから 151 日×気温差×M の資金を受け取ることができる．ただし，最大受け取り金額は3千万円である．

例えば気温差の限度が3°Cであった場合，1°Cにつき支払う金額は約6.6万円であり，3°Cを超えた場合の最大支払い額が3千万円である．

(1.1)式に示したように両社のペイオフをコールオプションとプットオプションの等価交換として想定する．HMRS は基準気温とペイオフの詳細を示していないので，本稿は (1.1) 式を (1.2) 式に読み替え，$ARCH$ 型分散変動モデルをもとに気温シミュレーションを行い，本稿が設定した基準気温のもとでリスク・スワップの予測確率分布を導出し，両社のペイオフの公平性の検証を試みる．その際，基準気温から一定の幅を上回るあるいは下回るときにペイオフが発生する．もし，三井住友海上が契約料を受け取っていなければ三井住友海上は天候リスクの影響を受けないことから免責値は三井住友海上に有利な設定であろう．しかし，三井住友海上が契約料を受け取っていることから免責値（一定の幅）は対称（例えば±0.5°C）であると考えられる．本稿はこの一

定の幅について数種類の値を試し公平な契約をもたらすものがあるかどうかを分析する．

(1.2)　北海道ガスのペイオフ：$\tilde{W}^{HG} = \max(X(Sapporo) - \alpha, 0)$
　　　三井住友海上のペイオフ：$\tilde{W}^{MS} = \max(\beta - X(Sapporo), 0)$

本稿の構成はつぎの通り．
2節　気温 ARCH モデルの概要
3節　モデルの推定結果
4節　シミュレーション法
5節　HMRS の検証
6節　結語

2節では刈屋・Tee・郷古（2004），刈屋（2005）の ARCH 型分散変動モデルについて説明する．本稿は季節調整のみのモデルとトレンド・季節同時調整モデルを用いる．3節では2節で説明したモデルの推定結果について述べる．4節では気温シミュレーションの方法について述べる．3節の結果をもとに標準正規分布および経験分布の乱数によるモンテカルロ・シミュレーションを採用している．5節では基準気温の設定について説明し，そのもとで各モデルのシミュレーション結果を用いてリスク・スワップの等価性について検証を行う．6節では本稿の結果をまとめる．

2　気温 ARCH モデルの概要

本稿は刈屋・Tee・郷古（2004），刈屋（2005）の ARCH 型分散変動モデルを援用してモデルの推定を行う．時系列の期間が N 年として，時点を yr 年の t 日で表現すると，$yr = 1, 2, \cdots, N$，$t = 1, 2, \cdots, 365$ となる．われわれが用いるデータ期間は 1961 年 8 月 1 日から 2004 年 7 月 31 日であるので $N = 43$ 年となる．また $X_{yr,t}$ を yr 年 t 日の気温として，$X_{1,1}$ であれば 1961 年 8 月 1 日，$X_{1,2}$ であれば 1961 年 8 月 2 日を表し，$X_{2,1}$ であれば 1962 年 8 月 1 日，$X_{2,2}$ であれば 1962 年 8 月 2 日を表すことになる．

(O) トレンドなし・季節調整モデル
まず気温の季節性のみ考慮するモデルについて説明する．日次平均気温

$X_{yr,t}$ が (2.1) 式のように過去の N 年分の平均と誤差項からなる.

(2.1) $\quad X_{yr,t} = \bar{X}_t + \varepsilon_{yr,t}$

ただし,$\bar{X}_t = \dfrac{1}{N} \sum_{yr=1}^{N} X_{yr,t}$ である.

(2.1) 式では第 yr 年,第 t 日の日次平均気温は右辺の第1項の t 日の N 年間の平均気温の平均で決まり,誤差項は確率的な時系列プロセスに従うモデルである.t 日の N 年間の平均気温の平均によって気温の季節循環を捉えるモデルである.

(Tr) 線形トレンド・季節同時調整モデル

つぎに気温の季節変動と温暖化傾向を考慮して線形トレンド・季節同時調整モデルについて説明する.線形トレンド・季節同時調整モデルは日次平均気温 $X_{yr,t}$ が (2.2) 式のように定数項,トレンド項と誤差項に分解されるモデルである.

(2.2) $\quad X_{yr,t} = c_t + b_t yr + \varepsilon_{yr,t}$

(2.2) 式では第 yr 年,第 t 日の平均気温は右辺の最初の2項で決まり,第3項が確率的な時系列プロセスに従うモデルである.この推定は t 日を固定して,N 年のデータをもとに推定を行い,定数項は各日の平均的な気温水準を捉えることで季節循環を捉え,トレンド項で気温の温暖化傾向を捉える.

(2.1) 式で季節調整,あるいは (2.2) 式でトレンド・季節調整除去後の残差系列 $\varepsilon_{yr,t}$ について定式化を行う.(2.1) 式あるいは (2.2) 式では t 日に対して N 年間の t 日のデータを集めて推定している.それに対して,残差系列 $\varepsilon_{yr,t}$ については日付順に並べなおしてから推定をする.日付順に並べなおした系列を $\varepsilon_t (t=1, 2, \cdots, T,\ T:$標本の最終日とする$)$ として,自己回帰 (AR) モデル

(2.3) $\quad \varepsilon_t = \sum_{i=1}^{k} \gamma_i \varepsilon_{t-i} + \eta_t$

に従うものとする.また (2.3) 式の誤差項 η_t は $ARCH$ モデルに従うものとする.

(2.4) $\quad \eta_t = \sqrt{h_t} \xi_t,\ E(\xi_t)=0,\ Var(\xi_t)=1$

(2.4) 式では誤差項 η_t が平均0,条件付き分散 h_t の $ARCH$ モデルに従う

ことを示す．条件付き分散 h_t の定式化として，

$$(2.5) \quad h_t = \omega + \sum_{j=1}^{m} \alpha_j \eta_{t-j}^2$$

を想定する．

以上で述べた気温変動モデル定式化を行う．用いるデータは札幌管区気象台札幌地点で観測された日次平均気温である．この観測地点は HMRS で採用された地点である．標本期間に関しては HMRS 契約が 2004 年 8 月の契約であることを踏まえて，1961 年 8 月 1 日から 2004 年 7 月 31 日の 43 年間のデータを用いる．なお，閏年の 2 月 29 日を無視する．

3 モデルの推定結果

トレンドなし・季節調整モデルについては t 日の 43 年分の平均気温を集めて平均値を計算し，そして 1961 年 8 月 1 日から 2004 年 7 月 31 日の順に残差 ε_t を並べなおす．

線形トレンド・季節同時調整モデルについては t 日の 43 年分の平均気温を集めて，このデータに対して (2.2) 式の回帰を行った．表 4-1 は (2.2) 式に

表 4-1 (2.2) 式によって推定されたパラメータの t-検定の結果

	定数項	トレンド
8月	31	6
9月	30	15
10月	31	15
11月	22	4
12月	17	3
1月	31	6
2月	28	11
3月	16	9
4月	30	8
5月	31	4
6月	30	3
7月	31	4

よって推定されたパラメータについて検定統計量 t-値が両側検定で有意水準5％（±1.64）より大きい日数を表示してある．定数項について，11月（8日），12月（14日），3月（15日）に有意でない日がある結果を示している．トレンド項については88日のみ有意な結果となったが，日時データの連続性を考慮して全期間に対してトレンドを考慮することとした．残差についてはトレンドなし・季節調整モデルと同じように1961年8月1日から2004年7月31日の順に残差 ε_t を並べなおす．

トレンドなし・季節調整 (2.1) 式の残差と線形トレンド・季節同時調整 (2.2) 式残差について AR モデルの推定を行った．ラグ1からラグ20（$AR(1)$〜$AR(20)$）の推定を行い，モデルの選択基準としてシュワルツの情報統計量である $SBIC$ 最小基準を採用する．図4-1はトレンドなし・季節調整の残差の推定された $AR(1)$ モデルから $AR(20)$ モデルの $SBIC$ を示してある．図からわかるように $AR(9)$ で $SBIC$ が最小となっているが $AR(3)$ 以降の $SBIC$ がほとんど水平であり，また t-値も $AR(3)$ まですべて有意であるため本稿は $AR(3)$ モデルを採択することとする．以下，このモデルを O-$AR(3)$ モデルと呼ぶ．

図4-2は線形トレンド・季節同時調整の残差の推定された $AR(1)$ モデルから $AR(20)$ モデルの $SBIC$ を示してある．トレンドなし・季節調整の残差と同じ $AR(9)$ で $SBIC$ が最小となっているが上述した理由で $AR(3)$ モデルを採択することとする．以下はこのモデルを T-$AR(3)$ モデルと呼ぶ．

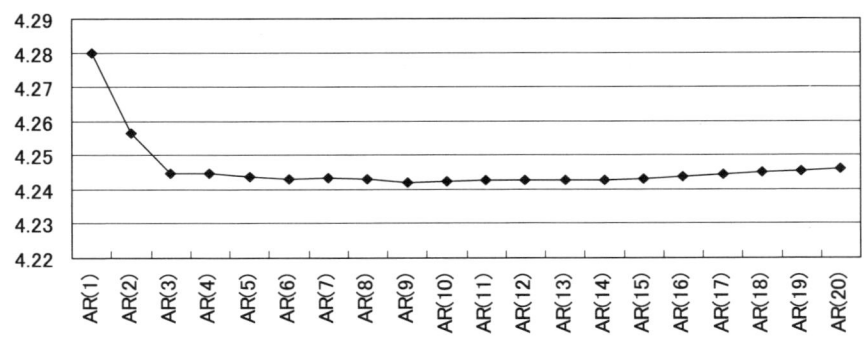

図 4-1 トレンドなし・季節調整の残差の $AR(1)$ モデル〜$AR(20)$ モデルの $SBIC$

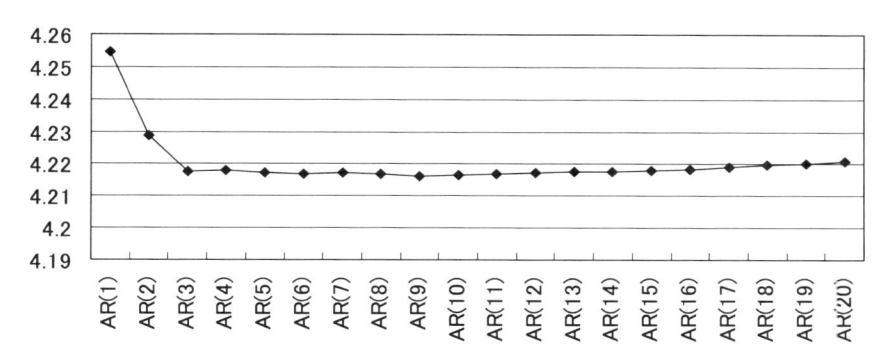

図 4-2 線形トレンド・季節同時調整の残差の $AR(1)$ モデル〜$AR(20)$ モデルの $SBIC$

表 4-2 トレンドなし・季節調整と線形トレンド・季節同時調整の残差の $AR(3)$ モデルの推定結果

	トレンドなし・季節調整		線形トレンド・季節同時調整	
	推定値	t-値	推定値	t-値
γ_1	0.7874	99.2459	0.7870	99.1717
γ_2	-0.2408	-24.2328	-0.2453	-24.7054
γ_3	0.1120	14.1173	0.1094	13.7789
$SBIC$	2.2446		4.2175	

表 4-2 両モデルのそれぞれの推定結果を示す．

O-$AR(3)$ モデルの残差と T-$AR(3)$ モデルの残差（(2.3) 式の η_t）について $ARCH$ 構造があるかどうかの検証を行った．1つの時系列において標本自己相関係数が小さく，その2乗の自己相関係数が正でかつ長いラグにわたって相関が大きいときに $ARCH$ モデルが候補になりうる（刈屋・田中・矢島ほか (2003) を参照）．表 4-3 はそれぞれのモデルの残差の1期ラグから10期ラグとの自己相関と残差2乗の1期ラグから10期ラグとの自己相関を示してある．表からわかるように両モデルの残差の自己相関は小さく，残差2乗は小さい正の自己相関がある．また，系列相関が全体としてあるかどうかについて Ljung-Box の Q 統計量を用いて検定する．Ljung-Box の Q 統計量は

表 4-3 $O\text{-}AR(3)$ モデルと $T\text{-}AR(3)$ モデルの残差の自己相関と残差の2乗の自己相関

	$O\text{-}AR(3)$ の η_t	$T\text{-}AR(3)$ の η_t	$O\text{-}AR(3)$ の η_t^2	$T\text{-}AR(3)$ の η_t^2
1期ラグ	-0.0022	-0.0015	0.1222	0.1189
2期ラグ	-0.0018	-0.0020	0.0570	0.0606
3期ラグ	-0.0101	-0.0061	0.0505	0.0488
4期ラグ	-0.0149	-0.0146	0.0721	0.0661
5期ラグ	0.0059	0.0029	0.0435	0.0410
6期ラグ	0.0344	0.0326	0.0556	0.0566
7期ラグ	0.0184	0.0149	0.0731	0.0688
8期ラグ	0.0132	0.0121	0.0499	0.0516
9期ラグ	0.0356	0.0324	0.0459	0.0460
10期ラグ	0.0320	0.0293	0.0328	0.0366

$$(3.1) \quad Q(m) = T(T+2) \sum_{l=1}^{m} \frac{\hat{\rho}_l^2}{T-l}$$

となる．T は標本サイズ，$\hat{\rho}_l$ はラグ l 期との標本自己相関である．$m \approx \ln(T)$ とする．帰無仮説はラグ m までの標本自己相関係数がゼロという仮説であり，対立仮説は少なくともラグ m までの標本自己相関係数の1つがゼロではないという仮説である．(3.1) 式の Q 統計量は漸近的に自由度 m のカイ2乗分布に従う．

$O\text{-}AR(3)$ モデルと $T\text{-}AR(3)$ モデルの標本サイズは 15692 であるので，m は10とした．すなわち帰無仮説はラグ10までの標本自己相関係数がゼロ，対立仮説は少なくともラグ10までの標本自己相関の1つがゼロではないという仮説検定を行う．両モデルの残差系列の Q 統計量はそれぞれ 68.2529 と 56.5932 であり，p 値はともに0である．残差2乗系列の Q 統計量はそれぞれ 658.3154 と 632.8396 であり，p 値はともに0である．すなわち，残差系列と残差2乗系列に対して自己相関がないという仮説は棄却された．残差系列について自己相関があるのは最小 $SBIC$ をもたらす $AR(9)$ モデルを選択しなかったことから起因すると思われる．しかし，残差2乗系列について Q 統計量がかなり大きいので自己相関係数が正でかつ長いラグにわたって相関が大きいと思われることから $ARCH$ モデルを適用する．

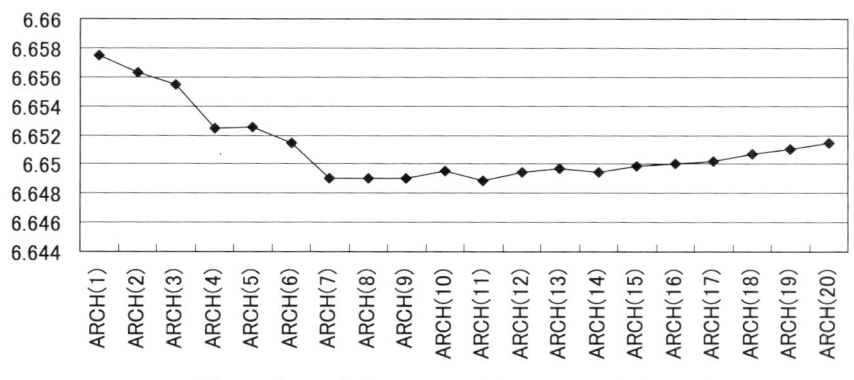

図 4-3　O-$AR(3)$ モデルの残差の $ARCH(1)$〜$ARCH(20)$ モデルの $SBIC$

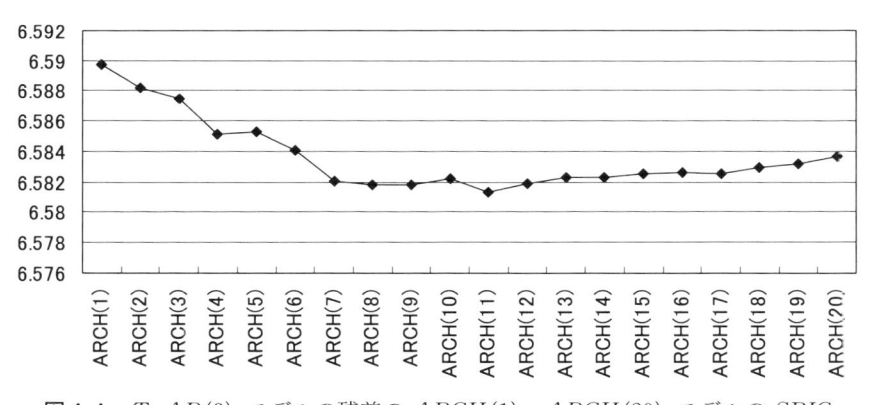

図 4-4　T-$AR(3)$ モデルの残差の $ARCH(1)$〜$ARCH(20)$ モデルの $SBIC$

　O-$AR(3)$ モデルと T-$AR(3)$ モデルの残差について $ARCH$ モデル ((2.5) 式) の推定を行った．$ARCH(1)$ から $ARCH(20)$ までの推定を行い，モデルの選択基準として $SBIC$ 最小基準を採用する．図 4-3 と図 4-4 はそれぞれ O-$AR(3)$ モデルと T-$AR(3)$ モデルの $ARCH(1)$ から $ARCH(20)$ までの $SBIC$ が示してある．O-$AR(3)$ モデルについては $ARCH(7)$ と $ARCH(11)$ の $SBIC$ は僅差であるが，$ARCH(11)$ の方が小さい．また T-$AR(3)$ モデルは $ARCH(11)$ モデルが一番小さいことがわかる．表 4-4 はそれぞれの $ARCH(11)$ モデルの推定結果を示す．

表 4-4　$O\text{-}AR(3)$ モデルと $T\text{-}AR(3)$ モデルの残差の $ARCH(11)$ モデルの推定結果

	$O\text{-}AR(3)$ モデル		$T\text{-}AR(3)$ モデル	
	推定値	t-値	推定値	t-値
$\tilde{w}$	2.4648	25.1566	2.3996	25.1324
α_1	0.1052	13.1780	0.1015	12.7161
α_2	0.0279	3.4807	0.0327	4.0806
α_3	0.0241	3.0059	0.0227	2.8284
α_4	0.0503	6.2596	0.0445	5.5457
α_5	0.0149	1.8599	0.0137	1.7057
α_6	0.0324	4.0347	0.0344	4.2853
α_7	0.0498	6.2057	0.0455	5.6746
α_8	0.0221	2.7588	0.0254	3.1595
α_9	0.0238	2.9632	0.0233	2.8972
α_{10}	0.0079	0.9844	0.0122	1.5199
α_{11}	0.0369	4.6199	0.0394	4.9400
$SBIC$	6.6488		6.5813	

以上の推定結果を用いて気温シミュレーションを行う．気温シミュレーションの方法は次節で説明する．

4　シミュレーション法

本節では 2004 年 7 月 31 日までのデータに基づく気温モデルのもとで 2004 年 8 月以降のパスを発生させる気温モンテカルロ・シミュレーション（以下は MC）について説明する．シミュレーションは (2.4) 式の ξ_t として標準正規分布を仮定した場合 MC と ξ_t の推定値 $\hat{\xi}_t$ の経験分布を用いた場合のエンピリカル MC を行う．シミュレーションの方法は刈屋・遠藤・牛山 (2003) と刈屋・Tee・郷古 (2004) によるものである．

標準正規分布に従うと仮定した場合について以下のようにシミュレーションを行う．

(1) 表 4-4 の $ARCH$ モデルの推定結果をもとに 2004 年 8 月 1 日の分散 h を計算し，それに標準正規乱数 ξ を 1 つ発生させ，分散 h と掛け合わ

せたものがこの日の誤差項 $\eta_{8月1日}$ である．
(2) 8月1日の η を用いて8月2日の分散 h を計算し，さらに標準正規乱数を1つ発生させ，分散 h と掛け合わせたものが8月2日の誤差項 $\eta_{8月2日}$ となる．
(3) (1) と (2) を繰り返して1年分の誤差項 η を生成する．
(4) 生成させた η 系列を用いて表 4-2 の推定結果をもとに (2.3) 式の ε の1年分のデータを生成する．
(5) 最後に生成された ε 系列を用いて，トレンドなし・季節調整モデルであれば (2.1) 式をもとに1年分の気温系列を生成する．線形トレンド・季節同時調整モデルであれば (2.2) 式をもとに各日のパラメータとトレンド項が 44（43年のデータを用いてモデルを推定している）にその日の ε を加えて1年分の気温系列を生成する．

残差の経験分布に基づくシミュレーションは以下のように行う．
(1) O-AR(3) モデルの残差と T-AR(3) モデルの残差について平均が0，分散が1となるように変換を行う．
$e_t^* = \eta_t / \sqrt{h_t}$，この e_t^* が標準正規分布の ξ_t に対応する．
(2) e_t^* を小さい順から並べ変えたものを $\{e_1, e_2, \cdots, e_K\}$ とする．
(3) つぎのような関数 $F(e)$ を考える．

$$F(e) = \begin{cases} 0 & e < e_1 \\ \dfrac{i-1}{K-1} + \dfrac{1}{K-1} \cdot \dfrac{e-e_i}{e_{i+1}-e_i} & e_i \leq e < e_{i+1} \\ 1 & e \geq e_K \end{cases}$$

この関数は $e_1 \leq e \leq e_K$ で逆関数が存在し
$F^{-1}(u) = e_i + \{(K-1)u - (i-1)\}(e_{i+1} - e_i)$
ただし $i = [(K-1)u] + 1$，$[x]$ は x を超えない最大の整数を表す．
(4) $[0,1]$ 上の一様乱数 u^* を発生させて $e^* = F^{-1}(u^*)$ とする．
データの発生方法により，乱数は e_1 と e_K の間の値を取り，区間 $[e_i, e_{i+1})$ の値を取る確率は $\dfrac{1}{K-1}$ となる．

以上の手順により発生させた乱数のもとで標準正規分布に従うシミュレーシ

ョンと同様な手順のもとで気温シミュレーションを行う．

上述のシミュレーションは刈屋・遠藤・牛山（2003）と刈屋・Tee・郷古（2004）に従っているので詳しい手順は両論文あるいは刈屋（2005）に参照されたい．

5 HMRSの検証

4節で述べた方法で2004年8月1日から1年間の予測パスをそれぞれのモデルに対して1万本発生させる．2004年10月1日から2005年2月28日の151日のシミュレーション結果を用いてリスク・スワップの検証を行う．刈屋（2003）にならい以下の3つの視点から契約の公平性を評価するとともに，新たにペイオフの分布の全体の距離によって契約の公平性を評価する．
(1) 完全等価性・モーメント等価性の有無
完全等価性とはペイオフの分布が完全に等しいことをいう．モーメント等価性とは分布のモーメントが等しいことをいう．
(2) ペイオフの分布の距離による評価
（ⅰ）Kolmogorov-Smirnov 距離
$$d(W^{HG}, W^{MS}) = \sup abs[F^{HG}(y) - F^{MS}(y)]$$
W^{HG}, W^{MS} は北海道ガスと三井住友海上のペイオフであり，F^{HG}, F^{MS} はそれぞれのペイオフの分布関数である．abs は y が与えられたときの両分布関数の差の絶対値，sup は y を変えたときの最大値を示す．この数値が0であるとき，両社の分布は完全等価性をもち，契約が完全に公平であると解釈できる．
（ⅱ）Hellinger 距離
$$d_H(W^{HG}, W^{MS}) = \sqrt{\sum_i (\sqrt{p_i^{HG}} - \sqrt{p_i^{MS}})^2}$$
W^{HG}, W^{MS} は北海道ガスと三井住友海上のペイオフであり，p_i^{HG}, p_i^{MS} はそれぞれのペイオフのヒストグラムの相対度数である．この数値が0であるとき，両社の分布は完全等価性をもち，契約が完全に公平であると解釈できる．

(3) 確率的優位性：両社のペイオフに対して

両社のペイオフが以下のように成り立つとき，北海道ガスの方が確率的に優位といえる．

$P(W^{HG}>a) \geq P(W^{MS}>a)$，任意の a に対して
$P(W^{HG}>b) > P(W^{MS}>b)$，ある b に対して

上式を両社のペイオフの分布関数を用いて表現すれば，

$F^{HG}(a) \leq F^{MS}(a)$，任意の a に対して
$F^{HG}(b) < F^{MS}(b)$，ある b に対して

となる．すなわち，いかなる金額 a に対しても，受け取り額が a を超える確率を両社で比較すれば，北海道ガスの方が大きい，もしくは両社とも等しく，かつ両社のペイオフ分布は完全等価ではないという状況である．このとき，該当リスク・スワップは北海道ガスに有利であると解釈できる．以下は両社のペイオフの分布関数を図示することによって確率的優位性の有無を視覚的に捉えることとした．

リスク・スワップ契約の公平性を考えるときに，契約した基準気温および詳細な金銭授受内容が必要になる．1節でも述べたように北海道ガスと三井住友海上のリスク・スワップ契約の詳細が公表されていない．そこでペイオフ構造の公平性を検証するために，本稿が想定した (1.2) 式のペイオフ構造を用いる．(1.2) 式を新たにここで示しておく．

(5.1) 　北海道ガスのペイオフ：$\tilde{W}^{HG} = \max(X(Sapporo) - \alpha, 0)$
　　　　 三井住友海上のペイオフ：$\tilde{W}^{MS} = \max(\beta - X(Sapporo), 0)$

ただし，α と β は基準気温から一定の幅を取ったものとする

(5.1) 式では基準気温を設定する必要がある．図 4-5 は 43 年間の 10 月から 2 月までの平均気温の平均値が示してある．例えば 1961 年の平均値とは 1961 年 10 月 1 日から 1962 年 2 月 28 日までの平均気温の平均値のことである．10 月から 2 月までの 5 ヶ月間（151 日間）の平均気温の平均値の最大値は 1990 年の 3.8℃，最小値は 1976 年 −0.3℃である．1987 年までは大体 1℃台で推移していたが，1988 年以降は 1℃台後半から 2℃台で推移している．2000 年から 2003 年の変動が激しいこともわかる．

北海道ガスが毎年発表する財務諸表によれば，2000 年と 2002 年は冬季需要

期に気温が低めに推移したことなどにより家庭用ガス販売量が対前期比で増加したと発表している．2003 年は冬季需要期に気温が高めに推移したことなどにより家庭用ガス販売量が対前期比減少したと発表している．そこで本稿は 1°C 台後半から 2°C 台前半をガスの販売量があまり増減しないゾーンと考える．

表 4-5 は 4 つの気温シミュレーションの 1 万本のパスの 10 月から 2 月の平均値の基本統計量が示してある．1 万個の 10 月から 2 月の平均値の平均はトレンドなし・季節調整モデルが標準正規分布に基づく MC が 1.41°C，経験分布に基づく MC が 1.43°C である．また，線形トレンド・季節同時調整モデルについてはそれぞれ 2.12°C と 2.16°C である．表 4-5 から線形トレンド・季節

図 4-5 各年の 10 月から 2 月までの平均気温の平均値

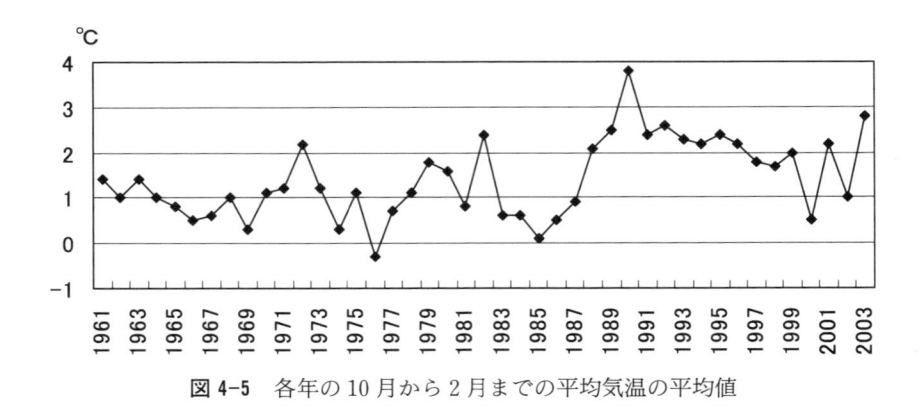

表 4-5 10 月から 2 月までの 151 日間平均気温分布の基本統計量

	トレンドなし・季節調整モデル		線形トレンド・季節同時調整モデル	
	標準正規分布	経験分布	標準正規分布	経験分布
平均	1.41	1.43	2.12	2.16
中央値（メジアン）	1.4	1.4	2.1	2.2
最頻値（モード）	1.4	1.3	2.1	2.1
標準偏差	0.4745	0.4740	0.4599	0.4592
歪度	3.0063	2.9920	3.0138	3.0079
歪度検定統計量	0.1290	−0.1632	0.2811	0.1616
尖度	0.0465	0.0900	0.0834	0.0408
尖度検定統計量	1.8963	3.6729	3.4029	1.6651
最小	−0.3	−1.1	0.4	0.6
最大	3.3	3.3	3.9	4.2

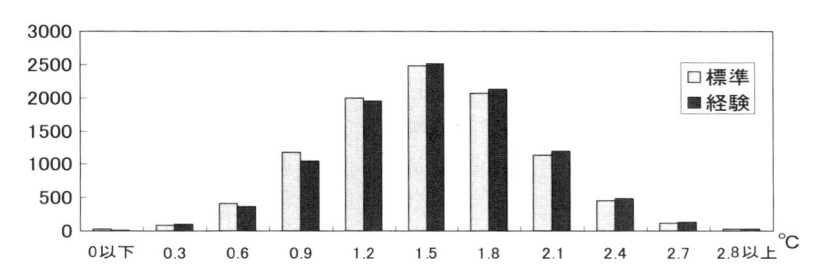

4 ARCH型分散変動モデルによる冬季気温リスク・スワップの検証　121

図4-6 トレンドなし・季節調整モデルの気温シミュレーション結果の10月から2月の平均気温の分布

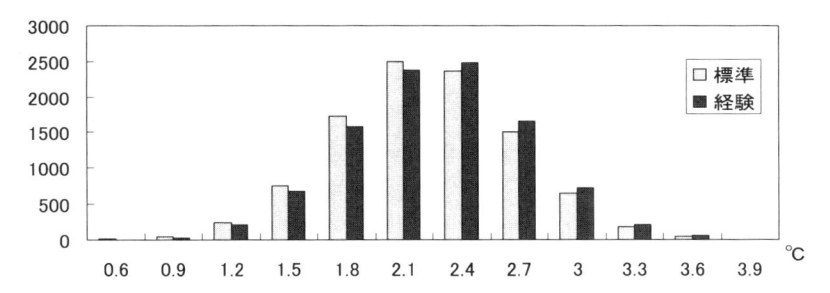

図4-7 トレンド・季節同時調整モデルの気温シミュレーション結果の10月から2月の平均気温の分布

同時調整モデルの平均はトレンドなし・季節調整モデルより約0.7℃高いことがわかる．この平均値は1998年以降の平均値の平均2.2℃に近い．また図4-6と図4-7は1万本のパスの10月から2月の平均値の分布を示してある．標準正規分布と経験分布による差がそれほど大きくないことがわかる．

以上のことを考慮して，本稿はトレンドなし・季節調整モデルについて1.4℃，線形トレンド・季節調整モデルについて2.2℃を基準気温とする．北海道ガスと三井住友海上の契約にならい，基準気温からある一定の幅を超えて上回るあるいは下回る場合のみペイオフが発生するよう分析を行う．一定の幅については±0.1℃，±0.3℃，±0.5℃，±0.7℃，±1.2℃，±1.5℃までの7つの幅を設定した．

5.1 トレンドなし・季節調整モデルの検証結果

トレンドなし・季節調整モデルに基づくシミュレーション気温の10月1日から2月28日までの151日間の平均気温の平均値1.4°Cを基準気温とする．基準気温から前述した幅を取り，最も公平性が得られそうなのは±0.5°Cと±0.7°Cである．±1.2°Cと±1.5°Cではペイオフが発生しない回数は1万回のうち9900回以上であり，天候リスクのヘッジになっていないことがわかった．表4-6は±0.5°C，表4-7は±0.7°Cのペイオフ分布の基本統計量および分布の距離を示す．

両社のペイオフ分布を比較すると，幅を±0.5°Cに設定したときの標準正規分布による MC について北海道ガスと三井住友海上の両ペイオフは0になる確率がそれぞれ85%と86%（図4-8）であり，経験分布による MC について北海道ガスと三井住友海上の両ペイオフは0になる確率がそれぞれ84%と87%（図4-9）である．よって北海道ガスの方が金銭を受け取る確率がやや高いことがわかる．表4-6のペイオフの平均値を見ると標準正規分布による MC および経験分布による MC の両方とも北海道ガスの方が大きい．また分布の形状を見ても両社のペイオフの完全等価性，モーメント等価性をもたないことがわかり，北海道ガスに有利であることがわかる．分布の距離からも北海道ガ

表 4-6 基準気温1.4°Cから幅±0.5°C取ったときのペイオフ分布の特性および距離（トレンドなし・季節調整モデル）

	標準正規分布		経験分布	
	北海道ガス	三井住友海上	北海道ガス	三井住友海上
平均	0.0369	0.0343	0.0404	0.0310
中央値	0	0	0	0
最頻値	0	0	0	0
標準偏差	0.1207	0.1151	0.1253	0.1107
歪度	7.3224	7.5786	7.0309	8.0042
検定統計量	88.2306	93.4599	82.2807	102.1480
尖度	22.0279	25.2140	18.9746	33.7197
検定統計量	899.2863	1029.3588	774.6332	1376.6000
最小	0	0	0	0
最大	1.3899	1.2181	1.3853	2.0045
Kolmogorov–Smirnov 距離	0.0038		0.0314	
Hellinger 距離	0.0254		0.0534	

表 4-7 基準気温 1.4°C から幅 ±0.7°C 取ったときのペイオフ分布の特性および距離（トレンドなし・季節調整モデル）

	標準正規分布		経験分布	
	北海道ガス	三井住友海上	北海道ガス	三井住友海上
平均	0.0155	0.0138	0.0170	0.0127
中央値	0	0	0	0
最頻値	0	0	0	0
標準偏差	0.0756	0.0717	0.0780	0.0691
歪度	9.6122	10.1701	9.1774	11.1351
検定統計量	134.9716	146.3597	126.0960	166.0580
尖度	52.4853	61.6673	46.0292	96.7347
検定統計量	2142.7044	2517.5563	1879.1356	3949.1781
最小	0	0	0	0
最大	1.1899	1.0181	1.1853	1.8045
Kolmogorov-Smirnov 距離	0.0060		0.0192	
Hellinger 距離	0.0252		0.0465	

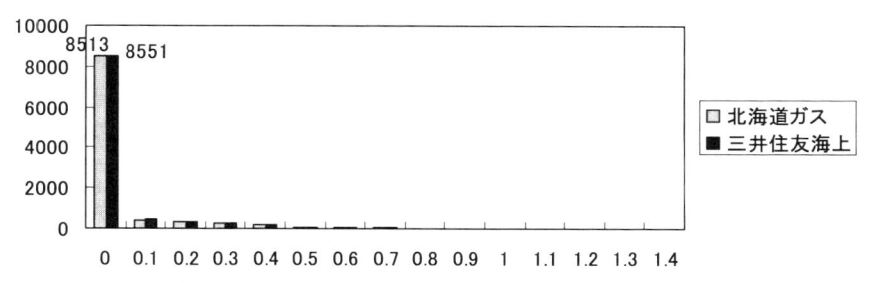

図 4-8 北海道ガス・三井住友海上のペイオフヒストグラム（トレンドなし・季節調整モデル，標準正規分布，基準気温 1.4°C，幅 ±0.5°C のケース）

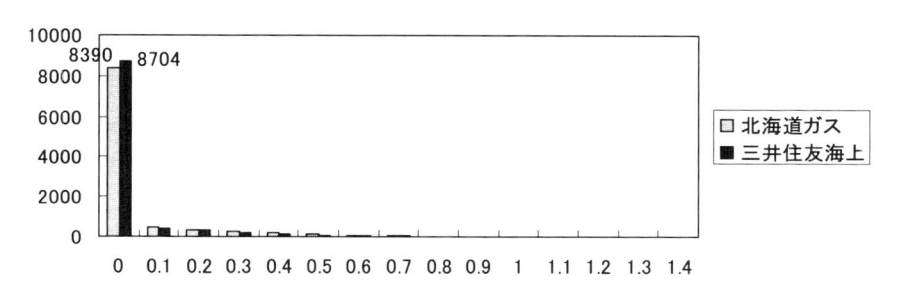

図 4-9 北海道ガス・三井住友海上のペイオフヒストグラム（トレンドなし・季節調整モデル，経験分布，基準気温 1.4°C，幅 ±0.5°C のケース）

スに有利であることがわかる．そして図 4-10 と図 4-11 の分布関数からも北海道ガスに確率的に有利であることがわかる．しかし，標準正規分布による MC はその程度が小さいことも見て取れる．

幅を $\pm 0.7°C$ に設定したときの標準正規分布による MC について北海道ガスと三井住友海上の両ペイオフは 0 になる確率がともに 93%（図 4-12）であり，経験分布による MC について北海道ガスと三井住友海上の両ペイオフは 0 になる確率がそれぞれ 92% と 94%（図 4-9）である．よって北海道ガスの方が金銭を受け取る確率がやや高いことがわかる．表 4-7 のペイオフの平均値を見ると標準正規分布による MC および経験分布による MC の両方とも北海道ガスの方が大きい．また分布の形状を見ても両社のペイオフの完全等価性，モーメント等価性を持たないことがわかり，北海道ガスに有利であることがわかる．分布の距離からも北海道ガスに有利であることがわかる．そして図 4-14

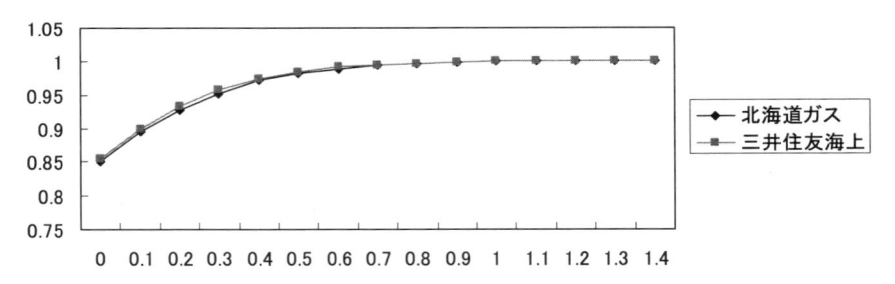

図 4-10 北海道ガス・三井住友海上のペイオフの分布関数（トレンドなし・季節調整モデル，標準正規分布，基準気温 $1.4°C$，幅 $\pm 0.5°C$ のケース）

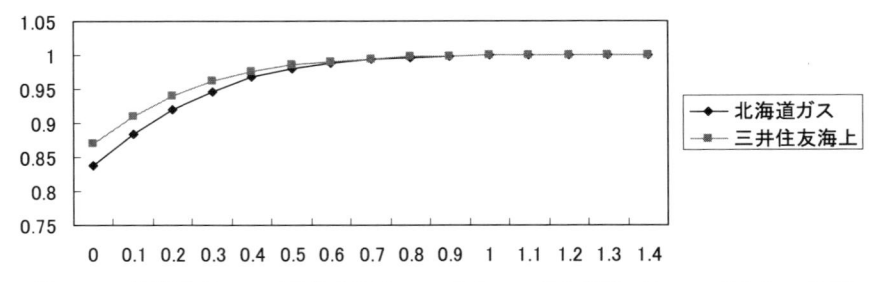

図 4-11 北海道ガス・三井住友海上のペイオフの分布関数（トレンドなし・季節調整モデル，経験分布，基準気温 $1.4°C$，幅 $\pm 0.7°C$ のケース）

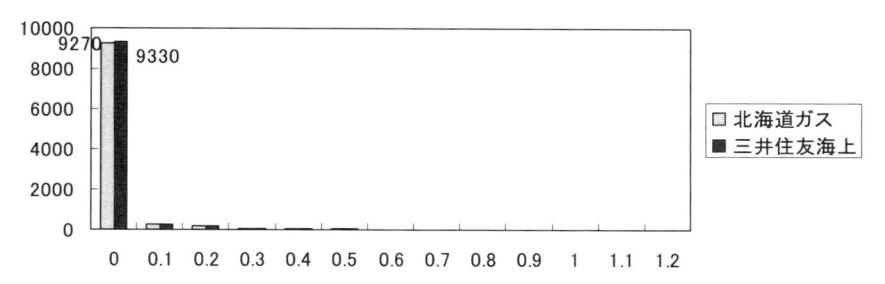

4 *ARCH* 型分散変動モデルによる冬季気温リスク・スワップの検証　*125*

図 4-12　北海道ガス・三井住友海上のペイオフヒストグラム（トレンドなし・季節調整モデル，標準正規分布，基準気温 1.4°C，幅±0.7°Cのケース）

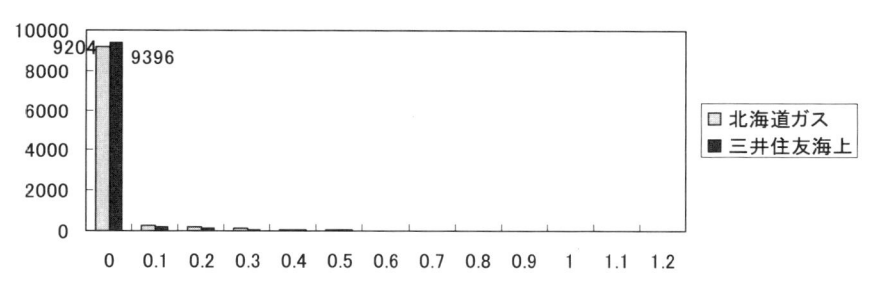

図 4-13　北海道ガス・三井住友海上のペイオフヒストグラム（トレンドなし・季節調整モデル，経験分布，基準気温 1.4°C，幅±0.7°Cのケース）

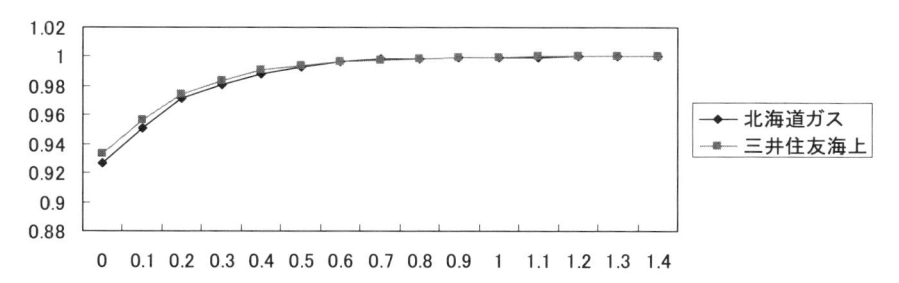

図 4-14　北海道ガス・三井住友海上のペイオフの分布関数（トレンドなし・季節調整モデル，標準正規分布，基準気温 1.4°C，幅±0.7°Cのケース）

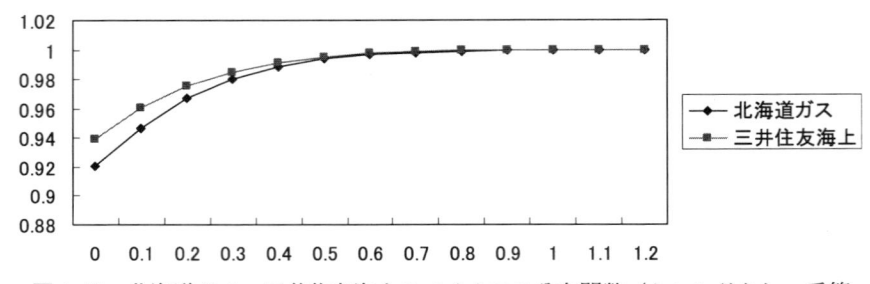

図 4-15　北海道ガス・三井住友海上のペイオフの分布関数（トレンドなし・季節調整モデル，経験分布，基準気温 1.4℃，幅±0.7℃のケース）

と図 4-15 の分布関数からも北海道ガスに確率的に有利であることがわかる．しかし，標準正規分布による MC はその程度が小さいことも見て取れる．

5.2　線形トレンド・季節同時調整モデルの検証結果

　線形トレンド・季節同時調整モデルに基づくシミュレーション気温の 10 月 1 日から 2 月 28 日までの 151 日間の平均気温の平均値 2.2℃を基準気温とする．基準気温から上述した幅を取り，最も公平性が得られそうなのは±0.5℃と±0.7℃である．トレンドなし・季節調整モデル同様±1.2℃と±1.5℃ではペイオフが発生しない回数は 1 万回のうち 9900 回以上であり，天候リスクのヘッジになっていないことがわかった．表 4-8 は±0.5℃，表 4-9 は±0.7℃のペイオフ分布の基本統計量および分布の距離を示す．

　両社のペイオフ分布を比較すると，幅を±0.5℃に設定したときの標準正規分布による MC について北海道ガスと三井住友海上の両ペイオフは 0 になる確率がそれぞれ 90% と 83%（図 4-16）であり，経験分布による MC について北海道ガスと三井住友海上の両ペイオフは 0 になる確率がそれぞれ 88% と 84%（図 4-17）である．よって三井住友海上の方が金銭を受け取る確率がやや高いことがわかる．表 4-8 のペイオフの平均値を見ると標準正規分布による MC および経験分布による MC の両方とも三井住友海上の方が大きい．また分布の形状を見ても両社のペイオフの完全等価性，モーメント等価性をもたないことがわかり，三井住友海上に有利であることがわかる．分布の距離からも三井住友海上に有利であることがわかる．そして図 4-18 と図 4-19 の分布関数

表 4-8 基準気温 2.2°Cから幅±0.5°C取ったときのペイオフ分布の特性および距離（線形トレンド・季節同時調整モデル）

	標準正規分布		経験分布	
	北海道ガス	三井住友海上	北海道ガス	三井住友海上
平均	0.0234	0.0439	0.0272	0.0378
中央値	0	0	0	0
最頻値	0	0	0	0
標準偏差	0.0938	0.1309	0.1015	0.1191
歪度	8.3923	6.8676	8.0158	7.0227
検定統計量	110.0702	78.9478	102.3844	82.1140
尖度	34.8580	17.4305	30.5428	18.1308
検定統計量	1423.0719	711.5965	1246.9058	740.1875
最小	0	0	0	0
最大	1.1940	1.2529	1.4720	1.0704
Kolmogorov-Smirnov 距離	0.0693		0.0389	
Hellinger 距離	0.1066		0.0655	

表 4-9 基準気温 2.2°Cから幅±0.7°C取ったときのペイオフ分布の特性および距離（線形トレンド・季節同時調整モデル）

	標準正規分布		経験分布	
	北海道ガス	三井住友海上	北海道ガス	三井住友海上
平均	0.0090	0.0188	0.0107	0.0154
中央値	0	0	0	0
最頻値	0	0	0	0
標準偏差	0.0562	0.0822	0.0615	0.0726
歪度	11.4572	8.9115	10.8713	3952.1781
検定統計量	172.6327	120.6681	160.6716	80612.2607
尖度	86.2454	42.2827	77.8510	41.7008
検定統計量	3520.9547	1726.1834	3178.2555	1702.4280
最小	0	0	0	0
最大	0.9940	1.0529	1.2720	0.8704
Kolmogorov-Smirnov 距離	0.0411		0.0233	
Hellinger 距離	0.0870		0.0561	

からも三井住友海上に確率的に有利であることがわかる．しかし，経験分布による MC はその程度が小さいことも見て取れる．

　幅を±0.7°Cに設定したときの標準正規分布による MC について北海道ガスと三井住友海上の両ペイオフは 0 になる確率がともに 95% と 91%（図 4-20）

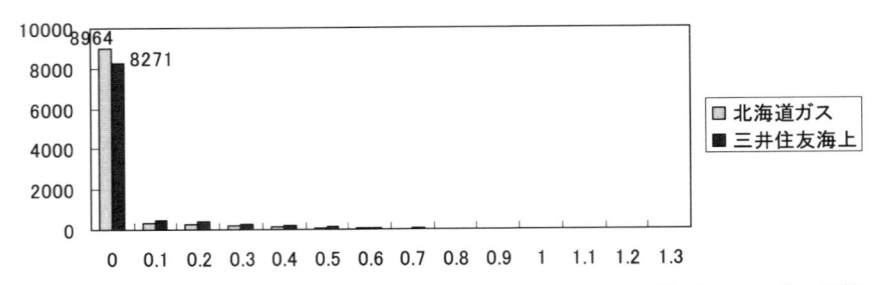

図 4-16 北海道ガス・三井住友海上のペイオフヒストグラム（線形トレンド・季節同時調整モデル，標準正規分布，基準気温 2.2°C，幅±0.5°Cのケース）

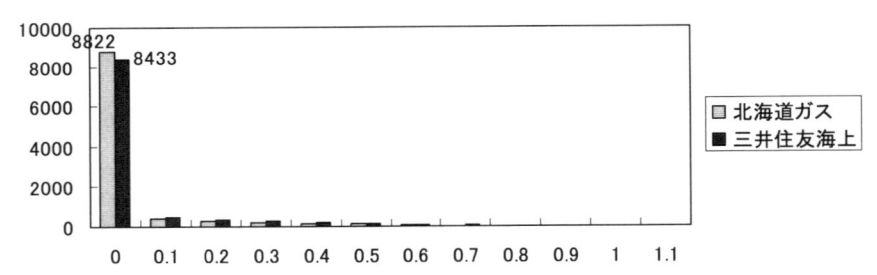

図 4-17 北海道ガス・三井住友海上のペイオフヒストグラム（線形トレンド・季節同時調整モデル，経験分布，基準気温 2.2°C，幅±0.5°Cのケース）

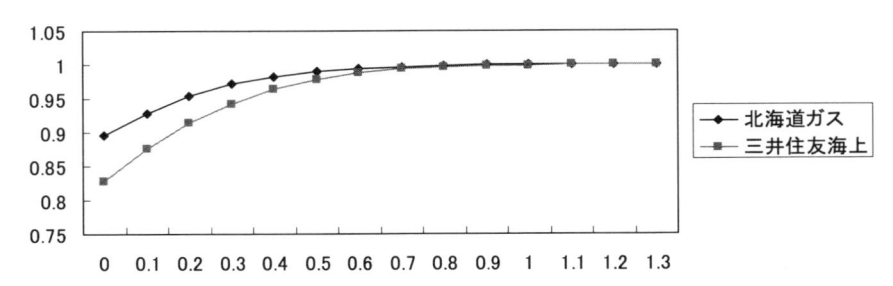

図 4-18 北海道ガス・三井住友海上のペイオフの分布関数（線形トレンド・季節同時調整モデル，標準正規分布，基準気温 2.2°C，幅±0.5°Cのケース）

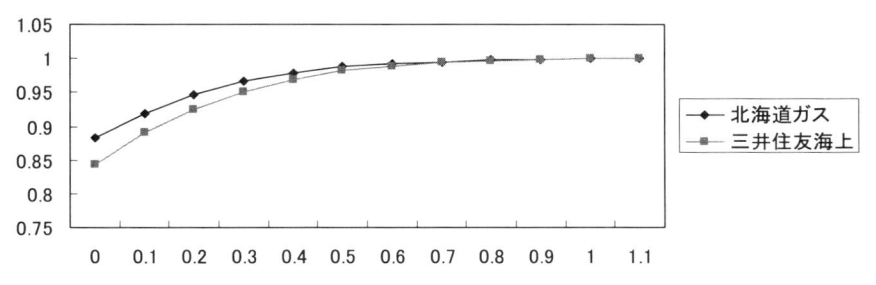

図 4-19 北海道ガス・三井住友海上のペイオフの分布関数(線形トレンド・季節同時調整モデル,経験分布,基準気温 2.2℃,幅±0.5℃のケース)

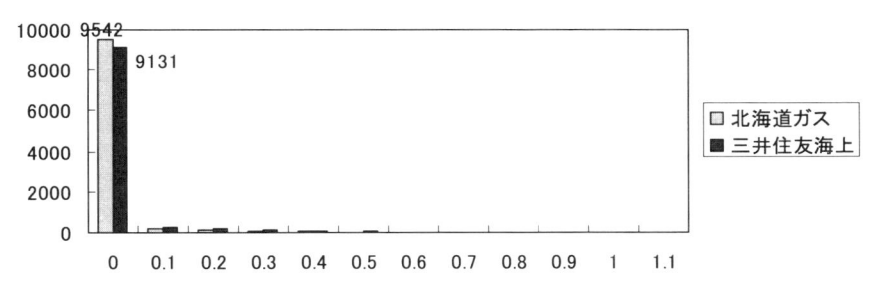

図 4-20 北海道ガス・三井住友海上のペイオフヒストグラム(線形トレンド・季節同時調整モデル,標準正規分布,基準気温 2.2℃,幅±0.7℃のケース)

であり,経験分布による MC について北海道ガスと三井住友海上の両ペイオフは 0 になる確率がそれぞれ 95% と 92%(図 4-21)である.よって三井住友海上の方が金銭を受け取る確率がやや高いことがわかる.表 4-9 のペイオフの平均値を見ると標準正規分布による MC および経験分布による MC の両方とも三井住友海上の方が大きい.また分布の形状を見ても両社のペイオフの完全等価性,モーメント等価性を持たないことがわかり,三井住友海上に有利であることがわかる.分布の距離からも三井住友海上に有利であることがわかる.そして図 4-22 と図 4-23 の分布関数からも三井住友海上に確率的に有利であることがわかる.しかし,経験分布による MC はその程度が小さいことも見て取れる.

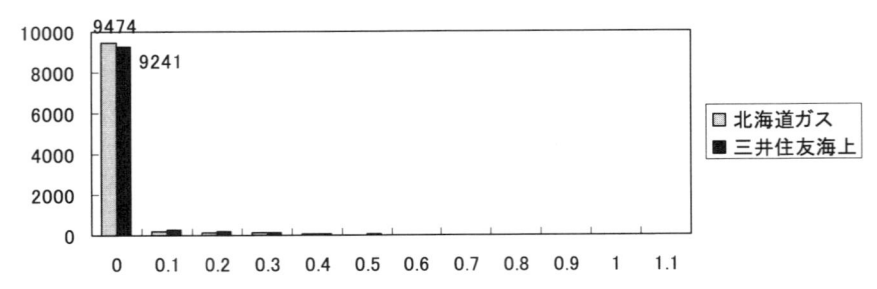

図 4-21 北海道ガス・三井住友海上のペイオフヒストグラム（線形トレンド・季節同時調整モデル，経験分布，基準気温 2.2℃，幅±0.7℃のケース）

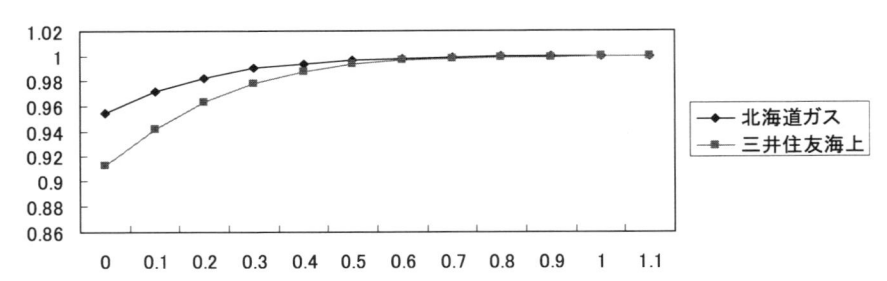

図 4-22 北海道ガス・三井住友海上のペイオフの分布関数（線形トレンド・季節同時調整モデル，標準正規分布，基準気温 2.2℃，幅±0.7℃のケース）

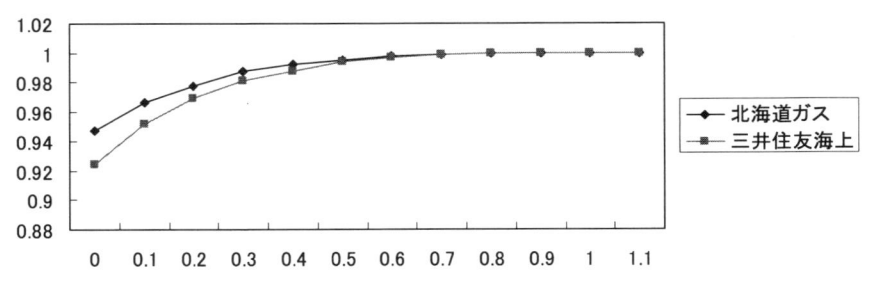

図 4-23 北海道ガス・三井住友海上のペイオフの分布関数（線形トレンド・季節同時調整モデル，経験分布，基準気温 2.2℃，幅±0.7℃のケース）

6 結　　語

　本稿は北海道ガスと三井住友海上が行った冬季気温リスク・スワップに焦点をあてて，冬季気温リスク・スワップ契約の公平性の検証を行った．

　まず，刈屋・Tee・郷古（2004），刈屋（2005）の $ARCH$ 型気温変動モデルを援用して札幌の平均気温について定式化を行った．そのもとで2004年8月1日から2005年7月31日までの1年間の気温シミュレーションを1万回行った．そして北海道ガスと三井住友海上とのリスク・スワップのケースを想定しているため，両社の契約した観測期間では10月1日から2月28日までの151日間の平均を取り，1万個の平均値からトレンドなし・季節調整モデルのシミュレーションでは低めの気温パスをもたらし，線形トレンド・季節同時調整モデルのシミュレーションでは高めの気温パスをもたらすことがわかった．

　リスク・スワップ契約を検証するために必要である基準気温・詳細な金銭授受内容は公表されていないため，本稿は（1.2）式のようなペイオフを想定し，基準気温はシミュレーションした気温の10月1日から2月28日までの151日間の平均（1万個）の平均とした．すなわちトレンドなし・季節調整モデルは1.4℃とし，線形トレンド・季節同時調整モデルは2.2℃とした．なお，1.4℃は30年平年値の1.5℃に近く，2.2℃は1988年から2003年の151日間の平均気温の16年間の平均値の平均（2.2℃）と同じである．またこの16年間の平均値の平均を取ったのは1988年を境に151日間の平均値の推移にかなり差があったからである．

　そして両社の契約ではペイオフが発生するのは基準気温から一定の幅を超えて上回ったあるいは下回ったときであることにならい，本稿は一定の幅について±0.1℃，±0.3℃，±0.5℃，±0.7℃，±1.2℃，±1.5℃の7つの幅を設定し，契約の公平性の検証を行った．一定の幅を対称にしたのは三井住友海上が契約料を受け取っていたことを考慮したからである．

　リスク・スワップの公平性の検証について刈屋（2003）の3つの視点に加え，新たにHellinger距離を導入した．

　トレンドなし・季節調整モデルについて，基準気温を1.4℃に設定した場

合，上記の幅では契約の公平性が得られず，北海道ガスにやや有利な結果となった．しかし，幅±0.5°Cと±0.7°Cで標準正規分布によるMCが公平な契約に近い結果であることがわかった．

線形トレンド・季節同時調整モデルについて，基準気温を2.2°Cに設定した場合，上記の幅では契約の公平性が得られず，三井住友海上にやや有利な結果となった．しかし，幅±0.5°Cと±0.7°Cで経験分布によるMCが公平な契約に近い結果であることがわかった．

また，幅±1.2°Cと±1.5°Cではペイオフが発生しない回数が1万回のうち9900回以上となり，基準気温から一定の幅を取ってペイオフを計算するような契約ではあまり大きな幅を取ると天候変動リスクの回避とならないことがわかった．

本稿は基準気温から一定の幅を上回るあるいは下回るときにペイオフが発生する契約について，幅を変えながら公平な契約をもたらすものについて分析を行った．その結果どの幅でも公平な契約をもたらすことができなかった．しかし，両モデルについて幅が±0.5°Cと±0.7°Cが公平な契約に近い結果となっている．

また，1988年を境に151日間の平均値の推移にかなり差があることを考慮すると基準気温を2.2°Cに設定して，幅を±0.5°C取り，かつ線形トレンド・季節同時調整モデルであれば，1988年以降では1°C台後半から2°C台中盤までの151日の平均気温の平均が免責圏に入り，2000年以降の異常気象の場合にリスクヘッジできると思われる．例えば北海道ガスと三井住友海上の天候リスク・スワップ契約の期間である2004年10月1日から2005年2月28日までの151日間の平均気温の平均値は2.3°Cであるので，本稿の分析ではペイオフは発生しないこととなる．

以上の結果はあくまでも本稿が想定したペイオフの構造からの結果である．線形トレンド・季節同時調整モデルの毎日の係数が88日しか有意ではなかったが，温暖化傾向などから札幌の平均気温のシミュレーションは線形トレンド・季節同時調整モデルの方がよいと思われる．

今回は公平な契約をもたらす基準気温と免責値を見つけることができなった．これを今後の課題にしたい．

〔参考文献〕

刈屋武昭 (2003),「リスクスワップ・プライシング」Discussion Paper No.0207, 京都大学経済研究所金融工学研究センター.

刈屋武昭・遠藤良輔・牛山史郎 (2003),「分散変動 (SV) モデルによる東京の日次平均気温の予測分布 (第1版) —気温デリバティブ・プライシングモデル—」Discussion Paper No.0208, 京都大学経済研究所金融工学研究センター.

刈屋武昭・牛山史郎・遠藤良輔 (2003),「気温 TT リスクスワップの等価性の検証」Discussion Paper No.0301, 京都大学経済研究所金融工学研究センター.

刈屋武昭・田中勝人・矢島美寛・竹内　啓 (2003),『経済時系列の統計』 岩波書店.

刈屋武昭・Tee Kian Heng・郷古浩道 (2004),「ARCH 型分散変動モデルによる気温リスク・スワップの検証」Discussion Paper No.0401, 京都大学経済研究所金融工学研究センター.

刈屋武昭編著 (2005),『天候リスクの戦略的経営—EaR とリスクスワップ—』朝倉書店.

気象庁委託調査 (2002),『企業の天候リスクと中長期予報の活用に関する調査』報告書, 興銀第一フィナンシャルテクノロジー (気象庁ホームページ).

気象庁委託調査 (2003),『天候リスクマネジメントへのアンサンブル予報の活用に関する調査』報告書, みずほ第一フィナンシャルテクノロジー (気象庁ホームページ).

北海道ガス株式会社ニュースリリース.

三井住友海上火災保険株式会社ニュースリリース.

Cambell, S.D. and F.X. Diebold (2004), "Weather Forecasting for Weather Derivatives (revised 2004)," Manuscript, University of Pennsylvania.

Cao, M. and J. Wei (2003), "Weather Derivatives Valuation and Market Price of Weather Risk of Weather Risk," Working Paper.

Engle, R.E. (1982), "Autoregressive Conditional Heteroscedasticity with Estimates of the Variance of United Kingdom Inflation," *Econometrica*, **50**, 987-1007.

Hamilton, J.D. (1994), *Time Series Analysis*, Princeton University Press.

Visser, H. and J. Molenaar (1995), "Trend Estimation and Regression Analysis in Climatological Time Series：An Application of Structural Time Series Models and the Kalman Filte," *Journal of Climate*, 8, 969-979.

Seater, J.J. (1993), "World Temperature-Trend Uncertainties and Their Implications for Economic Policy," *Journal of Business & Economic Statistics*, **11**, 265-277.

(Tee Kian Heng：岩手県立大学総合政策学部)
(刈屋武昭：京都大学経済研究所/明治大学ビジネススクール)

5 期待効用理論による気温オプションの価格付けと電力とガス事業者間のリスクスワップ取引への応用*

江 本 麗 行

概要 本論文は，代表的気温指標である CDDs/HDDs を原資産とする気温オプションを題材に，その価格付けならびにその結果に基づく気温オプションのスワップ取引について期待効用最大化の観点から考察を行う．オプションの購入者としては，特に気温リスクのヘッジングを目的とする事業者を想定する．具体的には，気温と収益が正比例/逆比例するような事業者を仮定し，Davis (2001) の議論を適用することで，各事業者に対する気温オプションの公正価格を導出する．つづいて，その結果を応用することで，夏季の電力事業者とガス事業者間の気温オプションのスワップ取引を題材として，期待効用最大化の観点から Pareto improving なスワップレートの範囲を示す．最後に，名古屋地点における CDDs を原資産とする例示的な気温オプションのスワップ取引を対象として，適切なスワップレートの範囲について感度分析を行う．

1 はじめに

本論文は，代表的な気温指標の一つである CDDs/HDDs を原資産とする気温オプションの価格付けならびに気温に対して相反する収益構造をもつような事業者間における気温オプションのスワップ取引について議論する．

天候デリバティブは，事業収益が天候に影響される企業のリスクマネジメン

---

* 2006 年 11 月 30 日投稿受付，2007 年 5 月 25 日採択通知．
  本稿の作成にあたっては，三澤哲也教授（名古屋市立大学），宮原孝夫教授（名古屋市立大学），ならびに名古屋市立大学水曜研究会にご参加の先生方に貴重なコメントを頂いた．この場を借りて深く感謝の意を表したい．もちろん，本稿のありうべき誤りはすべて筆者に属するものである．
  担当エディターならびに査読者の方々には本論文への有益なコメントを数多く頂きました．この場を借りて深くお礼を申し上げます．

ト手段として位置づけられ，国際的なエネルギー自由化路線の進展によるエネルギー事業者間の競争激化・経営環境の不安定化を背景に近年注目を集めている金融商品である．しかしながら，天候デリバティブの原資産である天候データは取引不可能な財であるため，その価格付けに際しては市場の完備性はおろか無裁定性をすら仮定できないことが難点として知られている（Henderson (2007)，Nielsen (1999)）．そのため，当該問題に対しては投資家の期待効用最大化の観点からの研究が中心となっている．（Brockett et al. (2006)，Cao and Wei (2004)，Davis (1998, 2001)，Emoto and Misawa (2007)，Henderson (2002)，Platen and West (2005)，Yamada (2006)，佐藤・森平 (1999)，佐藤 (2002)）．

このような研究の一つである Davis (1998) は，限界効用の概念に基づいて，非完備市場や取引不可能な財を原資産にもつオプションの公正価格を与えている．ただし，ここで Davis (1998) が与えた公正価格とは，期待効用最大化の観点からの留保価格（投資家が購入のために支払ってもよいと考えるプレミアムの上限）である．さらに，Davis (2001) は，商品の売上が気温と比例するという仮定を与えることによって気温オプションの公正価格を導出している．したがって，気温が高まるほど事業収益が増加するような事業者――例えばビール会社，夏季の電力事業者・電機事業者などにとっての気温オプションによるリスクヘッジの価値は Davis (2001) のモデルを用いることで測定可能である．一方，気温が高まるほど事業収益が減少するような事業者も先に述べたようなタイプの事業者と同様に気温リスクにさらされている．このようなタイプの事業者の例としては，夏季のガス事業者，冬季の電力事業者・ガス事業者・アパレル事業者などが挙げられる．したがって，このような企業に対する公正価格を考察することは有用であると思われる．

さて，気温オプションの価格付け問題の応用例として，気温オプションのスワップ取引に関する数量分析が考えられる．気温オプションのスワップ取引とは，気温に対して逆方向の収益リスクを保有する事業者同士がオプションのポジションを交換することで気温リスクを相殺する取引である．典型的には，夏季の電力事業者とガス事業者のスワップ取引が例として挙げられる．実際に取引を行うにあたっては電力事業者とガス事業者の収益規模，気温に対する収益

の感度などに考慮を払う必要があるものの，国内においては例えば，2001年における東京電力と東京ガスのリスクスワップ取引などが実現されている（Kariya (2003)）．また，国内に先行してエネルギーの自由化が進展しているUSA・北欧などにおいては，こういった事業者が取引を行うためのスワップ市場が存在し，多々，取引が行われているようである（土方 (2003)）．

本論文では，このような背景に基づき，Davis (2001) を先行研究として，気温と収益が逆比例の関係にあるような事業者に対する気温オプションの公正価格を導出する．つぎにその結果を用いることで，気温に対して相反する収益構造をもつような事業者間における気温オプションのスワップ取引問題を考察する．ここでは，公正価格の概念を応用することで，前述のリスクスワップ取引問題に対して期待効用最大化の観点から Pareto improving なスワップレートの設定範囲が与えられる．

以下，構成を述べる．まず2節において，気温と収益が逆比例するような事業者に対する気温オプションの公正価格を導出する．つづく3節においては，2節の結果を用いることで，電力事業者とガス事業者間のスワップ取引に対して公正価格の観点から Pareto improving となるスワップレートの範囲を与える．さらに4節では，3節で結論づけた結果から，名古屋地点における CDDs を原資産とする例示的な気温オプションのスワップ取引を対象として，適切なスワップレートの範囲の感度分析を行う．例とする CDDs の設定値としては Emoto and Misawa (2007) による推定結果を用いる．5節は結語である．

2　限界効用による価格付けモデル

本節では，原資産である CDDs/HDDs の定義を述べた後，限界効用の観点から気温オプションの公正価格を導出する．先行研究である Davis (2001) は，事業者の生産関数に気温と収益が正比例する関係を仮定することで，気温が高まるほど事業収益が増加するような事業者に対する気温オプションの公正価格を求めている．そこでわれわれは，気温と収益が逆比例するような事業者モデルを導入することで，Davisの結果を，気温が高まるほど事業収益が減少するような事業者に拡張する．なおこれらの結果は，次節において電力事業者

とガス事業者のリスクスワップ取引問題に応用される．

まず，オプションの原資産である気温インデックス；CDDs（accumulated Cooling Degree Days），HDDs（accumulated Heating Degree Days）を定義する．

$$\text{CDDs}(t) = \sum_{i=1}^{N} \max\{A(t) - \hat{A}, 0\} \tag{1}$$

$$\text{HDDs}(t) = \sum_{i=1}^{N} \max\{\hat{A} - A(t), 0\} \tag{2}$$

ただし，t は日次，$A(t)$ は t 日の日次平均気温，$\hat{A}$ はあらかじめ定められる基準気温，N は累積日数である．なお，実務上は $\hat{A}$ として華氏65度（摂氏約18.33度）という値が用いられることが多いようである．

つぎに価格付けの対象となるオプションを定義する．なお，本論文は一貫してCDDs/HDDs（以下これらを $S(t)$ と書く）を原資産とするヨーロピアンコール・プットオプション $B(S(T))$ を扱う．

$$B(S(T)) = \begin{cases} \lambda \max\{S(T) - K, 0\} & \text{if } B \text{ is call} \\ \lambda \max\{K - S(T), 0\} & \text{if } B \text{ is put} \end{cases}$$

ただし，T は満期，K は権利行使指数，λ は換金率である．注意すべき点は物理的インデックスである $S(T)$ を価格に変換するために換金率 λ が定義されていることである．なお，気温オプションのスワップ取引においては最適な (K, λ) をどう選ぶかが取引事業者にとっては主たる関心となるが，本論文においては λ は所与とし，最適な K について考察を行う．

つづいて，上で定義された $B(S(T))$ の公正価格を導出する．Davis (2001) は，気温と収益が正比例する事業者に対し価格付けを行っているが，われわれは，ここで新たに気温と収益が逆比例する事業者を付け加え，以下考察を進めてゆく．前者を事業者1，後者を事業者2とし，以降の議論では2事業者をまとめて事業者 $i(i=1,2)$ と呼ぶことにする．もちろん，$i=1$ が Davis (2001) のケース，$i=2$ がわれわれが導入した新たなケースである．

まず，事業者 $i(i=1,2)$ の想定する原資産過程 $S(t)$ および事業者 $i(i=1,2)$ の取り扱う商品価格過程 $P_i(t)$ がそれぞれ以下の幾何ブラウン運動に従うと仮定する．

$$dS(t) = \nu S(t)\,dt + \eta S(t)\,dZ(t) \tag{3}$$

$$dP_i(t) = \mu_i P_i(t)\,dt + \sigma_i P_i(t)\,dB_i(t) \tag{4}$$

ただし，$dZ(t)$，$dB_i(t)$ はつぎの相関をもつような標準ウィーナープロセスである．

$$E[dZ(t)\,dB_i(t)] = \rho_i dt \quad (i=1,2)$$

つぎに，事業者 i の生産関数 Y_i が次式によって表されるものとする．

$$Y_1(t) = \beta_1 S(t), \quad \beta_1 > 0 \tag{5}$$

$$Y_2(t) = \frac{\beta_2}{S(t)}, \quad \beta_2 > 0 \tag{6}$$

式 (5)，(6) は，事業者 1，事業者 2 の商品生産量と原資産との間にそれぞれ比例，逆比例の関係があることを示している．このとき，事業者 i の利潤を $X_i(t)$ とすれば $X_i(t)$ をつぎのように定式化できる．

$$X_i(t) = P_i(t)\,Y_i(t) \quad (i=1,2) \tag{7}$$

式 (7) に式 (5)，(6) を代入することで事業者 1，事業者 2 の利潤関数を以下のように計算することができる．

$$X_1(t) = \beta_1 P_1(t) S(t) \tag{8}$$

$$X_2(t) = \beta_2 \frac{P_2(t)}{S(t)} \tag{9}$$

ここで式 (8)，(9) に対して Itô の公式を用いれば $X_i(t)$ $(i=1,2)$ が以下の確率微分方程式に従うことがわかる．

$$dX_i(t) = \theta_i X_i(t)\,dt + \xi_i X_i(t)\,dW_i(t) \quad (i=1,2) \tag{10}$$

$$\theta_1 = \nu + \mu_1 + \eta \sigma_1 \rho_1$$

$$\theta_2 = -\nu + \mu_2 + \eta^2 - \eta \sigma_2 \rho_2$$

$$\xi_1 = \sqrt{\eta^2 + \sigma_1^2 + 2\eta \sigma_1 \rho_1}$$

$$\xi_2 = \sqrt{\eta^2 + \sigma_2^2 - 2\eta \sigma_2 \rho_2}$$

$$dW_1(t) = \frac{1}{\xi_1}(\eta dZ(t) + \sigma_1 dB_1(t))$$

$$dW_2(t) = \frac{1}{\xi_2}(-\eta dZ(t) + \sigma_2 dB_2(t))$$

以上の結果に対して Davis (1998) の議論を適用することで気温オプションの公正価格が導出される．以下，限界効用によるオプション価格付けモデルを

簡単に紹介する．

Davis (1998) は，投資家の期待効用最大化問題

$$V(x) = \sup_{\pi \in \tau} E[U(H_x^\pi(T))]$$

（U：効用関数，$H(t)$：ポートフォリオの価値，x：初期の富 $H(0)$，π：投資戦略，τ：投資戦略集合）のもとで，原資産を $S(t)$，満期を T とするヨーロピアンオプション $B(S(T))$ の公正価格が次で与えられることを示した．ただし，＊は V における最適戦略である．

Fair pricing formula（Davis (1998)）

$$\hat{p} = \frac{E[U'(H_x^*(T))B(S(T))]}{V'(x)} \tag{11}$$

式 (11) は限界効用の観点から導出されたオプション評価式であり，非完備市場や取引不可能な財を原資産にもつオプションの価格付けを可能にしている．

さて，Fair pricing formula を用いて気温オプションの公正価格を導出するためには，最適ポートフォリオ $H_x^*(t)$ と効用関数 U の形状を陽に与える必要がある．本論文は，Davis (2001) に従いこれらをつぎのように与える．まず，事業者 i の最適ポートフォリオ $H_x^*(t)$ について，式 (8)，(9) で示された事業者 i の利潤関数 $X_i(t)$ とする．これは商品の生産活動に専念する事業者を想定しているといえ，例えば公共的性質を強く期待されている電力事業者などに対しては自然な仮定であると思われる．以降では，常に $H_x^*(t) = X_i(t)$ を仮定して議論を行う．つづいて，効用関数については，対数 CRRA 効用とする．すなわち事業者 i に関して $U(X_i(t)) = \ln(X_i(t))$ とおく．

以上の仮定から，まず $U'(H_x^*(T))$ はつぎのように計算される．

$$U'(H_x^*(T)) = \frac{1}{X_i(T)} \quad (i = 1, 2)$$

つづいて，$V'(x)$ はつぎのように計算される．ただし，以降は $X_i(0) \equiv x_i$ と書くことにする．

$$V'(x) = \frac{d}{dx_i} E[\ln X_i(T)]$$
$$= \frac{d}{dx_i}\left\{\ln x_i + \left(\theta_i - \frac{1}{2}\xi_i^2\right)T\right\}$$

$$= \frac{1}{x_i} \quad (i=1,2)$$

したがって，式 (11) にこれらの結果を代入することで事業者 i に対するヨーロピアンオプションの公正価格 $\hat{p}_i\,(i=1,2)$ が直ちに導出される．

$$\begin{aligned}
\hat{p}_i &= \frac{E[U'(H_x^*(T))B(S(T))]}{V'(x)} \\
&= E\left[\frac{x_i}{X_i(T)}B(S(T))\right] \\
&= E[e^{-(\theta_i - \xi_i^2/2)T - \xi_i W_i(T)}B(S(T))] \\
&= e^{-(\theta_i - \xi_i^2)T}E[e^{-\xi_i^2 T/2 - \xi_i W_i(T)}B(S(T))] \\
&= e^{-r_i T}\hat{E}[B(S(T))] \quad (i=1,2)
\end{aligned} \quad (12)$$

ここに，式 (12) における右辺の記号 $\hat{E}$ は，Radon-Nykodym differencial $d\hat{P}_i/dP = \exp\{-\xi_i^2 T/2 - \xi_i W_i(T)\}$ によって変換された確率測度 $\hat{P}_i\,(i=1,2)$ による期待値オペレータを意味している．ただし，$r_i \equiv \theta_i - \xi_i^2$ である．このとき，Girsanov's theorem より $\hat{P}_i$ のもとで $W_i(t),\ Z(t)$ はそれぞれ以下のように変換される．

$$\begin{aligned}
W_i(t) &= \hat{W}_i(t) - \xi_i t, \\
Z(t) &= \hat{Z}_i(t) - \xi_i \rho_{ii} t \quad (i=1,2)
\end{aligned}$$

ただし，$\rho_{ii}dt \equiv E[dW_i(t)dZ(t)]\,(i=1,2)$ とおいた．したがって，原資産過程 $dS(t)$ は $\hat{P}_i$ のもとで再び次式で表される幾何ブラウン運動に変換されることがわかる．

$$\begin{aligned}
dS(t) &= \nu S(t)dt + \eta S(t)(d\hat{Z}_i(t) - \xi_i \rho_{ii}dt) \\
&= (\nu - \eta \xi_i \rho_{ii})S(t)dt + \eta S(t)d\hat{Z}_i(t) \quad (i=1,2)
\end{aligned} \quad (13)$$

以上の結果から，式 (12), (13) による表現をリスク中立化法によるブラックショールズ公式のアナロジーと見なして計算することで，これに対応するヨーロピアンコールオプション・プットオプションの解析解を得ることは容易である．得られた結果を以下に示す．ただし，$Call_i,\ Put_i$ はそれぞれ事業者 $i(i=1,2)$ に対するヨーロピアンコール・プットオプションの公正価格を表している．

Option pricing formula

$$Call_i = \lambda e^{-r_i T}[S(0) e^{(r_i - q_i)T}\Phi(d_i^1) - K\Phi(d_i^2)] \tag{14}$$

$$Put_i = \lambda e^{-r_i T}[-S(0) e^{(r_i - q_i)T}\Phi(-d_i^1) + K\Phi(-d_i^2)] \quad (i=1,2) \tag{15}$$

ただし,

$$r_1 = \nu + \mu_1 - \eta^2 - \sigma_1^2 - \eta\sigma_1\rho_1$$

$$r_2 = -\nu + \mu_2 - \sigma_2^2 + \eta\sigma_2\rho_2$$

$$q_1 = \mu_1 - \sigma_1^2$$

$$q_2 = -2\nu + \mu_2 - \eta^2 - \sigma_2^2 + 2\eta\sigma_2\rho_2$$

$$\Phi(z) = \int_{-\infty}^{z} \left(\frac{1}{\sqrt{2\pi}} e^{-x^2/2}\right) dx$$

$$d_i^1 = \frac{\ln(S(0)/K) + (r_i - q_i + \eta^2/2)T}{\eta\sqrt{T}}$$

$$d_i^2 = d_i^1 - \eta\sqrt{T} \quad (i=1,2)$$

なお,上の評価式は $\beta_i (i=1,2)$ に依存しない。それはつぎの理由による。β_i は気温オプションの原資産過程 $S(t)$ と商品価格過程 $P_i(t)$ の比例/逆比例関係を示す係数であるが,Davis (2001) は商品の単位時間 dt あたりの生産量として生産関数 $Y_i(t)$ を定義している。そのため,β_i の値の決定は dt を任意に選ぶことに相当し,常に $\beta_i = 1$ とできることから,評価式において陽に表現されることなく,つまり,それに依存することなく評価式を導出している。このことは,単位時間 dt を任意に選ぶことで常に $\beta_i = 1$ とできることを意味する。したがって,評価式においては β_i は陽に表れない。

最後に,特に事業者利潤が原資産と正の相関をもつようなケース ($i=1$) においては上の評価式は Davis (2001) の結果と一致しており,われわれは事業者利潤と原資産の動きが逆比例するモデル ($i=2$) について拡張された結果を導いていることをあらためて注意しておく[1]。

---

1) Emoto and Misawa (2007) は,$i=1$ の場合について HARA 型効用まで拡張された価格式を導出している。

3 電力事業者とガス事業者によるリスクスワップモデル

本節では，前節の結果を夏季における電力事業者とガス事業者間のスワップ取引問題に応用する．気温オプションのスワップ取引とは，気温に対して逆方向の収益リスクを保有する事業者同士がオプションのポジションを交換することでリスクヘッジを行う取引である．ポジションはコールオプションの買い（売り）とプットオプションの売り（買い）を組み合わせることで構成され，通常，プレミアムをゼロとするようにスワップレート K が設定される．コールの買い＋プットの売りを Bid，コールの売り＋プットの買いを Offer と呼ぶ．例えば，夏季において，電力事業者の収益は気温に対して正の関係，逆にガス事業者のそれは負の関係にあるから，リスクヘッジのためには電力事業者は Offer，ガス事業者は Bid のポジションを取ればよい（土方 (2003)）．

さて，電力事業者とガス事業者にとってのスワップ取引の価値は，前出の Option pricing formula を用いることで明らかになる．電力事業者にとっての公正価値を *Offer*，ガス事業者にとっての公正価値を *Bid* とする．式 (11) より公正価格に対しては価格の加法性が成立するので，式 (14)，(15) から Offer，Bid 各々の公正価格は以下の式で与えられることがわかる．

$$Offer\,(Call_1, Put_1) = Put_1 - Call_1 \tag{16}$$

$$Bid\,(Call_2, Put_2) = Call_2 - Put_2 \tag{17}$$

簡単な計算によって，つぎの結果を得る．

$$Offer = \lambda e^{-r_1 T}(-S(0)\,e^{(r_1-q_1)T} + K) \tag{18}$$

$$Bid = \lambda e^{-r_2 T}(S(0)\,e^{(r_2-q_2)T} - K) \tag{19}$$

つづいて，この結果を利用して，電力事業者とガス事業者の間でスワップ取引を行うにあたっての適切な条件を考察する．本論文では特に，権利行使指数 K の設定条件について議論する．以降の議論ではスワップ取引において支払われるプレミアムは互いにゼロであると仮定する．まず，Davis (1998) による公正価格の概念について再度確認する．公正価格とは，オプションを購入する事業者が期待効用最大化の観点から支払ってもよいと考えるプレミアムの上限，すなわち留保価格であった．このことは，もしオプションを公正価格以下

で購入するならその購入によって期待効用が改善されることを意味している．したがって，本論文が議論の対象とするスワップ取引においては，支払われるプレミアムが互いにゼロであることから，もしOfferの公正価格が非負なら，電力事業者にとってリスクスワップは期待効用の改善という観点から望ましい取引である．同様に，Bidの公正価格が非負なら，ガス事業者にとってもリスクスワップは望ましい．

これらの事実から，電力事業者とガス事業者双方に対して期待効用を改善するようなスワップレート K の取引範囲を求めることができる．式 (16)，(17) より，Offer の公正価格が非負であると同時に Bid の公正価格が非負である K の範囲はつぎで表される．

$$Offer \geq 0 \quad \text{and} \quad Bid \geq 0 \tag{20}$$

式 (18)，(19) を式 (20) に代入すればつぎの結果を得る．

$$\lambda e^{-r_1 T}(-S(0)e^{(r_1-q_1)T}+K) \geq 0 \quad \text{and} \quad \lambda e^{-r_2 T}(S(0)e^{(r_2-q_2)T}-K) \geq 0 \tag{21}$$

式 (21) を $\lambda e^{-r_i T} > 0 (i=1,2)$，$S(0) > 0$ に注意して整理することで，結局，権利行使指数 K について以下の条件式を得る．

Risk swap condition

$$S(0)e^{(r_1-q_1)T} \leq K \leq S(0)e^{(r_2-q_2)T} \tag{22}$$

ただし，

$$r_1 - q_1 = \nu - \eta^2 - \eta\sigma_1\rho_1$$
$$r_2 - q_2 = \nu + \eta^2 - \eta\sigma_2\rho_2$$

したがって，式 (22) によって表される権利行使数 K の範囲で電力事業者とガス事業者がリスクスワップを行うとき，取引は Pareto improving であり，より望ましい経済状態を達成しているといえる．この Risk swap condition こそがわれわれが本節の議論を通じて示したかった結果である．

つづいて，Risk swap condition の意味について考察を続ける．まず，前節の結果から，$r_i - q_i$ は，事業者 i に対する気温リスクを加味した確率測度 $\hat{P}_i$ によって変換された原資産過程のドリフトであると解釈できた．よって，$S(0)e^{(r_1-q_1)T}$ は，単に気温インデックスの期待値を表すのではなく，電力事業者が冷夏リスクを加味して評価した気温インデックスの期待値を表していると

考えられる．したがって左の不等号は，電力事業者が冷夏リスクを加味して評価した原資産の期待値を K が上回るとき，電力事業者にとってスワップが期待効用最大化の観点から適切な取引となることを意味している．同様に，$S(0)e^{(r_2-q_2)T}$ は，ガス事業者が猛暑リスクを加味して評価した気温インデックスの期待値を意味するから，右の不等号は，ガス事業者が猛暑リスクを加味して評価した原資産の期待値を K が下回るとき，ガス事業者にとってスワップが期待効用最大化の観点から適切な取引となることを意味している．

4 名古屋地区気温モデルに基づくリスクスワップ取引の感度分析

以上3節で，われわれは気温オプションのスワップ取引について，期待効用の観点から Pareto improving となる権利行使指数 K の理論的な取引範囲について考察してきた．本節では，例示的設定のもとで Pareto improving となる K の感度分析を行い，その結果について議論する．例としては，名古屋地区気温に基づく CDDs を想定し，パラメータ値としては Emoto and Misawa (2007) による推定結果を用いることにする．

まず，Emoto and Misawa (2007) による名古屋地区気温モデルおよびそれに基づく CDDs の推定結果を簡単に紹介する．はじめに，気温時系列のトレンド部分と確率変動部分を分離することによって日次平均気温 $A(t)$ を

$$A(t) = \bar{A}(t) + D(t)$$

と定義する．ただし，$\bar{A}(t)$ は周期を $t=365$ 日とした t 日の長期平均気温，$D(t) = A(t) - \bar{A}(t)$ は t 日における長期平均気温周りの偏差である．すなわち，$\bar{A}(t)$ はトレンド部分，その偏差 $D(t)$ は確率変動部分であり，$A(t)$ はそれらの和として表されている．

Emoto and Misawa (2007) は上の分離モデルにおいて $D(t)$ 列が ARMA (p,q) モデル

$$D(t) = \sum_{i=1}^{p} \phi_i D(t-i) + \sum_{j=0}^{q} \psi_j \varepsilon(t)$$

(ただし，$\psi_0=1$，$\varepsilon(t)$ は平均 0 のガウスノイズ列) に従うと仮定し，16 年間

分（1990～2005）の名古屋地区日次平均気温データを対象にその次数とパラメータを推定している（データの出典は気象庁ホームページ http://www.jma.go.jp/jma/indexe.html）．

Emoto and Misawa（2007）による推定結果は以下の通りである．
- 最適なモデルの次数は，ARMA（6,4）．
- パラメータの推定結果：
  $\phi = (0.183, 0.273, 0.462, 0.537, -0.652, 0.154)$
  $\psi = (0.616, 0.0609, -0.493, -0.917)$
  $\text{Var}(\varepsilon) = 2.354$．

なお，次数の選択基準は AIC に拠っている．

この結果を用いて ARMA モデルのシミュレーションを行うことにより実現された CDDs のシミュレート分布から，式（3）のパラメータを推定することができる．ここでは，$N=31, 62, 92$ に対する Emoto and Misawa（2007）の推定結果を表 5-1 に示した．ただし，N は式（1）で定義された CDDs の累積日数である．

さて，以上で示された結果を用いて，名古屋地区気温に基づく CDDs を原資産とするリスクスワップ取引を対象として，例示的なパラメータ設定による感度分析を行うことで，Pareto improving なスワップレート K の設定範囲を考察する．ここでは，商品価格のボラティリティ σ_i と商品価格と CDDs の相関 ρ_i に着目して感度分析を行う．

以降の価格実験における入力条件を以下に示す．$S(0)=186.8$，$\nu=0.0149$，$\eta=0.0105$，$\mu_1=0.01$，$\sigma_1=0.02$，$\mu_2=0.01$，$\sigma_2=0.01$，$T=92$．ただし，ρ_i の値について特にことわりのない場合は $\rho_i=0.5(i=1,2)$．また，原資産 CDDs のパラメータには上述の Emoto and Misawa（2007）の推定結果（$N=92$）を用いる．

表 5-1 (ν, η) の推定結果

N	ν	η
31	0.0197	0.0232
62	0.0178	0.0130
92	0.0149	0.0105

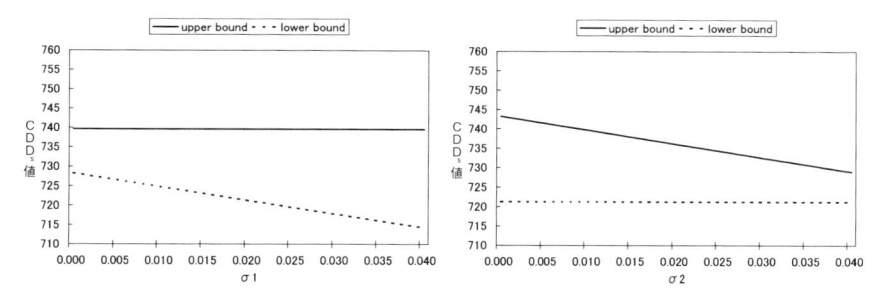

図 5-1 商品価格の拡散係数 $\sigma_i (i=1,2)$ に関するスワップレート K の変化
左図，右図はそれぞれ電力価格のボラティリティ σ_1，ガス価格のボラティリティ σ_2 に対する K の変化をプロットしている．実線が K の上限，破線が下限である．

では，本節の目的である K についての感度分析結果を示す．まず，図 5-1 は，σ_1，σ_2 に関する結果である．図の実線・破線はそれぞれ，Risk swap condition によって計算される K の範囲の上限・下限である．

まず左図を見ると，K の下限，すなわち電力事業者の立場から適切な取引範囲となる K の下限は，σ_1 に対して単調に減少してゆく．σ_1 とは電力スポット価格の不確実性を表すパラメータであったから，電力事業者は電力価格の動きが不確実であればあるほど，適切な取引範囲となる K の下限を引き下げることがわかる．

一方，右図においては，K の上限，すなわちガス事業者の立場から適切な取引範囲となる K の上限が，σ_2 に対して単調に減少してゆく様子が示されている．σ_2 とはガススポット価格の不確実性を表すパラメータであったから，ガス事業者はガス価格の動きが不確実であればあるほど，適切な取引範囲となる K の上限を引き下げることがわかる．

つづいて，図 5-2 を示す．これは，ρ_1，ρ_2 に関してそれぞれ感度分析を行った結果である．

図 5-1 と同様に，図の実線・破線はそれぞれ，Risk swap condition によって計算される K の範囲の上限・下限を表している．まず左図を見ると，K の下限，すなわち電力事業者の立場から適切な取引範囲となる K の下限は，ρ_1 に対して単調に減少してゆく．ρ_1 とはCDDsと電力スポット価格の相関であ

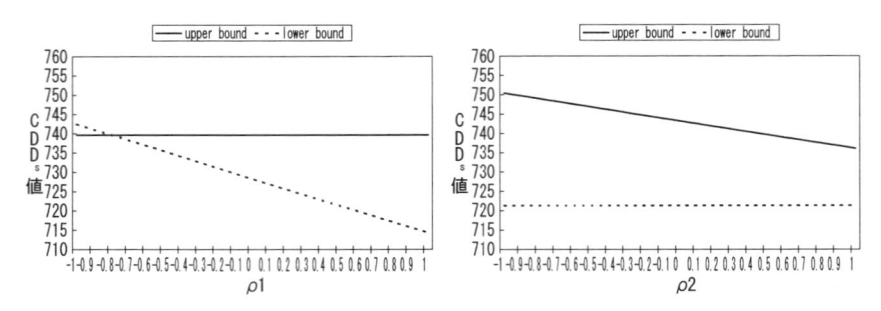

図 5-2 商品価格と原資産 CDDs の相関係数 $\rho_i (i=1,2)$ に関するスワップレート K の変化
左図，右図はそれぞれ電力価格と CDDs の相関 ρ_1，ガス価格と CDDs の相関 ρ_2 に対する K の変化をプロットしている．実線が K の上限，破線が下限である．

ったから，電力事業者は CDDs と電力価格の相関が 1 に近づくほど，適切な取引範囲となる K の下限を引き下げることがわかる．

この結果はつぎのように解釈できるように思われる．ρ_1 が 1 に近づくことは，もし冷夏だった場合，電力価格が低くなる傾向があることを意味する．したがって，ρ_1 が 1 に近いほど電力事業者の直面する冷夏リスクは大きくなる．このため，電力事業者はスワップ取引の価値をより高く見積もるようになると考えられる．図においては，$-1 \leq \rho_1 < -0.8$ の範囲において，電力事業者が取引を行ってもよいと考える K の下限がガス事業者の立場から適切となる K の上限を上回っているので，この範囲においては取引が成立しない．

一方，右図においては，K の上限，すなわちガス事業者の立場から適切な取引範囲となる K の上限が，ρ_2 に対して単調に減少してゆく様子が示されている．ρ_2 とは CDDs とガススポット価格の相関であったから，ガス事業者は CDDs とガス価格の相関が 1 に近づくほど，適切な取引範囲となる K の上限を引き下げることがわかる．この結果に対しても，電力事業者のケースと同様の解釈を与えることができる．すなわち，CDDs とガス価格の相関が 1 に近づくことは，もし猛暑だった場合，ガス価格が高くなる傾向があることを意味するので，ガス事業者にとっての猛暑リスクは，CDDs とガス価格の相関が高い場合，CDDs それ自体の上昇によってある程度ヘッジ可能である．そのため，

ガス事業者はスワップ取引の価値をより低く見積もるようになると考えられる．

5 お わ り に

本論文で得られた結果をまとめる．まず，Davis (2001) の価格付けモデルを適用することで，気温と収益が逆比例の関係にある事業者に対する気温オプションの公正価格を導出した．つづいて，得られた結果の応用として，夏季の電力事業者とガス事業者間の気温オプションスワップ取引を公正価格に基づき考察し，期待効用最大化の観点から，両事業者が取引すべき Pareto improving なスワップレート K の範囲を明示することができた．さらに，名古屋地区気温に基づく CDDs を想定することで，例示的設定のもとでの K の感度分析を行った．その結果，Pareto improving な K の範囲は価格過程 $P_i(t)$ の拡散係数である $\sigma_i(i=1,2)$，$P_i(t)$ と原資産過程 $S(t)$ の相関である $\rho_i(i=1,2)$ について，ともに下方に移動することを確認した．

最後に，今後の課題を述べる．

1. 本論文においては，原資産過程ならびに価格過程を幾何ブラウン運動によってモデル化している．しかし，実際の気温データから算出される CDDs 過程が自己相関をもつこと，電力価格の動きにスパイクが観察されることなどを鑑みると，これらのより現実に即したモデル化は，より精度の高いモデルの構築に有効であると思われる（Brody et al. (2002), Caballero et al. (2002), Torró et al. (2001), 刈谷・Tee・郷古(2004)）．

2. 3節で提案したスワップモデルにおいては，Pareto improving な K のスワップレートの範囲が Risk swap condition によって与えられているが，その範囲の中から実際どのような水準の K が選択されるかは興味深い課題である．

3. 本論文では換金率 λ を所与としたが，この仮定を緩め，最適な λ について考察したい．

4. 本論文における議論に対して，エディターからつぎのようなご指摘を頂いた．

   Davis の結果は無リスク資産の存在を仮定していないが，もし仮に無リス

ク資産が取引可能な場合，無リスク資産と派生証券の間で裁定取引が可能である．例えば，つぎのようにして裁定機会を作り出すことができる．

例：
- 無リスク利子率を a とし，$a > r_i$ とする．
- 時点0：先渡し契約（ショート）と同時に式（12）の先渡価格の現在価値 $e^{-r_i T}\hat{E}[B(S(T))]$ を受け取り，無リスク資産に投資する．さらに，同時に，$\hat{p}_i = 0$ として定まるゼロコストスワップレート K に基づくゼロコストスワップ契約をロングポジション（スワップ価格は $\hat{E}[B(S(T))]$ で結ぶ．
- 時点 T：無リスク資産価値は $e^{(a-r_i)T}\hat{E}[B(S(T))]$ であるが，スワップ価格は $\hat{E}[B(S(T))]$ であるので，$(e^{(a-r_i)T}-1)\hat{E}[B(S(T))]$ が裁定利益として残る．

以上の指摘についてであるが，本論文では，Davisの仮定から導かれる結果の簡易性を重視したため，その観点から無リスク資産の存在は考慮しなかった．また，実務的な観点からは，気温オプションの効用無差別的な購入価格（2節の結果）ならびにPareto improvingなスワップレートの取引範囲を明示的に与えた（3節の結果）ことは有用な結果であると思われる．今後，上記の指摘点を考慮し，無リスク資産を含めた価格付けモデルの考究についても課題として取り組みたい．

〔参考文献〕

刈谷武昭・Tee Kian Heng・郷古浩道（2004），「ARCH型分散変動モデルによる気温リスクスワップの検証」Discussion Paper No.0401，京都大学経済学研究所金融工学研究センター．

佐藤賢一・森平爽一郎（1999），「気温デリバティブズの価格評価と事業者財務ヘッジング」『99年冬季JAFEE講演予稿集』231-238．

佐藤賢一（2002），「ウェザーデリバティブの価格分析」『MTEC報告集』72-88．

土方薫（2003），『総論天候デリバティブ―天候リスクマネジメントのすべて―』シグマベイズキャピタル．

Brockett, P.L., M. Wang, C. Yang and H. Zou (2006), "Portfolio Effects and

Valuation of Weather Derivatives," *Financial Review*, **41**, 55-76.

Brody, D.C., J. Syroka and M. Zervos (2002), "Dynamical pricing of weather derivatives," *Quantitative Finance*, **2**, 189-198.

Caballero, R., S. Jewson and A. Brix (2002), "Long memory in surface air temperature : detection, modeling, and application to weather derivative valuation," *Climate Research*, **21**, 127-140.

Cao, M. and J. Wei (2004), "Weather derivatives valuation and market price of weather risk," *Journal of Futures Markets*, **24**, 1065-1089.

Davis, M.A. (1998), "Option pricing in incomplete markets," Chapter 13 in *Mathematics of Derivative Securities*, edited by Dempster, M.A.H. and S. R. Pliska, Cambridge University Press, 216-226.

Davis, M.A. (2001), "Pricing weather derivatives by marginal value," *Quantitative Finance*, **1**, 305-308.

Emoto, Y. and Misawa, T. (2007), "Marginal value approach to pricing temperature options and its empirical example of daily temperatures in Nagoya," *Oi Konomika*, **44**(2), 1-16.

Henderson, V. (2002), "Valuation of claims on non-traded assets using utility maximization," *Mathematical Finance*, **12**, 351-373.

Henderson, V. (2007), "Utility indifference pricing-an overview," in *Indifference Pricing*, edited by Carmona, R., Princeton University Press, to appear.

Kariya, T. (2003), "Weather risk swap valuation," Discussion Papers in Economics, No.568, Kyoto University.

Nielsen, L. (1999), *Pricing and hedging of derivative securities*, Oxford University Press.

Platen, E. and J. West (2005), "A fair pricing approach to weather derivatives," *Asia-Pacific Financial Markets*, **11**, 23-53.

Torró, H., V. Meneu and E. Valor (2001), "Single factor stochastic models with seasonality applied to underlying weather derivatives variables," *European Financial Management Association*, Technical Report 60.

Yamada, Y. (2006), "Controlling business risks using weather drivatives," Proceedings of the American Control Conference, to appear.

（名古屋市立大学大学院経済学研究科）

6 風速予測誤差に基づく風力デリバティブの最適化設計*

山 田 雄 二

概要 風力発電は，CO_2 を排出しないクリーンエネルギーとして世界規模で注目される一方，将来の発電出力が風況に依存し確定的でないため，発電計画を立てるのが困難であることが知られている．これに対して，発電出力をあらかじめ予測し，発電計画を立てて取引市場に出すことができれば，風力発電における売電価値は向上するものと考えられる．ところが，このように発電出力を予測し取引に活用するには，出力予測誤差に起因する新たなリスクを考慮する必要がある．本研究の目的は，風力発電出力予測における予測誤差から生じる損失のリスクを，効果的にヘッジするための新たな天候デリバティブを提案することである．

本論文における風力デリバティブ構築の基本的な考え方は，発電出力予測誤差に伴う損失を，風速予測誤差に関するデリバティブでヘッジすることである．ここでは，まず，風速予測値を説明変数とするトレンド予測に基づく価格付け手法を用いて，時点ごとの風速実測値を原資産とする風速先物を導入する．つぎに，風速予測誤差の絶対値を原資産とする風力デリバティブを設計し，風力デリバティブの最適支払関数を求める．さらに，反復計算による損失関数と風力デリバティブの支払関数の同時最適化を行い，風力デリバティブを利用するのに最もヘッジ効果の高い損失関数と風力デリバティブの支払関数の構造を示す．また，実際のデータに対し，提案する風力デリバティブのヘッジ効果を検証する．

---

* 2007 年 4 月 17 日投稿受付，2007 年 7 月 3 日採択通知．
  本稿におけるデータをご提供いただいた伊藤忠テクノソリューションズ株式会社（CTC），ならびに同科学システム事業部福田　寿氏，谷川亮一氏，早崎宣之氏の貴重なご意見に謝意を表します．

1 は じ め に

　将来の気象条件や気象に関連する商品の需要などを予測し，仕入れや取引契約などに活用するといったニーズは，現実のビジネスにおいて少なからず高い．このように企業が気象予測に基づいて意思決定を行う場合，気象予測が外れれば，企業は事前に想定した収益が達成できなくなるという収益減少リスクを負う．本論文では，このような気象予測誤差によって生ずる損失のリスクを，効果的にヘッジする新たな天候デリバティブを提案する．また，提案する天候デリバティブの，風力発電ビジネスにおける気象予測誤差に起因する損失リスクヘッジ効果を検証する．

　通常の天候デリバティブの場合，その支払額は，決められた場所や時点（もしくは期間）における実際の気象データと，あらかじめ定められた取引水準によって決定される（Geman (1999)，土方 (2003)，刈屋 (2005)）．気象リスクは多くの企業が抱える問題であるが，電力事業における気象の影響は特に大きいものと考えられる．例えば，夏季や冬季の電力需要は，気温に大きく依存し，冷夏や暖冬における収益減少のリスクヘッジ手法として，気温インデックスを用いた天候デリバティブは，国内外問わず広く利用されてきている[1]．一方，電力供給側である発電事業主の観点からは，火力などの調整可能電源は気象の影響を受けにくいのであるが，風力や水力発電などの再生可能電源における気象の影響はより深刻である．特に風力発電は，近年，CO_2 を排出しないクリーンエネルギーとして世界規模で注目されており，風力発電事業におけるリスクヘッジに有効な天候デリバティブの開発と取引活性化は，今後，急務であると考えられる．

　風力発電の実用化における最大の問題点は，出力が発電時点の風況に依存するため，実際に発電を行うまで発電量が確定的でないことである．この問題を解決するため，最近では，局地的な気象解析によるシミュレーションモデルを利用することにより，翌日の風力発電量を予測し取引に活用する試みが実用化

---

[1] Price Waterhouse Coopers, "The 2006 PwC Survey," Weather Risk Management Association (http://www.wrma.org/).

されつつある（榎本・猪股・山田ほか（2000））．ところが，発電出力予測には一般に予測誤差が存在するため，発電出力予測誤差が原因で生じる損失のリスクをどのようにヘッジするかという新たな課題が生じる．本研究の目的は，このような損失を，効果的に補うための天候デリバティブを新たに提案することである．なお，提案する天候デリバティブは"風"を原資産とするので，総じて"風力デリバティブ"と呼ぶことにする．

本論文における風力デリバティブ構築の基本的な考え方は，発電出力予測誤差が原因で生じる損失を，風速予測誤差に関するデリバティブでヘッジすることである．ここでは，まず，風速予測値を説明変数とするトレンド予測に基づく価格付け手法（山田・飯田・椿（2006））を用いて，時点ごとの風速実測値を原資産とする風速先物を導入する．ここで，トレンド予測に基づく価格付けとは，価格付けに有意と考えられる変数を説明変数としてデータトレンドを推定し，天候デリバティブの価格を計算する手法である．つぎに，風速予測誤差の絶対値を原資産とする風力デリバティブを以下の手順で設計する．Step 1) 風力発電出力に対する予測値と実測値の関係をスプライン回帰式で記述し，残差を発電出力予測誤差とする．Step 2) 同様に，風況予測における風速予測値と実測値の関係をスプライン回帰式で記述し，残差を風速予測誤差とする．Step 3) 発電出力予測誤差に対し損失関数をあてはめ，これに対する風速予測誤差の絶対値のスプライン回帰を行い，風速予測誤差の絶対値に対する風力デリバティブの支払額を算出する．さらに，反復計算による損失関数と風力デリバティブの支払関数の同時最適化を行い，風力デリバティブを利用するのに最もヘッジ効果の高い損失関数と風力デリバティブの支払関数の構造を示す．また，実際のデータを用いて，風力発電ビジネスにおける風力デリバティブのヘッジ効果を検証していく．

2　予測誤差のリスクと風力デリバティブ

2.1　出力誤差に対する損失関数

地球環境問題に対する関心が高まる中，2003年4月より"電気事業者による新エネルギー等の利用に関する特別措置法（通称：RPS法）"が施行され，

電気事業者に対し販売電力量の一定割合以上を太陽光発電，風力発電といった新エネルギーで賄うことが義務づけられるなど，新エネルギーの一層の導入促進が求められている．しかし，風力発電や太陽光発電は，出力が天候や気象状況に大きく左右され，電力としての利便性は低く，したがって売買単価も低く見積もられる傾向がある．例えば，風力発電の場合，あらかじめ出力が定まらない成り行き発電における売電電力の価値は，3－4円/kWh 程度と想定されている（高野（2006））．これに対して，風況予測により翌日の出力を推定し，発電計画を立てて取引市場に出すことができれば，風力発電における売電価値は向上する．例えば，小島・仲林・井上ほか（2006）では計画発電可能な場合の売買単価を7円/kWh に，高野（2006）では10円/kWh 程度に見積もっている．

風力発電を利用して計画発電をする上では，発電出力予測は必要不可欠である．小島・仲林・井上ほか（2006）では，このような発電出力予測を用いた計画発電の実現可能性について検討している．そこでは，出力変動を補うために蓄電池を利用した場合のシミュレーションが行われているのであるが，事前通告した発電出力が達成されなかった場合のペナルティーとして，不足分1 kWh あたり10円の違約金が想定されている．これは，発電事業者にとっては，発電出力予測誤差に伴う損失と考えられる．一方，予定出力を上回る分の売電電力価値は，成り行き発電による電力の価値と見なすことができるので，高野（2006）より，3－4円/kWh 程度と推定される．さらに，予定出力が得られた場合の売電価格は7－10円/kWh 程度というように，風力発電を計画発電に利用する際の取引形態そのものが，発電出力誤差を原資産とするデリバティブ契約を潜在的に含むものになると考えられる．

このような取引形態において，仮に計画発電可能な場合の売買単価が7円/kWh である場合に，予定出力を上回る分の売電電力価値を3円/kWh とすると，この差額である7－3＝4円/kWh は以下の2通りの解釈が可能である．
- 予定出力を高く（精度よく）設定しておけば，本来，得られたであろう売電価格に対する機会損失．
- 予定出力以上の出力が得られたことによる超過収益．

図6-1 は，上記項目において前者を想定した場合の，発電出力誤差と損失の

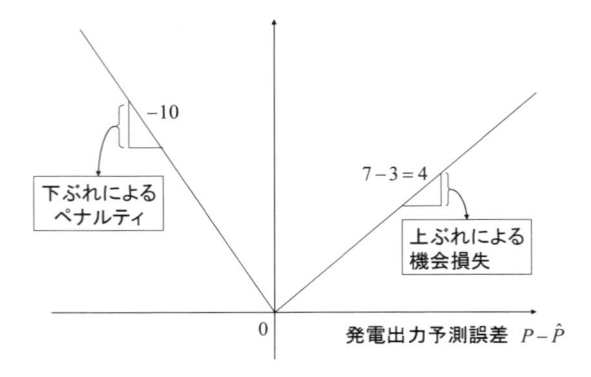

[図: 出力予測誤差 $P-\hat{P}$ を横軸、損失を縦軸とするV字型のグラフ。左側に「下ぶれによるペナルティ」(−10)、右側に「上ぶれによる機会損失」($7-3=4$)]

図 6-1　出力予測誤差によって想定される損失

関係を表す．ただし，$P-\hat{P}$ は，P を実際の発電出力，$\hat{P}$ を発電出力予測値（予定出力）とした場合の誤差（発電出力誤差）を表している．本論文の目的は，このような発電出力誤差に伴う損失リスクヘッジに有効な，風力デリバティブ構築法を提案することである．

2.2　本論文で取り扱う問題

デリバティブ契約では，一般に，取引の指標となる原資産（この場合は風況データ）に対して任意の支払構造を想定することができる．一方，損失関数の方は，例えば図 6-1 の例では，成り行き価格，計画発電による売電価格，予定出力が得られない場合のペナルティーによって決まる．このような損失関数は，現実の取引では必ずしも任意に決められるものではないが，発電業者側にしてみれば，どのような損失関数であれば風力デリバティブによるヘッジ効果が高いかを知ることには意味がある．また，売電契約そのものも，将来の取引価格が発電出力予測誤差に依存する一種のデリバティブ契約と見なすことができ，相対取引では，損失関数の形状が任意になるように設定することも原理的には可能である．このように，本論文では，風力デリバティブの支払関数，出力誤差による損失関数を設計パラメータに組み入れながら，非線形回帰を用いて最適な支払関数，損失関数を導出していく．具体的には，風速予測誤差を原資産とする風力デリバティブについて，以下の 4 通りの問題を考える．

1．線形損失関数に対する風速先物の最小分散ヘッジ問題（4 節参照）．

2. スプライン回帰による風力デリバティブの設計と，損失が出力予測誤差の絶対値に比例する場合の最適支払関数計算問題（5節参照）．
3. 風力デリバティブの支払関数が与えられる場合の最適損失関数計算問題（6節参照）．
4. 風力デリバティブの支払関数と出力予測誤差損失関数の同時最適化設計問題（7節参照）．

風速先物とは，風速予測誤差に支払額が比例する契約で，1.のケースは，与えられた損失関数および風速先物の支払関数のもとで，分散最小化の意味で最適な風速先物の取引ボリュームを求める問題となっている．一方，2.のケースは，損失関数が与えられる場合に，最適な風力デリバティブの支払関数を求める問題，3.のケースは，これとは逆にデリバティブの支払関数を固定し，最適損失関数を求める問題である．また，4.は，支払関数・損失関数の同時最適化問題である．以降では，上記4つの問題設定に対して，支払関数もしくは損失関数をそれぞれ導出し，風力デリバティブのヘッジ効果について検証していく．

3 事前準備

具体的に風力デリバティブを構築する前に，本節では，本論文で用いる非線形（ノンパラメトリック）回帰手法，出力予測データを得るための予測手法の概要，および個別データについて説明する．

3.1 平滑化によるノンパラメトリック回帰

ノンパラメトリック回帰とは，回帰関数の形を有限個のパラメータによって規定せずに推定するための統計技法である．単回帰の状況での平滑化はノンパラメトリック回帰の基盤であり，その代表的な考え方として散布図平滑化がある．この平滑化の手法には様々な提案がされているが，本論文ではスプライン平滑化を採用する．いま，次式のように系統変動 $h(x_n)$，残差変動 ε_n という説明変数で被説明変数 y_n を表現した際に，ε_n の分散を最小にするような平滑化スプライン関数 f を考える．

$$y_n = 系統変動 + 残差変動 = h(x_n) + \varepsilon_n, \quad n = 1, \ldots, N \quad (1)$$
$$\text{Mean}[\varepsilon_n] = 0, \quad \text{Var}[\varepsilon_n] = \text{Var}[\varepsilon_n] = \sigma^2$$

仮に,通常の最小二乗法で h を推定しようとすると,データ点を直接補間する曲線を得てしまう.そこで,代替的に,残差平方和に関数の平滑度を表すペナルティー項を加えたペナルティー付き残差平方和(PRSS:Penaralized Residual Sum of Squares)

$$\text{PRSS} = \sum_{i=1}^{n} \{y_n - h(x_n)\}^2 + \lambda \int \{h''(x)\}^2 dx \quad (2)$$

を最小にする h を求め,これを推定関数とする.この最適化により,スプライン平滑化が自然に導かれる.λ は平滑化パラメータと呼ばれ,この値を大きく選ぶほど,推定されるスプライン回帰関数は滑らかになる.

平滑化パラメータをデータに基づいてクロスバリデーションなどで選定することは,非線形構造の探索・診断に有用である.例えば,クロスバリデーションの結果,h に線形関数が選定される場合,その回帰式には一次式モデルのあてはまりが最も良いという示唆を与える.このような散布図平滑化の考え方は,Hastie and Tibshirani (1990) により一般化加法モデル(GAM:Generalized Additive Model)として概念の整備が進み,一般化加法モデルでは,説明変数が複数ある重回帰分析をノンパラメトリックにすることや正規分布以外の分布に従う目的変数の取り扱いが可能となっている.

3.2 出力予測の概要

谷川(2000)で説明されている風力発電出力予測手法の概要を示す.ただし,谷川(2000)での風力発電出力予測とは,伊藤忠テクノソリューションズ株式会社(CTC)が開発した局地気象評価予測システム(LOCALS)をベースとした風力発電出力シミュレーションモデルによって行われるものである.

風向や風速,気温,気圧,湿度,降水などの気象現象は,日射,放射,大気中の水蒸気量などが複雑に相互作用して生じる.これらの気象現象は,熱力学・流体力学に関する偏微分方程式として表現され,適切な境界条件を適用することにより数値的に再現することが可能である.これらの計算精度は,対応する偏微分方程式を解く際に用いるグリッドの大きさや境界条件に用いる数値

の正確さに依存し，同等の条件のもとでは，よりグリッド間隔が小さいほど，予測を行った際の精度も向上する．一方，グリッドをより細かくすることは，計算負荷の意味で予測精度との間にトレードオフを生じさせる．LOCALSは，20 km 間隔のグリッドを用いて計算される気象庁発表による予測データをもとに，広領域の計算から狭領域における計算を逐次的に行うことで計算効率と精度の向上を行う気象予測システムである．

LOCALS においては，気象庁が数値予報に用いている領域モデル (Regional Spectral Model；RSM) 予報値を初期値および境界値として用い，局地的な地形や土地利用状況を加味しながら，より精度の高いグリッド間隔に対する将来の風向・風速予測値が計算される．ただし，RSM 予報値は，毎日 9 時，21 時を初期値とした 51 時間先までの予報結果であり，3 時間間隔のデータ配信が民間気象会社に対して行われている．具体的には，第 k 日の風向・風速予測値をつぎの手順で計算する．

1. 前々日（$k-2$ 日）の 21 時を初期値とする RSM 予報結果を順次入力する．
2. 対象となる領域のグリッド間隔を狭めながら，前日（第 $k-1$ 日）の 12 時までに，予測の対象となる第 k 日の 24 時間分の風向・風速予測値を計算する．

風速予測値が求まれば，既知の発電機出力特性から，翌日 1 時間ごとの予測発電機出力が導出される（榎本・猪股・山田ほか (2000)）．

3.3 個別データ解析

ここでは，日本国内のあるウィンドファーム（Wind Firm；WF）と呼ばれる集合型風力発電所に対する，以下の実測値/予測値の実データを用いる．

1. 観測塔風速実測値 $[m/s]$；$W_n, n=1,\ldots,N$
2. 観測塔風速予測値 $[m/s]$；$\hat{W}_n, n=1,\ldots,N$
3. WF 発電出力実測値 $[W]$；$P_n, n=1,\ldots,N$
4. WF 発電出力予測値 $[W]$；$\hat{P}_n, n=1,\ldots,N$

観測塔は WF 内に設置されており，風速実測値とは観測塔で実際に測定されたもの，風速予測値はその予測値を指す．また，WF 発電出力は WF にお

ける全ての風車から得られる総発電出力である．

3.3.1 使用データ概要

本論文で使用するデータは，2002年から2003年の期間における上記1—4の1時間ごとの実測値・予測値約1年分である[1]．それぞれのデータは，午前0時から1時間間隔で，1日あたり24個記録されているが，ここでは，これらのデータを単純に時間的に早い順に並べたものをオリジナルのデータとする．例えば，＊月＊＊日午前0時を初期時点とする観測塔風速実測値を $W_n, n=1,\ldots,N$，同時点における発電出力の実測値を P_n とし，対応する予測値を，それぞれ，$\hat{W}_n$，$\hat{P}_n$ としている．なお，オリジナルのデータ配列の各変数のサンプル数は8724であるが，ここから，測定結果に欠損値が含まれる場合は，その時点におけるデータ（実測値，予測値とも）を全て削除する．結果として，得られる各変数のサンプル数は $N=8645$ である．

図6-2は，このように欠損値を除外した場合の，観測塔風速実測値 [m/s] とWF出力実測値 [W] の散布図である．ばらつきはあるものの，図6-2から，風速と発電出力に以下の傾向があることがわかる．

● 風速が2[m/s]を超えたあたりから発電が行われ始め，

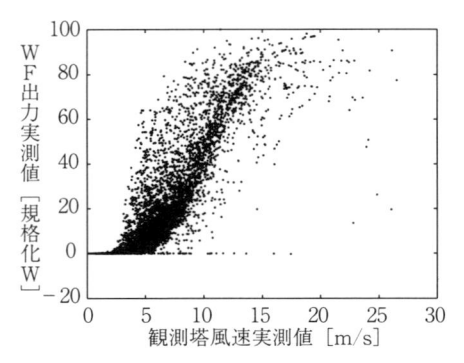

図 6-2 観測塔風速実測値 [m/s] と WF 出力実測値 [W] の散布図
ただし，WF 出力は最大値が100になるように規格化されている．

---

1) これらの実データは，伊藤忠テクノソリューションズ株式会社（CTC）より提供されたものを用いた．ただし，WF発電出力実測値および予測値については，WF発電出力実測値の最大値が100となるように，各データに同じ数値を掛けることによって規格化されている．

- 5—15 [m/s] の間では，風速の増加とともに発電出力が増加する．
- 15 [m/s] を超えたあたりから，発電出力は一定の値以上超えなくなる．

このような傾向は，1機ごとの発電機出力特性とも適合している．

実際には，安全のため，風速が一定値を超えたところでは発電が行われなくなるように発電機は設計されており，その影響で，風速実測値が高い (20 [m/s] 以上) にもかかわらず出力が低いサンプルがいくつか見受けられる．また，ある程度 (3—4 [m/s] 以上) の風速が観測されているにもかかわらず発電出力が 0 となるようなサンプルもまた，何らかの理由で発電が行われていなかったものと考えられ，欠損値として差し支えない．よって，本シミュレーションでは，これらのサンプルはヘッジ対象より外すこととする．具体的には，以下の条件を満たすサンプルを除外する．

1. 風速実測値が 5 [m/s] 以上であるにもかかわらず，発電出力が 0 以下のもの．
2. 風速実測値が 22 [m/s] 以上のもの．

なお，上記条件 1 を満たすサンプルの数は 33 で全体の約 0.4%，上記条件 2 を満たすサンプルの数は 16 で全体の約 0.2% である．図 6-3 の左の図は，条件 1 を満たすサンプルのみ除外したもの，右の図は条件 1 と 2 両方を満たすサンプルを除外した場合の，観測搭風速実測値と WF 出力実測値の散布図である．

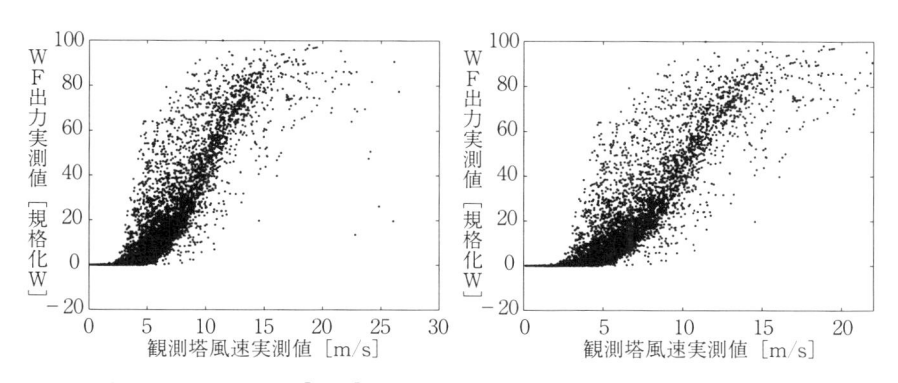

図 6-3 観測塔風速実測値 [m/s] と WF 出力実測値 [規格化 W] の散布図
左の図は，図 6-2 のサンプルから，風速が 5 [m/s] 以上であるにもかかわらず出力が 0 以下であるものを除去した場合，右の図は，さらに風速実測値が 22 [m/s] 以上のもを除去した場合．

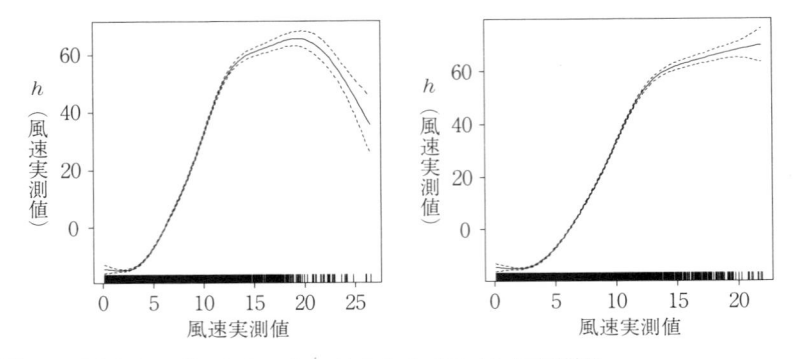

図 6-4 図 6-3 のデータセットに対するスプライン回帰関数
ただし，図の実線で与えられるスプライン回帰関数は，関数上の点のサンプル平均が 0 になるになるように正規化されている．

図 6-4 の左右の図は，図 6-3 の左右の図のデータセットに対し，次式の PRSS を最小化するスプライン回帰関数 $s(\cdot)$ を，それぞれ表示したものである．

$$\text{WF 出力実測値} = s(\text{風速実測値}) + \varepsilon_n, \quad n=1,\ldots,N \tag{3}$$

両図の実線は，図 6-3 のデータを近似するスプライン回帰関数であり，点線は 5% の信頼区間である．ただし，これらのスプライン回帰関数は，関数上の点のサンプル平均が 0 になるになるように正規化されている．以降では，図 6-3 の右図に表示されるサンプルに対して分析を行う．

3.3.2 風速と発電出力の個別分析

実際に，実測データと予測データに対してスプライン回帰分析を適用し，回帰関数を求める[2]．まず，WF 発電出力実測値 P_n と WF 発電出力予測値 $\hat{P}_n$ に線形回帰をあてはめる．図 6-5 は，WF 発電出力実測値 P_n と WF 発電出力予測値 $\hat{P}_n$ 関係を，y 軸方向のサンプル平均が 0 となるようにして表示した偏残差プロットである．ただし，図の右上がりの直線は，対応する回帰直線であり，次式の残差分散 $\text{Var}(\varepsilon_{p,n})$ を最小化する直線とその傾きは等しい．

$$P_n = a_p \hat{P}_n + b_p + \varepsilon_{p,n}, \quad n=0,\ldots,N, \quad \text{Mean}(\varepsilon_{p,n})=0 \tag{4}$$

実際に計算された (4) 式における $\hat{P}_n$ の回帰係数 a_p および切片 b_p の値は以下の通りである．

---

[2] 本論文における平滑化スプライン関数の計算は全て，R 2.4.1 (http://cran.r-project.org/) の関数 gam( ) を用いて行われている．

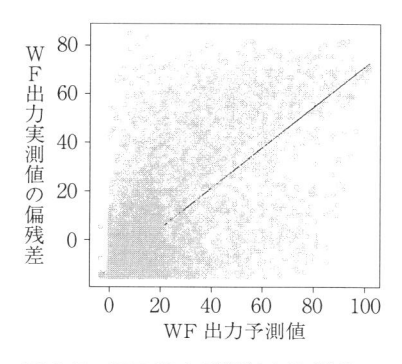

図 6-5　WF 出力予測値と実測値の偏残差プロット

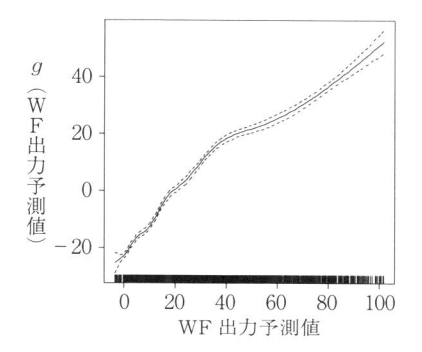

図 6-6　WF 出力実測値に対する予測値のスプライン関数

$$a_p = 0.832, \quad b_p = 3.03 \tag{5}$$

なお，これらの値は 0.1％ 水準で有意である．一方，仮に予測値と実測値が平均的に見て等しい，すなわち，

$$\mathrm{Mean}(P_n) = \mathrm{Mean}(\hat{P}_n) \tag{6}$$

であれば，$a_p \simeq 1$，$b_p = 0$ が成り立つはずである．ところが，a_p の標準誤差は 0.00889 であり，対立仮説 $a_p \neq 1$ に対する帰無仮説 $a_p - 1 = 0$ は，有意水準 0.1％ で棄却される．したがって，実測値に対して予測値はバイアスをもつことになる．このように線形回帰によって，

$$\mathrm{Mean}(P_n) = a_p \cdot \mathrm{Mean}(\hat{P}_n) + b_p \tag{7}$$

となるよう a_p，b_p を求めることは，予測値と実測値の間のバイアスを，線形補正することに対応する．

これに対して，スプライン回帰

$$P_n = g(\hat{P}_n) + \varepsilon_{p,n} \tag{8}$$

をあてはめた場合，

$$\mathrm{Mean}(P_n) = \mathrm{Mean}(g(\hat{P}_n)) \tag{9}$$

が成り立つ．このように，本論文で行う分析のようにスプライン回帰分析を用いることは，バイアス補正にノンパラメトリックな非線形関数を用いることに対応している．図 6-6 の実線は，WF 出力実測値と予測値にスプライン回帰をあてはめた場合の回帰関数を表している．両者の残差分散を比較すると，線形

回帰の場合が

$$\mathrm{Var}(\varepsilon_{p,n})=249$$

であるのに対して，スプライン回帰の場合が

$$\mathrm{Var}(\varepsilon_{p,n})=239 \tag{10}$$

であり，残差分散低減化の意味でスプライン回帰を用いることによる改善が見られることがわかる．

つぎに，観測塔風速実測値と予測値について同様の分析を行う．図6-7は，風速実測値 W_n と風速出力予測値 $\hat{W}_n$ の関係を示す偏残差プロットである．ただし，風速予測値は LOCALS によって計算されている．また，図中の直線は，対応する回帰直線であり，その傾きは，次式の残差分散 $\mathrm{Var}(\varepsilon_{w,n})$ を最小化する a_w に等しい．

$$W_n = a_w \hat{W}_n + b_w + \varepsilon_{w,n}, \quad n=0,\ldots,N \tag{11}$$

ただし，本データに対しては，

$$a_w = 0.808, \quad b_w = 0.904 \tag{12}$$

であり，これらの値は 0.1% 水準で有意である．一方，図6-8は，観測塔風速実測値に対する予測値のスプライン関数であり，次式の PRSS を最小化する $f(\cdot)$ を実線として表示している．

$$W_n = f(\hat{W}_n) + \varepsilon_{w,n}, \quad n=0,\ldots,N \tag{13}$$

これら両回帰式に対する残差分散 $\mathrm{Var}(\varepsilon_{w,n})$ を比較すると，線形回帰の場合が 5.12 であるのに対してスプライン回帰の場合が 4.95 であり，若干であるが

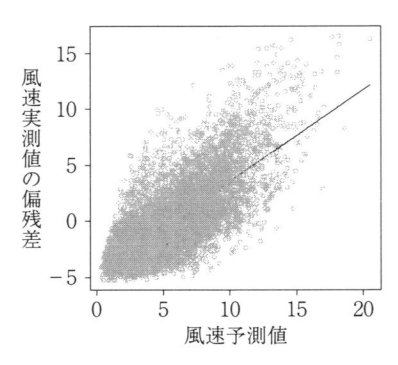

図 6-7　観測塔風速予測値と実測値の偏残差プロット

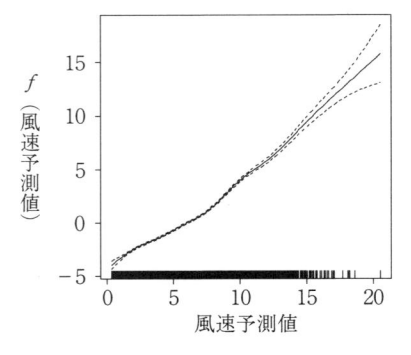

図 6-8　観測塔風速実測値に対する予測値のスプライン関数

表 6-1 予測誤差分散の比較

回帰手法（説明変数）	残差分散
線形（LOCALS 予測値）	5.12
Spline（LOCALS 予測値）	4.95
線形（RSM 予測値）	5.79
Spline（RSM 予測値）	5.66

分散の値が改善されている．ちなみに，同様の分析を RSM による風速予測値を用いた場合，線形回帰における残差分散は 5.79，スプライン回帰における残差分散は 5.66 であり，ともに LOCALS による風速予測値を用いた方が，回帰によって補正を行った後の残差分散の意味で，より高い予測精度が得られることがわかる．表 6-1 は，これら残差分散を比較したものである．

4 風速先物を用いた最小分散ヘッジとヘッジ効果

本節では，風速予測値を説明変数とするトレンド予測に基づく価格付け手法を用いて，時点ごとの風速実測値を原資産とする風速先物を導入する．ただし，トレンド予測に基づく価格付けとは，価格付けに有意と考えられる変数を説明変数としてデータトレンドを推定し，天候デリバティブの価格を計算する手法（付録 A 参照）であり，山田・飯田・椿（2006）では，気温を原資産とする天候デリバティブに対して有効性が検証されている．ここでは，トレンド予測に 3.1 項で導入した平滑化スプライン回帰（もしくはそれを多変量に拡張した一般化加法モデル）を用いて，風速先物価格を導出する．

4.1 風速先物

3.3 項のように，W_n を時刻 n における観測風速 $[m/s]$ とし，対応する風速の予測値を $\hat{W}_n$ とする．このとき，(13) 式で与えられるスプライン回帰モデルを考える．ただし，$f(\cdot)$ は，PRSS を最小化する平滑化スプライン関数である．実際に予測値 $\hat{W}_n$ が得られるのは，W_n が観測される数時間〜数日前であるので，$f(\hat{W}_n)$ の具体的な値は，契約時点では一般に求めることはできない．一方，関数 $f(\cdot)$ 自体は，過去の実績データから推定することができる．

そこで，ここでは先物価格そのものを契約時に固定するのではなく，実測値と予測値との関係を表す関数 $f(\cdot)$ を求め，実際に風速データの予測値および実測値が観測された時点で，支払額が決定する先物契約を考える．本論文では，このような契約を風速先物と呼ぶことにする．風速先物においては，時点 n における支払額は，$W_n - f(\hat{W}_n) = \varepsilon_{w,n}$ で与えられる．

時点 n における風力発電出力を P_n [W] とし，P_n の予測値（予測発電出力）を $\hat{P}_n$ [W] とする．ここでは，実測値 P_n と予測値 $\hat{P}_n$ の関係を，平滑化スプライン回帰を用いて統計的に補正した残差を発電出力予測誤差として評価するものとする．すなわち，(8) 式を満たす残差 $\varepsilon_{p,n}$ を予測誤差とする．ただし，$g(\cdot)$ は PRSS を最小化する平滑化スプライン関数である．このような予測誤差においては，$\varepsilon_{p,n} > 0$ であれば，実測値が予測値を上回っているため余剰電力が発生し，$\varepsilon_{p,n} < 0$ であれば，予測値に対して実測値が下回っているため不足電力が発生すると考えられる．ここではまず，簡単のため，風力発電事業主の発電出力予測誤差による超過収益・損失が，単純に発電出力予測誤差 $\varepsilon_{p,n}$ に比例するものとする．

このとき，風速先物による最適ヘッジ問題は以下のように定式化される．ただし，超過収益・損失の $\varepsilon_{p,n}$ に対する比例定数は，一般性を失うことなく 1 としている．

問題 1 次式を最小化する Δ_n を求めよ．
$$\mathrm{Var}(\varepsilon_{p,n} + \Delta_n \varepsilon_{w,n}) \tag{14}$$
$\mathrm{Var}(\cdot)$ はサンプル分散を表す．また，$\mathrm{Mean}(\varepsilon_{p,n}) = 0$，$\mathrm{Mean}(\varepsilon_{w,n}) = 0$ であることに注意する．

ここでは計算を簡単にするため，以下の仮定をおく．
仮定 1 Δ_n は全ての期間において一定（$=\Delta$）である．

仮定 1 のもとで，$\mathrm{Var}(\varepsilon_{p,n} + \Delta \varepsilon_{w,n})$ を最小にする $\Delta = \Delta^*$ は，以下のように計算することができる．
$$\Delta^* = -\frac{\mathrm{Cov}(\varepsilon_{p,n}, \varepsilon_{w,n})}{\mathrm{Var}(\varepsilon_{w,n})} \tag{15}$$
(15) 式より，$\mathrm{Cov}(\varepsilon_{p,n}, \varepsilon_{w,n}) > 0$ であれば $\Delta < 0$ なので，発電電力予測誤差 $\varepsilon_{p,n}$ と風速先物の支払額 $\varepsilon_{w,n}$ が正の相関をもつ場合，発電事業主は，風速先

物に対してショートポジションとなるような契約を結ぶことになる．また，最小分散は，

$$\mathrm{Var}(\varepsilon_{p,n}+\Delta^*\varepsilon_{w,n})=\mathrm{Var}(\varepsilon_{p,n})(1-\mathrm{Corr}(\varepsilon_{p,n},\varepsilon_{w,n})^2) \tag{16}$$

で与えられる．これを，もとの電力収益分散 $\mathrm{Var}(\varepsilon_{p,n})$ で割ったものを，分散低減化率 V_r として定義すると，次式が成り立つ．

$$\text{"分散低減化率"}=V_r: =\frac{\mathrm{Var}(\varepsilon_{p,n}+\Delta^*\varepsilon_{w,n})}{\mathrm{Var}(\varepsilon_{p,n})}$$
$$=1-\mathrm{Corr}(\varepsilon_{p,n},\varepsilon_{w,n})^2 \tag{17}$$

ただし，$\mathrm{Corr}(\cdot,\cdot)$ は相関係数を表す．V_r は，

$$0\leq V_r\leq 1 \tag{18}$$

を満たし，その値が小さければ小さいほど風速先物によって分散が低減化されることがわかる．このことは，$\varepsilon_{w,n}$ によって定義される風速先物の支払額と発電出力予測誤差 $\varepsilon_{p,n}$ の相関が高ければ高いほど，風速先物のヘッジ効果が高いことを示す．

4.2 風速先物のヘッジ効果

実際に，問題1の最小分散ヘッジ問題を解く．最小分散ヘッジの場合，仮定1のもとで，

$$\mathrm{Var}(\varepsilon_{p,n}+\Delta\varepsilon_{w,n}) \tag{19}$$

を最小化する $\Delta=\Delta^*$ を求めるのであるが，このような Δ は図6-9における回帰直線の傾きから求めることができる．図6-9の回帰直線は，残差分散に対応

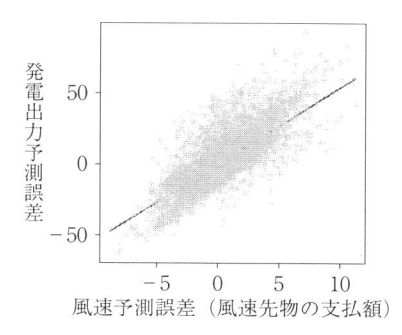

図 6-9 風速予測誤差 $\varepsilon_{w,n}$（風速先物の支払額）と発電出力予測誤差 $\varepsilon_{p,n}$ の散布図

する項
$$\mathrm{Var}(\varepsilon_{p,n} - a \cdot \varepsilon_{w,n}) \tag{20}$$
を最小化するように傾き $a=a^*$ を求めており,両者には
$$\Delta^* = -a^* \tag{21}$$
の関係がある.また,$a^* \cdot \varepsilon_{w,n}$ は,風速先物の最適支払額を表している.

実際に,図6-9の直線の傾きは $a^*=4.84$ として計算され,結果として
$$\Delta^* = -4.84 \tag{22}$$
のように Δ が求められる.この場合,Δ の符号は負であるので,風速実測値を原資産とする先物に対しては,発電事業主がショートポジションとなるような契約を結ぶことになる.また,$\varepsilon_{w,n}$ と $\varepsilon_{p,n}$ の相関係数は以下の通りである.
$$\mathrm{Corr}(\varepsilon_{p,n}, \varepsilon_{w,n}) = 0.697 \tag{23}$$
よって,(17)式から計算される分散低減化率 V_r は,
$$V_r = 1 - \mathrm{Corr}(\varepsilon_{p,n}, \varepsilon_{w,n})^2 = 0.514 \tag{24}$$
のように計算される.したがって,この例では,残差分散によって与えられる発電出力予測誤差に伴う損失リスクが,もとの値の51%まで低減化されることがわかる.

4.3 発電出力予測に風速予測値を用いた場合

前項の例では,発電出力実測値に対する予測値の回帰から得られる残差を発電出力予測誤差として分析を行った.本項では,発電出力実測値と同時点の観測塔風速に対する風速予測値の関係を用いて,同様の分析を行う.

時点 n の風速 W_n に対する予測値をこれまでと同じように $\hat{W}_n$ とした場合,$\hat{W}_n$ を説明変数とする発電出力実測値 P_n に対するスプライン回帰式は,図6-10の実線のように与えられる.ただし,この場合の残差分散は,$\varepsilon_{p,n}$ を回帰残差としたとき,
$$\mathrm{Var}(\varepsilon_{p,n}) = 254 \tag{25}$$
で与えられ,$\hat{P}_n$ を説明変数とした(10)式の残差分散239より大きな値をとる.一方,発電出力予測誤差と風速先物の支払額の関係は,図6-11のように与えられ,発電出力予測誤差に対する風速先物の分散低減化率は,
$$V_r = 0.425 \tag{26}$$

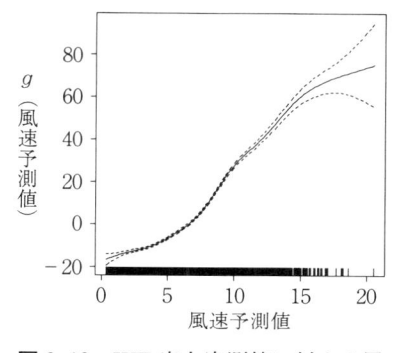

図 6-10 WF出力実測値に対する風速予測値のスプライン関数

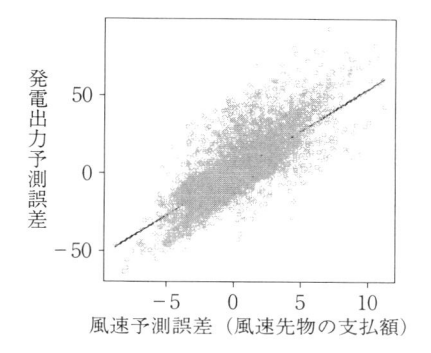

図 6-11 風速予測値を説明変数とした回帰による発電出力予測誤差のヘッジ

表 6-2 ヘッジ前後の残差分散の比較

	ヘッジ前の分散 [$\mathrm{Var}(\varepsilon_{p,n})$]	ヘッジ後の分散 [$\mathrm{Var}(\varepsilon_{p,n}+\Delta\varepsilon_{w,n})$]
①	239	123
②	254	108

のように計算される．よって，$\hat{P}_n$ を説明変数とした場合の分散低減化率（24）よりも小さくなることがわかる．

表6-2は，以下の2つのケースに対応する，ヘッジ前の残差分散（発電出力予測誤差分散）とヘッジ後の残差分散を比較したものである．

① $\hat{P}_n$ を説明変数とした場合の回帰残差を発電出力予測誤差としたケース
② $\hat{W}_n$ を説明変数とした場合の回帰残差を発電出力予測誤差としたケース

V_r の値が低いことは，分散低減化率の意味で②のケースの方が風速先物のヘッジ効果が高いことを示すのであるが，分散の値そのものを比べたとしても，実際に②のケースの方がヘッジ後の残差分散が低く抑えられていることがわかる．

5 スプライン回帰に基づく風力デリバティブと最適ヘッジ

前節の風速先物は，支払額が風速予測誤差に比例する契約であり，最小分散

ヘッジを与える最適ボリュームは，線形回帰の回帰係数によって計算された．本節では，スプライン回帰を用いることにより，より一般的に，支払関数が非線形で与えられる場合の最適風力デリバティブを計算する．さらに，予測誤差絶対値に基づく風力デリバティブの設計問題を同様の手法で解き，そのヘッジ効果について考察する．

5.1　スプライン回帰に基づく風力デリバティブの設計

(8), (13) 式を満たす $g(\cdot)$ と $f(\cdot)$ は図 6-6, 図 6-8 のように与えられ，$\varepsilon_{p,n}$, $\varepsilon_{w,n}$ は，それぞれ，発電出力予測誤差，風速予測誤差を表すとする．また，PRSS を最小化する平滑化スプライン関数を求める問題を，

$$\min_{h(\cdot)} PRSS(\varepsilon_{p,n} - h(\varepsilon_{w,n})), \quad \mathrm{Mean}[h(\varepsilon_{w,n})] = 0 \tag{27}$$

のように表現し，最適なスプライン関数を $h^*(\cdot)$ とする．線形回帰問題において，$a^* \cdot \varepsilon_{w,n}$ は風速先物の最適支払関数を表すのであるが，一般的に平滑化スプライン関数の場合も，$h^*(\cdot)$ は PRSS 最小化の意味で最適な支払関数を定義していると考えることができる．ただし，この場合は，先物ではなく，風速予測誤差 $\varepsilon_{w,n}$ を原資産とするデリバティブであり，$h^*(\cdot)$ は，電力事業主の超過収益・損益が $\varepsilon_{p,n}$ に比例する場合の，最適ヘッジを与えるデリバティブ契約の支払関数を与えている．

図 6-12 は，PRSS 最小化によって実際に計算された最適支払関数 $h^*(\cdot)$ を

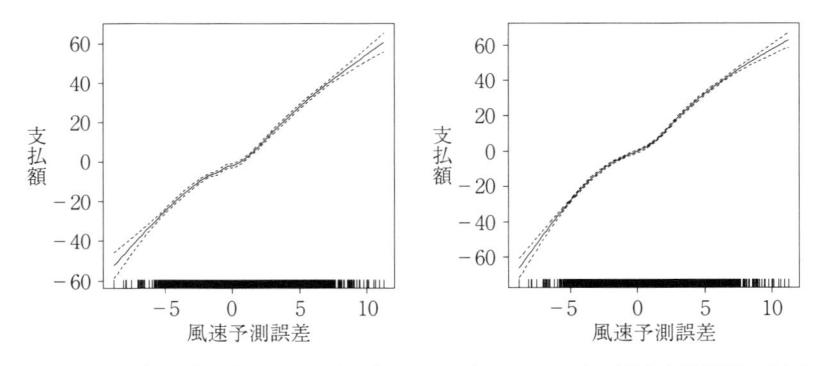

図 6-12　風速予測誤差 $\varepsilon_{w,n}$ を原資産とするデリバティブの最適支払関数 $h^*(\cdot)$
右図は，発電出力予測誤差の計算に風速予測値を用いた場合．

表す．また，このようなデリバティブ契約を用いた場合の分散低減化率は，

$$V_r = \frac{\mathrm{Var}(\varepsilon_{p,n} - h^*(\varepsilon_{w,n}))}{\mathrm{Var}(\varepsilon_{p,n})} = 0.498 \tag{28}$$

のように計算され，線形回帰の場合である（24）式と比べ，分散低減化率において若干の改善が見られる．

また，図 6-12 の右は，発電出力予測誤差の計算に風速予測値を用いた場合の支払関数である．同様に，分散低減化率を計算すると，

$$V_r = 0.407 \tag{29}$$

であり，この例でも，分散低減化率は線形回帰の場合と比べ，2% 程度改善されている．

5.2 風速予測誤差絶対値を原資産とする風力デリバティブ

つぎに，発電出力予測誤差によって生じる風力発電事業主にとっての損失が，発電出力予測誤差の絶対値に対して，ある定数 c を用いて以下のように与えられるケースを考える．

$$L_n = c|\varepsilon_{p,n}| \tag{30}$$

なお，ここでは，簡単のため，損失が発電出力予測誤差の絶対値 $|\varepsilon_{p,n}|$ に比例するとしたが，より一般的に，損失関数を，$|\varepsilon_{p,n}|$ に対する単調増加な関数で表現しても構わない．このような損失関数のもとで，損失リスクを最小化する風力デリバティブとして，原資産が風速予測誤差の絶対値によって与えられる風力デリバティブの設計問題を考える．

L_n の偏残差に対する以下のスプライン回帰を考える．

$$L_n - \mathrm{Mean}(L_n) = \psi(|\varepsilon_{w,n}|) + \varepsilon_{l,n} \tag{31}$$

ただし，$|\varepsilon_{w,n}|$ は風速予測誤差の絶対値であり，$\psi(\cdot)$ は，$\mathrm{Mean}(\varepsilon_{l,n}) = 0$ を満たす残差 $\varepsilon_{l,n}$ の PRSS を最小化する平滑化スプライン関数である．（31）式より，

$$\mathrm{Mean}[\psi(|\varepsilon_{w,n}|)] = 0 \tag{32}$$

であるので，PRSS 最小化は，平滑化条件のもとで擬似的に残差分散を最小化しているものと考えられる．すなわち，PRSS を最小にする $\psi(\cdot)$ を求めることは，損失 L_n と $\psi(|\varepsilon_{w,n}|)$ によって構成されるポートフォリオの分散

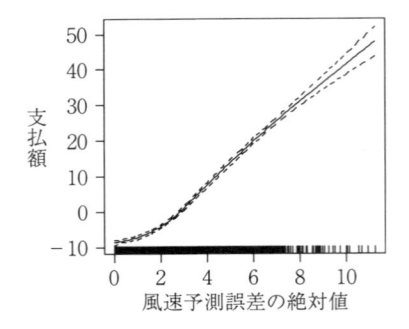

図 6-13 風速予測誤差の絶対値に対する風速デリバティブの支払額

$$\mathrm{Var}(\psi(|\varepsilon_{w,n}|) - L_n) \qquad (33)$$

を，平滑化条件のもとで最小化する問題を解くことに対応している．また，このような損失 L_n に対する最小分散ヘッジ問題を解く $\psi(\cdot)$ は，前項と同様，風速予測誤差絶対値を原資産とする派生証券契約の中で，平滑化条件付き最小分散の意味で最適な支払関数を与える．

図 6-13 は，L_n が発電出力予測誤差の絶対値に比例するとした場合の，最適なデリバティブ契約の支払関数を，平滑化スプライン回帰で求めたものである．ただし，実線は，スプライン関数 $\psi^*(\cdot)$ を表し，最適支払関数を与えている．また，横軸は風速予測誤差の絶対値であり，縦軸は支払額であるが，この例では発電出力予測誤差の絶対値に対する損失の比例係数を 1 としているため，縦軸の値にある定数を掛けたものが実際の金額に対応する．

この場合の分散低減化率は，以下の通りである．

$$V_r = \frac{\mathrm{Var}(\psi^*(|\varepsilon_{w,n}|) - L_n)}{\mathrm{Var}(L_n)} = 0.644 \qquad (34)$$

本例では，前節の先物のケースと比べて，分散低減化率 V_r が大きい値となる．これは，風速先物のヘッジシミュレーションの場合は，ヘッジ対象が発電出力予測誤差そのものであったが，この例では，発電出力予測誤差の絶対値がヘッジ対象であることに起因する．すなわち，$L_n = |\varepsilon_{p,n}|$ とした場合に，

$$\mathrm{Var}(L_n) = \mathrm{E}(|\varepsilon_{p,n}|^2) - (\mathrm{Mean}\,|\varepsilon_{p,n}|)^2 \qquad (35)$$
$$= \mathrm{Var}(\varepsilon_{p,n}) - (\mathrm{Mean}\,|\varepsilon_{p,n}|)^2 \qquad (36)$$

が成り立ち，損失を絶対値で評価することで既に，予測誤差そのもので評価し

た場合に比べて，$(\mathrm{Mean}|\varepsilon_{p,n}|)^2$ だけ分散の低減化が行われている．このことが理由で，分散低減化率を用いて相対的に評価する場合は，結果としてヘッジ効果も低く見積もられると考えることができる．ちなみに，分散の値そのものを評価した場合，ヘッジ前では発電出力予測誤差の分散が 239 であるのに対して発電出力予測誤差の絶対値の分散が 140，ヘッジ後のポートフォリオの分散として評価した場合は，それぞれ，123 と 90 であった．

6 損失関数の最適化問題

前節までの議論におけるスプライン回帰に基づく最適ヘッジは，発電出力予測誤差に伴う損失がその絶対値に比例するとの仮定のもとで，PRSS を最小化する平滑化スプライン関数による風力デリバティブの設計法を与えるものであった．これは，出力予測誤差と超過収益・損失の関係があらかじめ与えられているとの仮定のもとで，PRSS 最小化の意味で最適な風力デリバティブを求める問題を解くことに対応している．本節では，前節の議論とは逆に，風力デリバティブの支払関数が所与であるとの仮定のもとで，風力デリバティブによるヘッジ効果が最も高い出力予測誤差に対する超過収益・損失関数（以降，単に損失関数と呼ぶ）を，スプライン回帰によって求めることを考える．

6.1 風速予測誤差絶対値を原資産とする先物と最適損失関数

前節までと同様，$\varepsilon_{p,n}$，$\varepsilon_{w,n}$ はそれぞれ，スプライン回帰によって与えられる発電出力予測誤差，風速予測誤差を表すものとする．このとき，風速予測誤差の絶対値 $|\varepsilon_{w,n}|$ に対して，以下の値を考える．

$$F_n = |\varepsilon_{w,n}| - \mathrm{Mean}(|\varepsilon_{w,n}|), \quad n=1,\ldots,N \tag{37}$$

F_n は，風速予測誤差絶対値に対する偏残差であり，$\mathrm{Mean}(F_n)=0$ を満たす．また，$\mathrm{Mean}(|\varepsilon_{w,n}|)$ を先物価格と見なせば，F_n は風速予測誤差絶対値を原資産とする先物と考えることができる．

ここで，次式で与えられるスプライン回帰を考える．

$$F_n = \phi(\varepsilon_{p,n}) + \varepsilon_{f,n}, \quad \mathrm{Mean}(\varepsilon_{f,n})=0 \tag{38}$$

ただし，$\phi(\cdot)$ は，残差 $\varepsilon_{f,n}$ の PRSS を最小化する平滑化スプライン関数で

ある．スプライン回帰の場合，目的関数として残差の PRSS を最小にするように回帰を行うのであるが，このことは近似的に残差分散を最小化することに対応する．すなわち，(38) 式では，平均 0 の仮定のもとで，

$$\text{Var}(F_n - \phi(\varepsilon_{p,n})) \tag{39}$$

を最小化するように平滑化スプライン関数 $\phi(\cdot)$ を求めている．このような関数 $\phi(\cdot)$ を求めることは，F_n と $-\phi(\varepsilon_{p,n})$ の相関係数の絶対値

$$|\text{Corr}(F_n, \phi(\varepsilon_{p,n}))| \tag{40}$$

を最大化することと等価である．このことを概念的に示そう．

まず，(39) 式を最小化する平滑化スプライン関数を $\phi^*(\cdot)$ とする．このとき，(16) 式より，

$$\min_{a \in \Re} \text{Var}(F_n - a \cdot \phi^*(\varepsilon_{p,n})) = \text{Var}(F_n)[1 - \text{Corr}(F_n, \phi^*(\varepsilon_{p,n}))^2] \tag{41}$$

が成り立つ．したがって，

$$\text{Var}(F_n - \phi^*(\varepsilon_{p,n})) \geq \text{Var}(F_n)[1 - \text{Corr}(F_n, \phi^*(\varepsilon_{p,n}))^2] \tag{42}$$

であるが，ϕ^* は全ての平滑化スプライン関数について (42) 式の左辺を最小化しているので，

$$\text{Var}(F_n - a \cdot \phi^*(\varepsilon_{p,n})) \geq \text{Var}(F_n - \phi^*(\varepsilon_{p,n})), \quad {}^\forall a \in \Re \tag{43}$$

である．よって，

$$\text{Var}(F_n - \phi^*(\varepsilon_{p,n})) = \text{Var}(F_n)[1 - \text{Corr}(F_n, \phi^*(\varepsilon_{p,n}))^2] \tag{44}$$

が得られる．$\text{Var}(F_n)$ は一定であるので，結果として，$\text{Var}(F_n - \phi^*(\varepsilon_{p,n}))$ を最小化することと，F_n と $-\phi(\varepsilon_{p,n})$ の相関係数の絶対値 (40) 式を最大化することは等価であることがわかる．なお，実際には，分散そのものではなく平滑化条件のもとで PRSS を最小化するので，(44) 式は厳密には成立しないが，後に数値例で示されるように，近似的に高い精度で (44) 式は成り立つことが確認される．

つぎに，求められた $\phi^*(\cdot)$ を $\varepsilon_{p,n}$ に対する損失関数として，F_n を用いてヘッジポートフォリオを構成することを考える．すなわち，以下の問題を解く．

$$\min_{b \in \Re} \text{Var}(\phi^*(\varepsilon_{p,n}) + b \cdot F_n) \tag{45}$$

このときの，損失 $\phi^*(\varepsilon_{p,n})$ に対する分散低減化率 V_r は次式のように与えら

れる.

$$V_r = 1 - \mathrm{Corr}(F_n, \phi^*(\varepsilon_{p,n}))^2 \qquad (46)$$

このように,(39)式を最小化する $\phi(\cdot)$ を求めることは,$\phi(\cdot)$ を損失関数とした場合の,ヘッジポートフォリオによる分散低減化率を最大化することに対応する.このとき,最適な $\phi^*(\cdot)$ は,与えられた風速デリバティブ F_n に対する最もヘッジ効果の高い損失関数を与えていると考えることができる.

6.2 シミュレーション

実際にデータを用いて最適な損失関数を計算し,ヘッジ効果がどの程度改善されるかについて検証する.$\varepsilon_{p,n}$,$\varepsilon_{w,n}$ は,それぞれ,発電出力予測誤差,風速予測誤差を表すが,ここでは,$\varepsilon_{p,n}$ は,4.3節のように風速予測値を説明変数とするスプライン回帰によって与えられるものとする.また,風速予測誤差の絶対値に基づく先物の支払額を,(38)式の F_n で定義する.このとき,(38)式の PRSS を最小化する平滑化スプライン回帰関数 $\phi^*(\cdot)$ を求める.

図 6-14 の実線は,4.3と同じデータに対して,(38)式の PRSS を最小化する平滑化スプライン回帰関数を表示したものであり,横軸を発電出力予測誤差 $\varepsilon_{p,n}$ とした場合の $\phi^*(\varepsilon_{p,n})$ を表している.前項で示した通り,(38)式の PRSS を最小化するように計算されたスプライン回帰関数は,F_n を用いた場合のヘッジ効果の意味で,発電出力予測誤差 $\varepsilon_{p,n}$ に対して最適な損失関数を

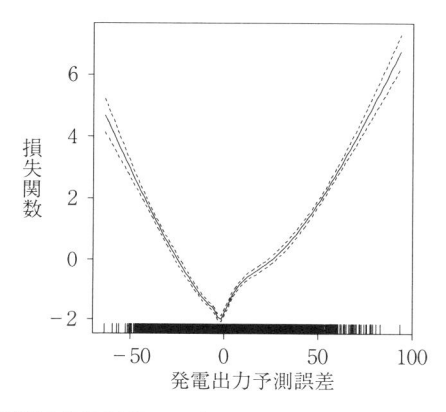

図 6-14 風速予測誤差絶対値を原資産とする先物に対して最適な損失関数

与えている．なお，図 6-14 の縦軸は損失を表し，実線は損失のサンプル平均が 0 になるように描かれている．このように，支払額が F_n である風速予測誤差の絶対値に対する先物を用いて損失をヘッジする場合，最適な損失関数は，$\varepsilon_{p,n}=0$ において必ずしも対称にならないことがわかる．特に，$0<\varepsilon_{p,n}<15$ における $\varepsilon_{p,n}$ の変化に対する損失の感応度が高く，このような損失構造をもつ場合に，風速予測誤差の絶対値を原資産とする先物が高いヘッジ効果を示すことがわかる．

なお，この例における分散低減化率は，

$$V_r = 0.556 \tag{47}$$

であり，(34) 式の場合より高いヘッジ効果が得られていることがわかる．また，(44) 式における左辺と右辺を別々に計算すると，

$$\begin{aligned}&\mathrm{Var}(F_n - \phi^*(\varepsilon_{p,n})) = 1.23, \\ &\mathrm{Var}(F_n)[1 - \mathrm{Corr}(F_n, \phi^*(\varepsilon_{p,n}))^2] = 1.23\end{aligned} \tag{48}$$

である．実際，小数点以下第 7 桁のところまでは少なくとも一致しており，(44) 式が高い精度で成り立つことが確認される．

7 風速デリバティブの支払関数と損失関数の同時最適化

前節では，与えられた風速予測誤差の絶対値を原資産とする先物に対して損失関数の最適化を行い，発電出力予測誤差による損失 $\phi(\varepsilon_n)$ と先物支払額 F_n との相関係数の絶対値が最大になるように損失関数を計算した．本節では，先物支払額の部分も，F_n ではなく $\psi(F_n)$ のように F_n の関数で与えられる場合を考える．すなわち，次式を最大化する平滑化スプライン関数 $\psi(\cdot)$, $\phi(\cdot)$ を求める．

$$|\mathrm{Corr}(\psi(F_n), \phi(\varepsilon_{p,n}))| \tag{49}$$

ただし，

$$\mathrm{Mean}(\psi(F_n)) = 0, \quad \mathrm{Mean}(\phi(F_n)) = 0$$

である．なお，(49) 式において，相関係数が正の場合で最適解のペア ($\psi^*(\cdot), \phi^*(\cdot)$) が存在すれば，$(-\psi^*(\cdot), \phi^*(\cdot))$ もしくは $(\psi^*(\cdot), -\phi^*(\cdot))$ も (49) 式を最大化するので，一般性を失うことなく相関係数は正，すなわ

ち，単に相関係数

$$\mathrm{Corr}(\psi(F_n),\phi(\varepsilon_{p,n})) \tag{50}$$

を最大化する問題を解くことで十分である．仮に(50)式が最大化される場合，前項の議論と同様に，ヘッジポートフォリオを構成した場合の分散低減化率も最大化される．すなわち，このような $(\psi(\cdot),\phi(\cdot))$ についての最適化問題は，ヘッジ効果の最も高い風力デリバティブの支払関数と発電出力予測誤差に基づく損失関数を同時に計算することに対応する．

ここでは，$\psi(\cdot)$，$\phi(\cdot)$ を交互に固定しながら，PRSS を最小化するように平滑化スプライン関数を求める．すなわち，以下の反復アルゴリズムを適用する．

Step 0：$\psi(x)=x$ とする．

Step 1：与えられた $\psi(\cdot)$ に対して(50)式を最大化する平滑化スプライン関数 $\phi(\cdot)$ を求める．

Step 2：与えられた $\phi(\cdot)$ に対して(50)式を最大化する平滑化スプライン関数 $\psi(\cdot)$ を求める．

Step 3：Step 1 と Step 2 を，(50)式の値が改善されなくなるまで繰り返す．求まったスプライン関数のペアを $(\psi^*(\cdot),\phi^*(\cdot))$ とする．

図 6-15 は，上記反復アルゴリズムによって計算された最適支払関数 $\psi^*(F_n)$（左図）と最適損失関数 $\phi^*(\varepsilon_{p,n})$（右図）を表している．支払関数については，初期の関数を $\psi(x)=x$ としており，前節で用いた先物の支払関数に

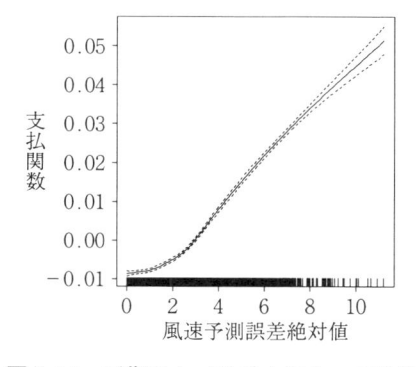

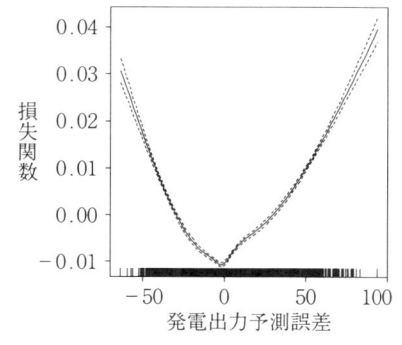

図 6-15 反復アルゴリズムによって計算された最適支払関数 $\psi^*(F_n)$（左図）と最適損失関数 $\phi^*(\varepsilon_{p,n})$（右図）

対応している．そのため，最初の反復で計算される損失関数 $\phi(\cdot)$ は，図 6-14 で与えられるものと同じである．図 6-14 の損失関数に対するヘッジポートフォリオの，分散低減化率は（47）式によって与えられていたのに対し，反復アルゴリズムを適用した結果，8 回の反復計算で，

$$V_r = 0.527 \tag{51}$$

まで分散低減化率が低減化されることが確認された．

8 まとめ

本論文では，風力発電ビジネスにおける気象予測誤差に起因する損失リスクを考え，これらを効果的にヘッジする天候デリバティブの構築法を示した．具体的には，スプライン回帰（もしくは線形回帰）を適用することにより最適ヘッジ問題を解き，風力デリバティブの支払関数や出力予測誤差に対する損失関数を，以下の通り計算した．まず，(1) 風速予測値を説明変数とするトレンド予測に基づく価格付け手法を用いて，時点ごとの風速実測値を原資産とする風速先物を構築し，最小分散ヘッジ問題を解いた．つぎに，(2) 風速予測誤差の絶対値を原資産とする風力デリバティブを設計し，風力デリバティブの最適支払関数を求めた．さらに，(3) 反復計算による損失関数と風力デリバティブの支払関数の同時最適化を行い，風力デリバティブを利用するのに最もヘッジ効果の高い損失関数と風力デリバティブの支払関数を導出した．また，各項目に対して，風力発電ビジネスにおける風力デリバティブのヘッジ効果と有効性を，実際のデータを用いて検証し，提案風力デリバティブが高いヘッジ効果をもつことを示した．

ここでの風力デリバティブ構築の基本的な考え方は，発電出力予測誤差に伴う損失を，風速予測誤差に関するデリバティブでヘッジすることである．このような天候デリバティブは，従来の天候デリバティブのように気象データの値そのものに対して支払額が決定されるのではなく，気象データとその予測値との予測誤差に対して支払額を計算する点が新しい．すなわち，実際の気象データの大小ではなく，それが予測値からどれだけ離れているかが支払額に影響を与える．このような考え方は，気象予測をビジネスに取り入れている様々な企

業のリスクヘッジにも応用可能と考えられる．例えば，翌日の気象予報条件によって商品の配置や在庫の仕入れを調整するような販売店にとっては，予報が外れた際に損失が生じるものと考えられる．このような状況においては，実際の気象条件そのものではなく，予報が当たったか外れたか（もしくはその程度）に応じて支払が行われるデリバティブ契約は有効と考えられる．また，天候デリバティブの売り手側にとって見ても，このように予測値を利用することによって，天候デリバティブの支払額のばらつきも，気象データのみから決定される際のばらつきより小さくなるものと考えられる．結果として，その分，リスクプレミアムが低く抑えられることから，流動性の向上につながることが期待される．以上のように，予測誤差に基づく天候デリバティブ設計の考え方を今後さらに拡張させていくことは，天候デリバティブ適用法の新しい可能性を示唆すると結論することができる．

付　録

A　トレンド予測に基づく価格付け

　トレンド予測に基づく価格付けとは，価格付けに有意と考えられる変数を説明変数としてデータトレンドを推定し，天候デリバティブの価格を計算するものである．山田・飯田・椿 (2006) では，月平均気温に対する先物・オプション契約に対し，トレンド予測に基づく価格付けを適用することで価格を計算し，さらに電力事業に対する天候デリバティブのヘッジ効果を示している．本付録では，山田・飯田・椿 (2006) で導入したトレンド予測に基づく価格付け手法について簡単に説明する．

　以下のような月平均気温を原資産とする天候デリバティブを考える．ある基準時点となる月から第 n 番目の月の月平均気温を T_n とした場合，n が限月であるような天候先物の満期時点における支払額（先物ロングポジション側の受取額）は，以下のように与えられる．

$$\text{先物の支払額} = c(T_n - F_n) \tag{52}$$

ただし，c は掛け値と呼ばれる1度あたりの値段であり，F_n は先物価格（この場合は気温）である．もし，契約形態がプットオプションである場合は，あらかじめ決められたストライクプライスを $K(n)$ とすると，満期時点におけるオプションの支払額は次式で与えられる．

$$\text{プットの支払額} = c \max(K_n - T_n, 0) \tag{53}$$

以降では，$c=1$ とし，金額についての調整は取引ボリュームで行うこととする．

トレンド予測に基づく価格付け手法は，以下の手順に従うものである．

Step 1：全ての契約を，満期時点でのみ資金決済を行う先物タイプの契約とする．

Step 2：このような先物タイプの契約の過去の実績値に対する支払額を計算し，トレンドと残差項に分解する．

Step 3：トレンドを先物価格，残差成分を先物ロングポジションにおける受取額とする．将来時点の先物価格を求める際は，予測トレンドの推定値を求める．

Step 1 の先物タイプの契約とは，オプションのように買い手側が契約時点でプレミアムを支払い，満期時点で原資産の値に応じて支払額を受け取るような契約でも，資金の決済は全て満期時点に行われるように仮定する契約である．例えば，プットオプションの場合，満期時点に (53) 式を受け取る代わりに支払う固定価格（オプションの先物価格）を契約時点において決定し，満期時点で原資産に依存する価値 (53) と固定価格を交換すると仮定するものである．将来時点での確定的なキャッシュフローを現在価値に割り戻す際の割引率は，デフォルトリスクがないとすれば無リスク利子率として差し支えないので，契約時点に支払うべきプレミアムは固定価格を無リスク利子率で割引くことによって求めることができる．すなわち，オプションのように，プレミアムの支払い時点が満期時点と異なる場合も，将来時点で不確定な支払額と交換する確定額を求めることによって，契約時点に支払うべきオプションプレミアムの額が求まることがわかる．

契約時点に資金の決済を行わない先物取引においては，適正な先物価格をどのように求めるのかが鍵となる．もし，原資産が市場取引されている場合は，無裁定の条件を適用し，契約時点の原資産価格に満期時点までの利子の分を上乗せすることによって，先物価格を求めることができるのであるが，天候デリバティブのように原資産が市場取引されていない場合は，これを直接適用することはできない．このような場合において重要な役割を果たすのは，買い手側（先物ロングポジション）と売り手側（先物ショートポジション）の投資家がもつ効用関数である．

買い手側も売り手側もリスク中立であれば，適正価格は先物の支払額の期待値であると考えられる．なぜなら，リスク中立な効用関数をもつ投資家にとっては，不確実な収益を得ることと，その期待値によって与えられる確実な収益の価値に相違はなく，もし双方の投資家がリスク中立であれば，両者にとっての適正価格は支払額の期待値である．Step 2, 3 において，最小二乗法や最尤法を用いることによって残差平均が 0 となるトレンドを求め，それを先物価格とすることは，このようにリスク中立の仮定のもとで先物価格を求めることに対応している．

〔参考文献〕

榎本・猪股・山田・千葉・谷川・大田・福田（2000），「局地気象解析を用いた風力発電量の予測」『太陽/風力エネルギー講演論文集』211-214.

刈屋（2005），『天候リスクの戦略的経営― EaR とリスクスワップ―』朝倉書店.

小島・仲林・井上・荒井・谷川・福田・岡垣・高橋（2006），「蓄電池併設型風力発電事業の一検討」平成 18 年電気学会電力・エネルギー部門大会，40-19/40-20.

高野（2006），「自然エネルギー発電と電力貯蔵技術」『電気学会論文誌（B）』126巻 9 号，857-860.

谷川（2000），「LOCALS™ による風況シミュレーションモデルの開発と風況評価」『ながれ 22：［特集］複雑地形状の風況予測法』405-415.

土方（2003），『総論　天候デリバティブ』シグマベイズキャピタル.

山田・飯田・椿（2006），「トレンド予測に基づく天候デリバティブの価格付けと事業リスクヘッジ」『統計数理』第 54 巻第 1 号，57-78.

Cao, M. and J. Wei (2003), "Weather Derivatives Valuation and Market Price of Weather Risk," Working paper.

Davis, M. (1998), "Option pricing in incomplete markets," *Mathematics of Derivative Securities*, eds. M.A.H. Dempster and S.R. Pliska, Cambridge University Press, 216-226.

Davis, M. (2001), "Pricing weather derivatives by marginal value," *Quantitative Finance*, **1**, 305-308.

Geman, H. (1999), *Insurance and Weather Derivatives*, Risk Books.

Hastie, T. and R. Tibshirani (1990), *Generalized Additive Models*, Chapman & Hall.

Platen, E. and J. West (2005), "A Fair Pricing Approach to Weather Derivatives," *Asia-Pacific Financial Markets*, **11**, 23-53.

（筑波大学大学院ビジネス科学研究科）

一 般 論 文

7 多期間最適ポートフォリオ問題
——LSM 法を利用した近似的解法の近似精度*

梅 内 俊 樹

概要 本論文では，投資機会が変動する場合の多期間最適ポートフォリオ問題に関して，実用可能性の高さから脚光を浴びている Brandt, Goyal, Santa-Clara, and Stroud (2003) の近似的解法の近似精度および解法の限界を，近似解と Kim and Omberg (1996) の解析解との比較を通じて検証する．近似精度はつぎのような方法により検証する．①近似的解法で施される様々な近似を整理し，その1つ1つの近似が近似精度に及ぼす影響度合いや傾向を，価格変動モデルのパラメータなどの前提条件を様々に変えた数値実験により明らかにする．②その上で，近似的解法の有用性や限界について考察する．なお，Brandt, Goyal, Santa-Clara, and Stroud (2003) で，近似精度に違いがないことからアイディアのみが提示される解法についても，数式の明示と近似精度の検証を行い，提唱される解法との違いについても考察する．

1 は じ め に

先々の環境変化を取り込みつつポートフォリオを決定する「多期間最適ポートフォリオ問題」についての研究は，Samuelson (1969)，Merton (1969, 1971) 以降，多くの理論研究が重ねられ，その重要性は繰り返し指摘されてきている．しかしながら，多期間問題は複雑であり，解析的にも数値的にも最適解を導出することが難しいがゆえに，実務上の意思決定において多期間モデル

---

* 2005 年 8 月 30 日投稿受付，2007 年 2 月 22 日採択通知．
　本稿の原論文の作成にあたっては，一橋大学大学院国際企業戦略科の諸先生方にご指導頂いた．この場を借りて謝意を表したい．なお，本稿の内容は筆者の個人的見解であり，筆者の属するニッセイアセットマネジメント株式会社の公式見解を示すものではない．

が有効に活用される例が少ないのが現状である．しかし，近年の様々な研究の進展やコンピュータの計算速度の向上などを背景に，投資機会が変動する場合の多期間問題の数値解を計算することが可能となりつつある．

連続時間モデルの具体的な解析解の導出に成功した研究としては，Kim and Omberg（1996）や Liu（1999）が注目できる．これらは，期中の消費を考慮しないなどにより，問題の複雑さを緩和することで，解析解を求めたものであるが，現実の市場に近いとされる投資機会が変動する場合の解析解を求めている点で，その功績は大きい．しかしながら，実務的な要請に耐えうる条件を追加し，問題をさらに複雑化したときにも，解析解を具体的な関数として導出できるかどうかは未知である．解析解が得られる問題に限界がある以上，より現実的で複雑な問題領域においては，何らかの近似を用いた解法に頼らざるをえず，近似的解法の役割は大きいといえる．

一方，近似的解法においても，最近になって，投資機会が変動する場合の多期間問題で数値解を求めることが可能となりつつある．その代表例が，Bradt, Goyal, Santa-Clara, and Stroud（2003）の LSM 法を利用した近似的解法である．これは，Longstaff and Schwartz（2001）でアメリカン・オプションの評価に使われた最小二乗モンテカルロ（Least Square Monte Carlo）法を多期間最適ポートフォリオ問題の解法に応用した手法である．モンテカルロ・シミュレーションを利用したアプローチであるため，応用範囲が広く，より複雑な問題においても数値解を計算できる点で他の近似的解法より優れており，現実的な問題領域への応用も期待できる解法である．しかしながら，数値解導出の過程で様々な近似を行っており，近似的解法によって求められる解がどの程度の精度で真の解を近似しているかが確認できないなどの，実用上の問題も残されている．本来，多期間問題から得られる解は，1期間問題の解からは得られない有益な情報を含んでいるはずであるが，近似が近似といえないほど大きな誤差を含んでいる場合は，それが有益とならないばかりか，有害とすらなりうる．このため，近似的解法を活用する上では，近似精度がどの程度か，前提条件（パラメータ）の違いによって近似精度がどのように変化するかを明らかにしておくことが必要となる．

近似精度に関して，Brandt, Goyal, Santa-Clara, and Stroud（2003）では，

他の離散近似モデルと近似解を比較することにより，LSM法を利用した近似的解法の有効性を主張している．しかしながら，資産価格モデルの特定のパラメータのもとでの比較に限られ，パラメータの値が変化することにより近似精度がどのように変化するかについて，十分な検証はされていない．その他，真の解としての連続時間モデルの解析解との比較は一切されていないなど，近似的解法の近似精度，近似解の特性，振る舞いについて，十分な検証がされているとは言い難い．

そこで，本論文では，重要性が認識されつつある投資機会が変動する場合の多期間最適ポートフォリオ問題に関して，実用可能性の高さから脚光を浴びているBrandt, Goyal, Santa-Clara, and Stroud（2003）の解法の近似精度および解法の限界を，Kim and Omberg（1996）の解析解との比較を通じて検証する．主に，(1) 連続時間問題を離散問題に近似したことによる誤差はどの程度か，(2) テイラー展開によるバリュー関数の近似の影響はどのような特徴をもつか，(3) LSM法を使うことによる誤差はどの程度か，の点に着目して検証する．また，Brandt, Goyal, Santa-Clara, and Stroud（2003）でアイディアのみの提示にとどまる近似的解法についても近似精度を検証し，2通りの近似的解法の特性の違いについても明らかにする．

本稿の構成は以下の通りである．まず第2節で検証に利用するKim and Omberg（1996）の解析解の導出およびBrandt, Goyal, Santa-Clara, and Stroud（2003）の解法，さらには，Brandt, Goyal, Santa-Clara, and Stroud（2003）でアイディアのみの提示にとどまる近似的解法の数式を具体的に示し，第3節で検証方法について説明する．第4節では，2通りの近似的解法の近似精度について，1期間問題の簡単な数値実験により概観する．その上で，第5節で，多期間問題におけるLSM法を利用した近似的解法による最適ポートフォリオの近似精度を上記の(1)〜(3)の視点から検証し，2通りの近似的解法の違いについても確認する．第6節では近似精度と計算時間の関係を示し，第7節では，まとめと今後の課題を述べる．

2 連続時間モデルと近似的解法

2.1 KimOmberg の解法（連続時間モデル）

1種類の危険資産と金利 r が一定の安全資産の 2 つが投資対象として存在する連続時間モデルを考える．$B=(B_1,B_2)$ を 2 次元の標準ブラウン運動として，危険資産価格 S，状態価格 Z_t がそれぞれつぎの確率微分方程式を満たすものとする．

$$\frac{dS_t}{S_t}=(\alpha+\beta Z_t)\,dt+\sigma_s dB_{1t} \tag{1}$$

$$dZ_t=(\kappa_0+\kappa_1 Z_t)\,dt+\sigma_z(\rho dB_{1t}+\sqrt{1-\rho^2}dB_{2t}) \tag{2}$$

ここで α，β，σ_s，κ_0，κ_1，σ_z は定数とし，ρ は危険資産価格と状態価格の拡散項の相関とする．Kim and Omberg (1996) は，効用関数を CRRA 型として，バリュー関数 J を

$$J(W_t,Z_t,t)=\frac{W_t^{1-\gamma}}{1-\gamma}\Phi(Z_t,t) \tag{3}$$

$$\Phi(Z_t,t)=\exp\left[A_t+B_t Z_t+C_t\frac{Z_t^2}{2}\right] \tag{4}$$

のように仮定し，偏微分方程式を解く問題を常微分方程式を解く問題に変換することで，次式のように t 時点の最適ポートフォリオにおける危険資産の投資ウェイト π_t の解析解を導出している．

$$\pi_t=\frac{(\alpha+\beta Z_t-r)}{\sigma_s^2 \gamma}+\frac{\rho\sigma_z(B_t+C_t Z_t)}{\sigma_s \gamma} \tag{5}$$

2.2 LSM 法を利用した近似的解法

2.2.1 LSM 法を利用した近似的解法（金利周りのテイラー展開）

■バリュー関数

(1)，(2) 式の連続時間モデルを離散近似すると，ポートフォリオ価値 W_{t+1} は，次式を満たす．

$$\begin{aligned}W_{t+1}&\approx W_t[\pi_t\{\exp\{(\alpha+\beta Z_t-r)\Delta t\}-1\}+\exp(r\Delta t)]\\&=W_t(\pi_t R_{t+1}^e+R^f)\end{aligned} \tag{6}$$

R^e_{t+1}：危険資産の安全資産に対する超過リターン

R^f　：安全資産の利子率

このとき，CRRA型効用関数を仮定すると，多期間最適ポートフォリオ問題は次式のようなベルマン方程式で与えられる．

$$
\begin{aligned}
V_t(W_t, Z_t) &= \max_{\pi_t} E_t[u(W_T)] \\
&= \max_{\pi_t} E_t\left[u(W_{t+1}) \max_{\{\pi_s\}_{s=t+1}^{T-1}} E_{t+1}\left[\left(\prod_{s=t+1}^{T-1}(\pi_s R^e_{s+1} + R^f)\right)^{1-\gamma}\right]\right] \\
&= \max_{\pi_t} E_t[u(W_{t+1})\Psi_{t+1}(Z_{t+1})]
\end{aligned}
$$

$$s.t. \quad W_{s+1} = W_s(\pi_s R^e_{s+1} + R^f) \quad \forall s \geq t \tag{7}$$

■テイラー展開（4次）による近似

ここで，W_{t+1}を$W_t R^f$で近似できるとの仮定のもと，右辺のV_{t+1}を$W_{t+1} \approx W_t R^f$の周りでテイラー展開すると，次式が得られる．

$$
\begin{aligned}
V_t(W_t, Z_t) \approx \max_{\pi_t} E_t\Big[& u(W_t R^f)\Psi_{t+1}(Z_{t+1}) \\
& + \partial_1 u(W_t R^f)\Psi_{t+1}(Z_{t+1})(W_t \pi_t R^e_{t+1}) \\
& + \frac{1}{2}\partial_1^2 u(W_t R^f)\Psi_{t+1}(Z_{t+1})(W_t \pi_t R^e_{t+1})^2 \\
& + \frac{1}{6}\partial_1^3 u(W_t R^f)\Psi_{t+1}(Z_{t+1})(W_t \pi_t R^e_{t+1})^3 \\
& + \frac{1}{24}\partial_1^4 u(W_t R^f)\Psi_{t+1}(Z_{t+1})(W_t \pi_t R^e_{t+1})^4 \Big]
\end{aligned}
\tag{8}
$$

■最適ポートフォリオ

一階の条件から，最適ポートフォリオの危険資産ウェイトπ_tは，次式で与えられる．

$$
\begin{aligned}
& \frac{R^f}{\gamma} E_t[\Psi_{t+1}(Z_{t+1}) R^e_{t+1}] \\
& - E_t[\Psi_{t+1}(Z_{t+1})(R^e_{t+1})^2]\pi_t \\
& + \frac{\gamma+1}{2R^f} E_t[\Psi_{t+1}(Z_{t+1})(R^e_{t+1})^3]\pi_t^2 \\
& - \frac{(\gamma)(\gamma+1)(\gamma+2)}{6(R^f)^2} E_t[\Psi_{t+1}(Z_{t+1})(R^e_{t+1})^4]\pi_t^3 \approx 0
\end{aligned}
\tag{9}
$$

■条件付き期待値の推定と近似解の計算手順

左辺に含まれる4つの条件付き期待値は,いずれも Z_t の関数である.このため,条件付き期待値の [ ] 内を y_{t+1} とおくと,つぎのように,状態変数 Z_t に依存する基底関数 $\varphi(Z_t)$ で近似できる.なお,θ_t はパラメータ(定数)とする.

$$E_t[y_{t+1}] = \varphi(Z_t)\theta_t \tag{10}$$

この条件付き期待値の関数近似に Longstaff and Schwartz(2001)の LSM 法を適用し,

1. モンテカルロ法により生成される多数の状態価格および危険資産価格のサンプルパスを利用したクロスセクショナル回帰によるパラメータ θ_t の推定
2. 推定された θ_t に基づく各サンプルパス上の最適ポートフォリオの危険資産ウェイトの評価

を $T-1$ 時点から手前に繰り返し行い,最終的に $t=0$ 時点の最適解を近似的に求める手法が,Brandt, Goyal, Santa-Clara, and Stroud(2003)が提唱する近似的解法である.

■LSM 法を利用した近似的解法の考え方

この解法では,$T-1$ 時点から再帰的に最適ポートフォリオを求めるため,t 時点では,$t+1$ 時点から $T-1$ 時点までの最適ポートフォリオは既に求められている.このため,t 時点で求められる最適ポートフォリオは,次式のように,ポートフォリオ価値が1期間だけ R^f で推移し,その後は,再帰的に求められた最適ポートフォリオにより満期 T 時点まで推移することを前提とするものとなる.

$$W_T \approx W_t R^f \prod_{s=t+1}^{T-1} (\tilde{\pi}_s R^e_{s+1} + R^f) \tag{11}$$

2.2.2 Myopic ポートフォリオ・リターン周りでテイラー展開した場合の近似解

Brandt, Goyal, Santa-Clara, and Stroud(2003)で提唱される近似的解法は,$W_{t+1} \approx W_t R^f$ と仮定,すなわち,t 時点の最適ポートフォリオが安全資産100%であることを仮定した上で t 時点の最適解を近似的に求める解法である.このため,真の最適ポートフォリオが安全資産100%から大きく乖離する

ケースでは，十分な近似ができないことが直感的に予想される．そこで代替的な近似的解法として，t時点の最適ポートフォリオをMyopicなポートフォリオと仮定し，$W_{t+1} \approx W_t \times$ (Myopic ポートフォリオ・リターン) 周りのテイラー展開により近似解を導く方法を考える．

このアイディアは，Brandtらによっても示されているが，金利周りのテイラー展開による解法との間で近似精度に大きな違いがないとして，数式，検証結果は明らかにされていない．このため，以下に具体的な数式を示し，次節以降で近似精度を検証する．

■**Myopic ポートフォリオ・リターン周りでテイラー展開（4 次）した場合の最適ポートフォリオ**

$\pi_t^m(Z_t)$ を t 時点の Myopic ポートフォリオにおける危険資産の投資ウェイトとすると，最適ポートフォリオは次式の解として与えられる．

$$\begin{aligned}
& E_t\Big[(\pi_t^m(Z_t) R_{t+1}^e + R^f)^{-\gamma} \Psi_{t+1}(Z_{t+1}) R_{t+1}^e \\
& \quad + \gamma (\pi_t^m(Z_t) R_{t+1}^e + R^f)^{-\gamma-1} \Psi_{t+1}(Z_{t+1}) R_{t+1}^{e\,2} \pi_t^m(Z_t) \\
& \quad + \frac{1}{2}\gamma(\gamma+1)(\pi_t^m(Z_t) R_{t+1}^e + R^f)^{-\gamma-2} \Psi_{t+1}(Z_{t+1}) R_{t+1}^{e\,3} \pi_t^m(Z_t)^2 \\
& \quad + \frac{1}{6}\gamma(\gamma+1)(\gamma+2)(\pi_t^m(Z_t) R_{t+1}^e + R^f)^{-\gamma-3} \Psi_{t+1}(Z_{t+1}) R_{t+1}^{e\,4} \pi_t^m(Z_t)^3 \Big] \\
& -E_t\Big[\gamma(\pi_t^m(Z_t) R_{t+1}^e + R^f)^{-\gamma-1} \Psi_{t+1}(Z_{t+1}) R_{t+1}^{e\,2} \\
& \quad + \gamma(\gamma+1)(\pi_t^m(Z_t) R_{t+1}^e + R^f)^{-\gamma-2} \Psi_{t+1}(Z_{t+1}) R_{t+1}^{e\,3} \pi_t^m(Z_t) \\
& \quad + \frac{1}{2}\gamma(\gamma+1)(\gamma+2)(\pi_t^m(Z_t) R_{t+1}^e + R^f)^{-\gamma-3} \Psi_{t+1}(Z_{t+1}) R_{t+1}^{e\,4} \pi_t^m(Z_t)^2 \Big] \pi_t \\
& + \frac{1}{2} E_t\big[\gamma(\gamma+1)(\pi_t^m(Z_t) R_{t+1}^e + R^f)^{-\gamma-2} \Psi_{t+1}(Z_{t+1}) R_{t+1}^{e\,3} \\
& \quad + \gamma(\gamma+1)(\gamma+2)(\pi_t^m(Z_t) R_{t+1}^e + R^f)^{-\gamma-3} \Psi_{t+1}(Z_{t+1}) R_{t+1}^{e\,4} \pi_t^m(Z_t) \big] \pi_t^2 \\
& - \frac{1}{6} E_t\big[\gamma(\gamma+1)(\gamma+2)(\pi_t^m(Z_t) R_{t+1}^e + R^f)^{-\gamma-3} \Psi_{t+1}(Z_{t+1}) R_{t+1}^{e\,4} \big] \pi_t^3 \approx 0
\end{aligned}$$

(12)

3 検 証 方 法

3.1 検 証 方 針

Brandt, Goyal, Santa-Clara, and Stroud（2003）の近似的解法による近似解と Kim and Omberg（1996）の連続時間モデルにおける解析解との差異（近似誤差）は，主に以下の要因により生じるものと考えられる．

要因 i) 最適ポートフォリオを離散的に評価
要因 ii) $t=T-1$ 時点では多期間ではなく Myopic な真の解に対する近似解を評価
要因iii) テイラー展開によりバリュー関数を簡略化
要因iv) 条件付き期待値を LSM 法（クロスセクショナル回帰）により推定
要因 v) i) ～iv) の乖離が多期間にわたって累積

多期間問題では，これらの要因が複合的に，また，累積的に影響し合うため，近似誤差をそれぞれの要因ごとに分解することは難しい．このため，まず要因 ii) iv) v) による近似誤差がなく，近似誤差の大半が要因iii) となる 1 期間問題での検証により，要因iii) の影響を確認する．そして，その結果を踏まえ，多期間問題での検証により，要因 i) iii) iv) のそれぞれが近時誤差に与える影響度合いや傾向，あるいは，近時的解法の限界を検証する．検証は，モデル・パラメータや金利，評価時点の状態価格（初期値），残存期間，離散間隔などの前提条件を様々に変えたとき，近似解と解析解の差異である近似誤差がどのように変化するかを確認することで行う．なお，要因iii) については，以下に示すテイラー展開の近似特性を踏まえて検証する．また，近似誤差は，金利周りのテイラー展開による近似解，Myopic ポートフォリオ・リターン周りのテイラー展開による近似解のそれぞれについて検証する．

■テイラー展開による近似の特性

金利周りでのテイラー展開は，$W_{t+1}=W_t(\pi_t R^e_{t+1}+R^f)$ で表されるべき 1 期先のポートフォリオ価値が $W_{t+1} \approx W_t R^f$ で近似できるものとして行っている．これは，真に最適な多期間ポートフォリオの危険資産ウェイト π_t を 0 %もしくは，危険資産の金利に対する超過リターン R^e_{t+1} を 0 %と想定している

ことにほかならず，0%から乖離する状況では，近似誤差が大きくなることが予想される．

一方，Myopicポートフォリオ・リターン周りでのテイラー展開では，$W_{t+1} \approx W_t(\pi_t^m(Z_t)R_{t+1}^e + R^f)$のように，真に最適な多期間ポートフォリオをMyopicポートフォリオ$\pi_t^m(Z_t)$で近似しテイラー展開するものである．このため，多期間問題においてはHedgeポートフォリオの大きさが近似誤差に影響するものと考えられるが，少なくとも，常に危険資産0%（安全資産100%）を仮定する金利周りでのテイラー展開による解法に比べ，精度の高い近似解が得られる前提条件（パラメータ）の範囲は広いものと推測される．

3.2　1期間問題での検証

Brandt, Goyal, Santa-Clara, and Stroud (2003) の近似解は，金利周りでテイラー展開した場合，(9)式の解として与えられるが，1期間問題とすると，この式に含まれる累積リターン$\Psi_{t+1}(Z_{t+1})$が1となるため，近似解を与える式は，

$$\frac{R^f}{\gamma}E_t[R_{t+1}^e] - E_t[(R_{t+1}^e)^2]\pi_t + \frac{\gamma+1}{2R^f}E_t[(R_{t+1}^e)^3]\pi_t^2$$
$$- \frac{\gamma(\gamma+1)(\gamma+2)}{6(R^f)^2}E_t[(R_{t+1}^e)^4]\pi_t^3 \approx 0 \tag{13}$$

のように簡略化される．ここで出てくる条件付き期待値は関数近似するまでもなく解析的に求めることが可能であるため，1期間問題においては，1期間問題に対する真の解を基準にすれば，要因iii）の「バリュー関数をテイラー展開により簡略化」が唯一の近似誤差の要因となる．

そこで，近似的解法における1期間と連続時間モデルにおける残存期間をいずれも四半期に設定し，Brandt, Goyal, Santa-Clara, and Stroud (2003) の近似解とKim and Omberg (1996) の解析解のうちMyopic部分を比較することで，テイラー展開に伴う近似誤差の傾向を探る．

3.3　多期間問題での検証

1期間問題での結果を踏まえ，要因 i ） iii） iv）に起因する近似誤差の傾向

を，近似解とKim and Omberg (1996) の解析解の比較を通じて明らかにする．なお，離散間隔の影響に関する検証を除き，満期は5年，離散間隔は四半期とする．

3.4 検証の仮定とデータ

■検証の仮定

1期間問題，多期間問題の検証は，以下の仮定のもとで行う．
 i ）投資対象としては，1種類の危険資産と安全資産を考える．
 ii ）金利は一定とする．
 iii）危険資産は（1）式のようにシングル・ファクター・モデルに従うものとする．
 iv）状態変数は（2）式のようにOU過程に従うものとする．
 v ）効用関数は，CRRA型を仮定する．
 vi）近似解導出時のテイラー展開の次数は4次とする．

■データ

連続時間の価格変動モデルのパラメータは，危険資産をTOPIX，状態変数をLog(配当利回り)として，1980〜2003年の月次データで推定した値を基準

表7-1 変数の基準値および変化させる範囲

状態価格Zの基準値は，各変数が基準値をとるときの$dZ=0$となる水準としている．$\alpha, \beta, \kappa_0, \kappa_1$の変化させる範囲は，$dZ=0$となる$Z$における期待超過リターンが概ね−40〜40%となるように設定している．その他の変数は，現実性を考慮して変化させる範囲を設定している．変数の値はいずれも年率表示．

変数	基準値	変化させる範囲	対応する期待超過リターン	対応するMyopicポートフォリオ
α	0.80	0.40〜1.20	−35〜45%	−88〜113%
β	0.20	0.10〜0.50	40〜−100%	100〜−250%
σ_s	0.20	0.10〜0.50	5%で一定	50〜2%
κ_0	−0.70	−1.10〜−0.30	45〜−35%	113〜−88%
κ_1	−0.20	−0.10〜−0.50	−65〜47%	−163〜118%
σ_z	0.20	0.10〜0.50	5%で一定	13%で一定
ρ	−0.50	0.0〜−1.0	5%で一定	13%で一定
r	5%	1〜9%	9〜1%	23〜3%
γ	10	5〜20	5%で一定	25〜6%
Zの初期値	−3.5	−10.0〜−0.1	—	—

値とし,基準値を中心に変化させる範囲をパラメータごとに決定する.金利,評価時点の状態価格(初期値)を含めた前提条件の基準値および変化させる範囲は表7-1の通りとする.

4　1期間問題での検証

4.1　近似的解法による近似解の計算方法

近似解を与える方程式に含まれる4つの条件付き期待値は,前提条件ごとにモンテカルロ法により多数のサンプルパスを生成し,その平均により求める.近似的解法による最適ポートフォリオは,条件付き期待値の計算により具体化される3次式の3通りの解のうちの1つとして与えられるが,3通りの解から最適ポートフォリオを特定するにあたっては,Newton-Raphson法を使う.

4.2　テイラー展開による影響(期待超過リターン,解析解のMyopic部分の水準と近似誤差)

図7-1は,α,β,rのそれぞれの値と評価時点の状態価格(状態価格の初

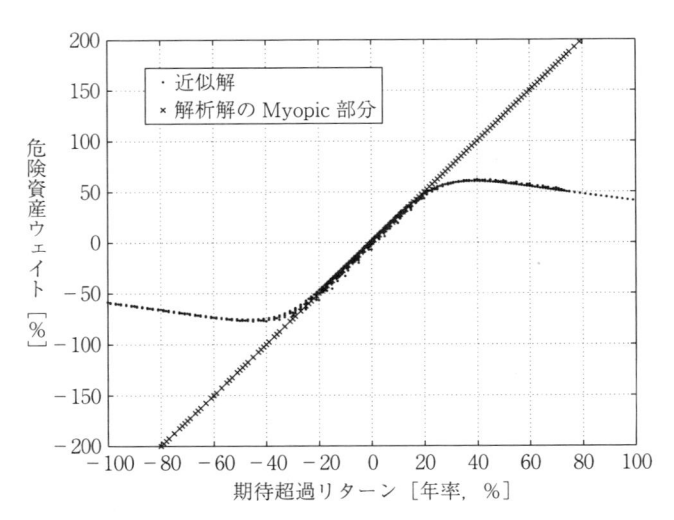

図7-1　期待超過リターン,Myopicポートフォリオと近似誤差
(金利周りのテイラー展開による場合)

7 多期間最適ポートフォリオ問題――LSM 法を利用した近似的解法の近似精度　195

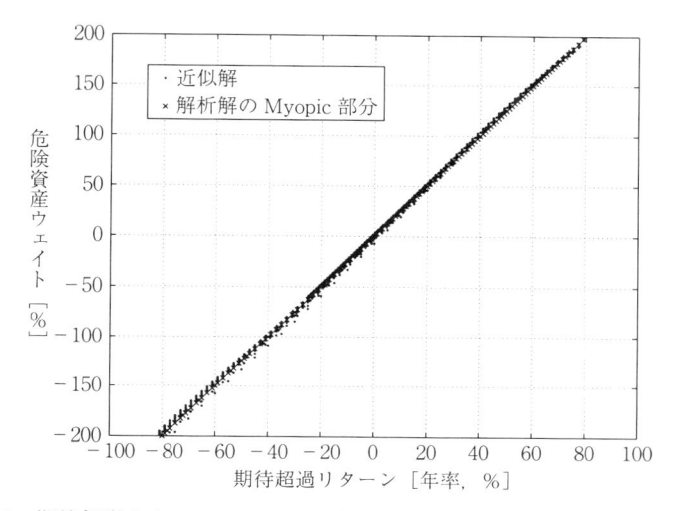

図 7-2 期待超過リターン，Myopic ポートフォリオと近似誤差
（Myopic ポートフォリオ・リターン周りのテイラー展開による場合）

期値）を表 7-1 に従って変化させた場合の金利周りのテイラー展開による近似解と，解析解の Myopic 部分を，横軸を評価時点における年率の期待超過リターンとしてプロットしたものである．想定された通り，期待超過リターン，解析解の Myopic 部分が 0% 近辺となるような前提条件のもとでは，近似精度が高い一方で，期待超過リターンの絶対値で 20% を超えるあたりから両者のプロット間の乖離が急激に拡大し，こうした前提条件のもとでは十分な近似ができないことを確認できる．この関係は，(5) 式の第 1 項で明らかなように，危険資産価格モデルの拡散係数 σ_s，危険回避度 γ を一定とすると，Myopic ポートフォリオの危険資産ウェイトが期待超過リターンと正比例の関係にあるのに対し，近似解は (13) 式のように期待超過リターンと正比例の関係とならないことからも理解できる．

一方，Myopic ポートフォリオ・リターン周りのテイラー展開による場合は，図 7-2 に示されるように，期待超過リターンや解析解の Myopic 部分の水準にかかわらず，近似精度が高いことが確認できる．

また，図 7-1，7-2 では，変化させる変数にかかわらず全ての近似解が 1 つの曲線上にプロットされている．このことは，α，β，r，および，評価時点の

状態価格の変化が，期待超過リターンの変化，解析解のMyopic部分における危険資産ウェイトの変化を通じて，近似精度に影響すること，および，ここで示した近似特性が「バリュー関数をテイラー展開により簡略化」することに起因するものであることを裏付けるものといえる．

なお，この関係から推測されるように，危険資産価格モデルの拡散係数 σ_s，危険回避度 γ に関しても，Myopicポートフォリオの危険資産ウェイトの絶対値が20%の範囲内に収まるような水準では近似誤差は小さく，そのレンジから逸脱するような水準，すなわち，値が小さくなるほど，近似誤差が拡大する傾向となる．

5 多期間問題での検証

5.1 LSM法を利用した近似的解法の計算方法

まず，危険資産価格と状態価格のサンプルパスをモンテカルロ法により生成する．サンプルパスは連続時間モデル (1)，(2) 式から解析的に求められる $Log(S_t)$, Z_t の平均，分散に従って生成し，それを基に各期，各状態（各サンプルパス）の危険資産の1期あたりのリターンを計算する．サンプルパス数は1,000本とする．

多期間問題では，近似解を与える方程式に含まれる4つの条件付き期待値を，それぞれクロスセクショナルな回帰によって推定するが，回帰分析の際の基底関数は原論文に合わせ状態変数の1次式とする．

最適ポートフォリオは，条件付き期待値の推定により具体化される3次式の3通りの解のうちの1つとして与えられるが，解の特定にあたっては，ここでもNewton-Raphson法を使う．

5.2 離散近似による影響

表7-2は，金利周りのテイラー展開による場合について，連続時間モデルのパラメータやその他の前提条件を表7-1の基準値とし，近似的解法の離散間隔を様々に変えたときの近似解，近似誤差をまとめたものである．

この表から，離散間隔が短いほど，近似誤差が小さいことを確認できる．多

表 7-2 離散間隔と近似誤差

金利周りのテイラー展開の場合について,上段に危険資産ウェイト,下段に近似誤差(近似解−解析解)を示している.

| 残存期間 | 解析解 | 離散間隔別の近似解 ||||||
		年	半期	四半期	月	週	日
2 年	14.6%	17.0% (2.4%)	16.7% (2.1%)	16.5% (1.9%)	16.0% (1.4%)	16.1% (1.5%)	14.6% (0.0%)
4 年	16.3%	18.9% (2.6%)	18.3% (2.1%)	18.1% (1.8%)	17.5% (1.2%)	—	—
6 年	17.4%	19.7% (2.3%)	19.4% (1.9%)	18.8% (1.4%)	18.9% (1.4%)	—	—
8 年	18.2%	20.3% (2.1%)	19.9% (1.7%)	19.3% (1.1%)	19.2% (0.9%)	—	—
10 年	18.7%	20.5% (1.8%)	20.0% (1.3%)	19.7% (0.9%)	19.6% (0.8%)	—	—

期間問題においては離散間隔以外にも様々な要因によって誤差が生じるが,離散間隔を短くすることで,離散間隔以外による誤差も抑制される可能性があることを示す結果といえる.表7-2は金利周りのテイラー展開による場合の結果であるが,Myopicポートフォリオ・リターン周りのテイラー展開による場合においても,同様の傾向があるものと推測される.

5.3 回帰による条件付き期待値の推定誤差による影響

多期間問題では複数の条件付き期待値をクロスセクショナル回帰を利用した関数近似により求める.このため,1期間問題とは異なり,条件付き期待値の推定誤差も近似精度に影響を与える大きな要因となりうる.しかしながら,多期間問題では,多期間にわたってテイラー展開によるバリュー関数の簡略化と回帰推定を繰り返し行い,評価時点の近似解を求めるため,両者の誤差を明確に分解してそれぞれの影響度合いを確認することは難しい.ただ一方で,近似的解法は,ダイナミック・プログラミングにより $T-1$ 時点の最適ポートフォリオを最初に評価し,順次手前に各期の最適ポートフォリオを評価する手法であり,$T-1$ 時点での条件付き期待値の推定誤差が,累積的に評価時点の最適ポートフォリオに影響を及ぼす解法であることから,精度の高い近似解を得る

上では，取り分け $T-1$ 時点の条件付き期待値の推定精度が重要といえる．そこでここでは，$T-1$ 時点に焦点をあて，回帰による関数近似の精度を確認する．

図 7-3 は，パラメータなどの変数の値を表 7-1 の基準値としたときの，$T-1$ 時点の各サンプルパス上，すなわち，各状態における危険資産ウェイトの評価値を，横軸を各状態の期待超過リターンとしてプロットしたものである．プロットは，条件付き期待値を回帰により推定した上で求めた多期間問題の $T-1$ 時点における近似解と，解析解（Myopic＋Hedge）および，条件付き期待値の推定誤差がない場合の近似解（図 7-1 に示した 1 期間問題に対する近似解）の 3 通りである．近似解は金利周りのテイラー展開によるものとしている．1 期間問題では各状態ごとに条件付き期待値を推定ではなく厳密に計算して近似解を求めているため，多期間問題と 1 期間問題の近似解の差が回帰による関数近似の誤差と考えることができる．なお，1 期間問題の近似解と解析解の差異はテイラー展開による誤差および $T-1$ 時点で Myopic ポートフォリオに対する近似解を求めることによる誤差となる．

図 7-3 では，多期間問題の近似解と 1 期間問題の近似解はほぼ同一直線上に

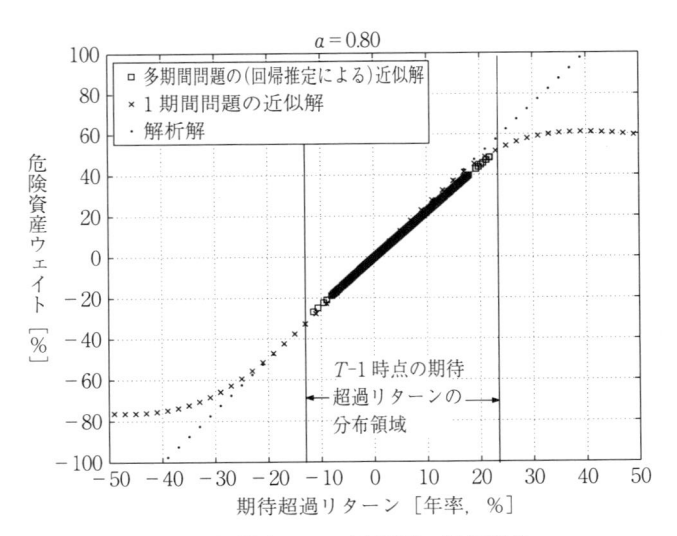

図 7-3 回帰推定による近似解の近似誤差
（金利周りのテイラー展開による場合）

7 多期間最適ポートフォリオ問題——LSM法を利用した近似的解法の近似精度   199

プロットされており，条件付き期待値を回帰推定することによる誤差が小さいことがわかる．一方図7-4は，図7-3の条件のうち α 値だけ1.0に変更した場合の結果であるが，多期間問題の近似解と1期間問題の近似解に乖離が生じている．

図7-3と図7-4では，状態価格変動モデルのパラメータを同一としているため，サンプルパスによって作られる $T-1$ 時点の状態価格の分布は同一であるが，危険資産価格変動モデルについては α 値を変えているため，$T-1$ 時点の状態価格に対応する期待超過リターンの分布は大きく異なる．図7-1ではサンプルパスによって生成される $T-1$ 時点の状態価格に対応する期待超過リターンが，1期間問題の検証で近似誤差が小さいことを確認した $-20 \sim 20\%$ の範囲に概ね収まっているのに対し，図7-4ではこの範囲を大きく逸脱している．この結果，図7-4では1期間問題に対する近似解が解析解から乖離していることからわかるように，テイラー展開による近似誤差が拡大し，ひいては，回帰推定による誤差に影響しているものと推測される．すなわち，多期間問題では，テイラー展開による近似誤差の拡大が，回帰による推定精度の悪化を招き，結

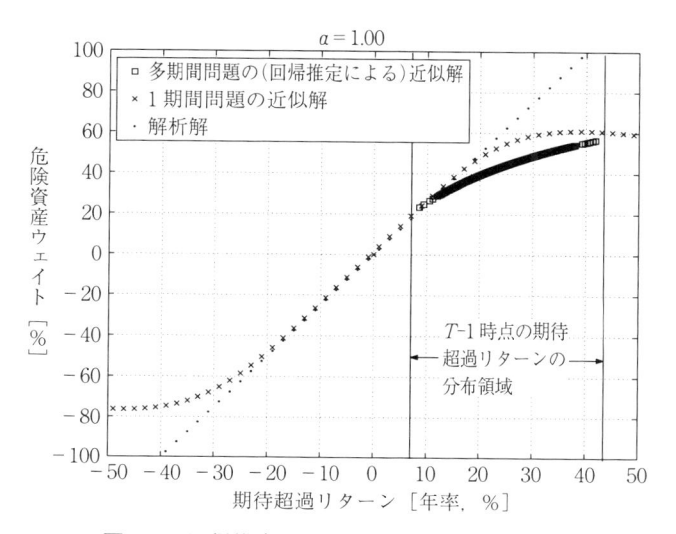

図 7-4 回帰推定による近似解の近似誤差
　　　　（金利周りのテイラー展開による場合）

果として近似解の解析解に対する近似誤差を増幅させる可能性があることを，ここでの検証結果は示唆しているものといえる．Myopic ポートフォリオ・リターン周りのテイラー展開による場合においても，回帰により条件付き期待値を推定することに関しては金利周りのテイラー展開の場合と何ら変わりはないため，同様の特性をもつものと考えることができる．

5.4 テイラー展開による影響
5.4.1 期待超過リターンと近似誤差

多期間問題における評価時点の近似解は，様々な要因による誤差が複合的に影響し合った結果として求められるため，1期間問題のように明確な形ではテイラー展開による影響を確認することはできない．そこで，多期間問題においては，1期間問題での検証により確認した「テイラー展開による近似誤差が主に期待超過リターンや真に最適なポートフォリオの危険資産ウェイトによって決定付けられる」ことを利用し，期待超過リターンや真に最適なポートフォリオと近似誤差の間に1期間問題と同様の関係が見られるかを検証することで，間接的にテイラー展開が近似誤差に与える影響について考える．

図 7-5, 7-6 は，状態変数の評価時点の価格 Z，金利，危険資産の価格変動モデルのパラメータ α, β を様々に変えた場合の近似誤差を，横軸を評価時点の期待超過リターンとしてプロットしたものである．変化させる変数以外は，基準値に固定している．なお，金利を変動させることと，α を変動させることは，解析解に対しほぼ同様の影響をもたらすことから，ここでは特に区別せずにプロットしている．

金利周りのテイラー展開による場合の図 7-5 から，期待超過リターンが 0% 近辺では近似誤差は小さく，0% から乖離するに従い，近似誤差が拡大する傾向を確認できる．こうした傾向は，1期間問題での検証結果とほぼ同様のものであることから，これらの誤差の大部分はテイラー展開による影響であると推測される．

図 7-6 の Myopic ポートフォリオ・リターン周りのテイラー展開のケースでは，金利周りのテイラー展開の場合ほど明確な形では，1期間問題での検証結果との類似性は見られない．多期間問題では1期間問題にはない様々な誤差要

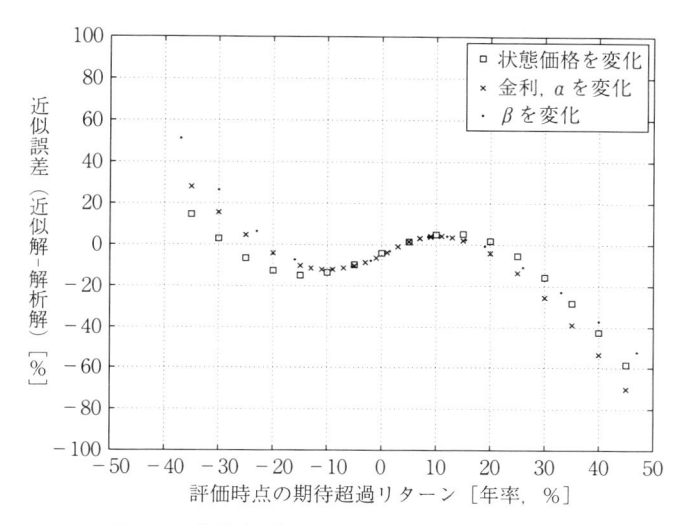

7 多期間最適ポートフォリオ問題——LSM法を利用した近似的解法の近似精度 *201*

図 7-5 期待超過リターンと近似誤差
（金利周りのテイラー展開による場合）

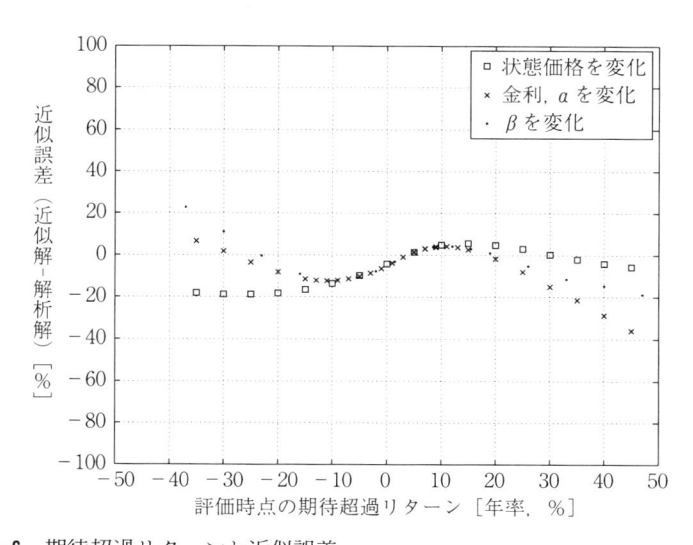

図 7-6 期待超過リターンと近似誤差
（Myopicポートフォリオ・リターン周りのテイラー展開による場合）

因が互いに影響し合って最終的な近似解を評価することや，Hedge ポートフォリオを考慮せずに Myopic ポートフォリオ・リターン周りでテイラー展開していることにより，1 期間問題では生じえない誤差が蓄積した結果と考察される．ただ，金利周りのテイラー展開による近似誤差に比べ，誤差の水準が小幅に留まっている点は 1 期間問題での検証結果と同様であり，この点からは Myopic ポートフォリオ・リターン周りのテイラー展開の方が有効性の高い手法であることが確認できる．

さらに図 7-5，7-6 から，変化させる変数の違いにより近似誤差が異なることおよびその違いに共通の傾向があることを観察できる．状態価格を変化させた場合の近似誤差と α を変化させた場合の誤差を比較すると，後者の方が総じて誤差が大きく，α を変化させた場合と β を変化させた場合の近似誤差を比較すると，期待超過リターンがプラスのケースでは前者の誤差が大きく，反対に，期待超過リターンがマイナスとなるケースでは後者の方が誤差が大きいという傾向である．多期間問題では，評価時点の期待超過リターンが同水準であっても，前提条件の違いによって，満期までの各期におけるサンプルパス上の期待超過リターンの分布や最適ポートフォリオの分布は異なる．こうした違いが，各期の最適ポートフォリオの評価・近似精度に違いをもたらし，結果として評価時点の最適ポートフォリオの近似精度に影響を与えることを示す結果と解釈できる．この意味では，とりわけ $T-1$ 時点の状態価格に対応する期待超過リターンがどのような水準に分布しているかが評価時点の期待超過リターンの水準とともに，近似誤差に多大な影響をもたらすものと考えることができる．

5.4.2 解析解（最適ポートフォリオ）と近似誤差

図 7-7，7-8 は，図 7-5，7-6 の結果を横軸を評価時点の解析解としてプロットしたものである．1 期間問題の検証結果と同様，近似誤差が解析解の水準に依存していることから，多期間問題においても，テイラー展開の影響が大きいことが改めて確認できる．

5.5 近似誤差と累積収益の分布

多期間問題は，将来の投資環境の変化を踏まえて，将来の各期における最適

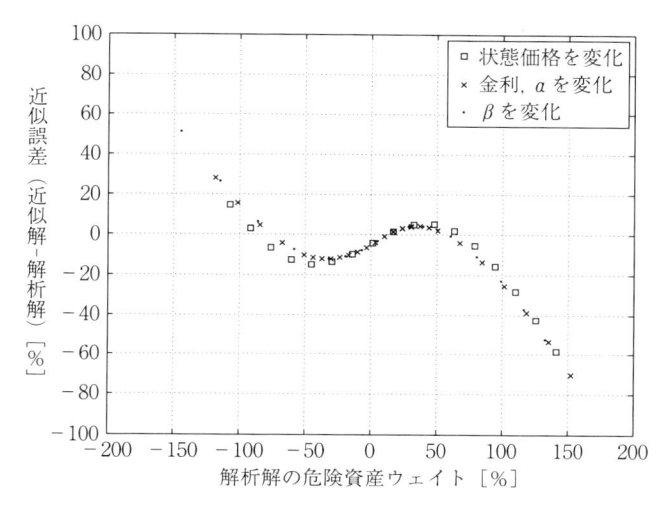

7 多期間最適ポートフォリオ問題——LSM法を利用した近似的解法の近似精度　　203

図 7-7　解析解（最適ポートフォリオ）と近似誤差
（金利周りのテイラー展開による場合）

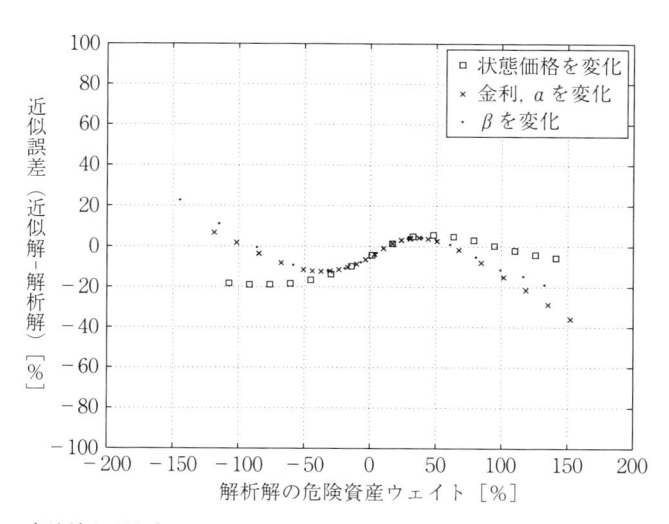

図 7-8　解析解（最適ポートフォリオ）と近似誤差
（Myopic ポートフォリオ・リターン周りのテイラー展開による場合）

ポートフォリオをも同時に決定する問題である．このため，多期間問題で近似的解法の近似精度を確認するにあたっては，評価時点だけでなく，満期までの各期，各状態における近似精度の検証が欠かせない．ここでは，近似解に基づいて投資を行った場合の累積収益と解析解に従った場合の累積収益を比較し，多期間問題における近似的解法の精度を確認する．

5.5.1 検 証 方 法

■累積収益の計算

最適ポートフォリオ（近似解）の計算のために生成したサンプルパスとは異なる累積収益評価用のサンプルパスを1,000本生成し，これに従って状態価格，危険資産価格が推移するものとして，近似解，解析解に従って投資した場合の収益をサンプルパスごとに求める．各期，各状態の近似解は，近似解の評価の際に推定した各期の条件付き期待値を与える関数に，累積収益評価用のサンプルパス上の状態価格を代入することで求める．

■検証方法

上記の方法により計算される1,000個の累積収益（満期時点のポートフォリオ価値）の分布を，近似解による場合と解析解による場合とで比較する．状態価格の初期値を除く前提条件すなわち各変数の値は表7-1に示す基準値とし，状態価格の初期値のみを−1.5，−3.5，−5.5に変えた3通りのケースについて累積収益の分布を比較する．

5.5.2 検 証 結 果

表7-3から，状態価格が−3.5のケースでは近似解による累積収益の分布と解析解による分布はほぼ一致している．また，金利周りのテイラー展開による場合と，Myopicポートフォリオ・リターン周りのテイラー展開による場合とで大きな違いは見られない．一方，状態価格が−1.5のケースでは，金利周りのテイラー展開による場合の近似誤差が大きく，このことが響き，解析解の分布との違いも目立つ結果となっている．状態価格が−5.5のケースでは，Myopicポートフォリオ・リターン周りのテイラー展開による場合の方が近似誤差，累積収益分布の解析解との差異は大きい．ただし，状態価格が−1.5のケースほど，金利周りのテイラー展開による場合との間に，顕著な違いは見られない．

7 多期間最適ポートフォリオ問題——LSM法を利用した近似的解法の近似精度

表 7-3 累積収益の分布

満期を5年,離散間隔を四半期として,モンテカルロ・シミュレーションにより生成した1,000通りの危険資産,状態価格の推移に対する満期時点の累積収益(ポートフォリオ価値)の分布を示している.累積収益は,期初時点のポートフォリオ価値を1として示している.上表は評価時点の状態価格が−1.5の場合,中表は−3.5,下表は−5.5の場合である.

評価時点の状態価格:−1.5
評価時点の期待超過リターン:45%

	評価時点の危険資産ウェイト	累積収益 (上段:累積収益,下段:解析解との差違)						
		中心値	平均	標準偏差	最大	最小	歪度	尖度
金利周り	82%	3.87	4.07	1.26	9.20	1.51	0.89	4.09
	−59%	−1.51	−1.76	−1.09	−10.84	−0.19	−0.59	−3.23
Myopic周り	135%	5.25	5.69	2.25	17.40	−0.72	1.09	4.92
	−6%	−0.12	−0.13	−0.09	−2.63	−2.43	−0.39	−2.41
解析解	141%	5.38	5.83	2.35	20.04	1.71	1.48	7.32

評価時点の状態価格:−3.5
評価時点の期待超過リターン:5%

	評価時点の危険資産ウェイト	累積収益 (上段:累積収益,下段:解析解との差違)						
		中心値	平均	標準偏差	最大	最小	歪度	尖度
金利周り	18%	1.35	1.35	0.10	1.87	1.04	0.76	5.90
	1%	−0.01	−0.01	−0.01	−0.18	0.04	−0.34	−1.74
Myopic周り	18%	1.35	1.35	0.10	1.87	1.04	0.75	5.88
	1%	−0.01	−0.01	−0.02	−0.18	0.04	−0.35	−1.77
解析解	17%	1.35	1.36	0.11	2.05	1.00	1.10	7.65

評価時点の状態価格:−5.5
評価時点の期待超過リターン:−35%

	評価時点の危険資産ウェイト	累積収益 (上段:累積収益,下段:解析解との差違)						
		中心値	平均	標準偏差	最大	最小	歪度	尖度
金利周り	−93%	2.52	2.58	0.64	5.06	1.16	0.61	3.51
	15%	−0.01	−0.04	−0.02	−0.64	−0.01	−0.19	−0.71
Myopic周り	−125%	2.78	2.89	0.83	6.04	1.11	0.70	3.60
	−18%	0.24	0.27	0.17	0.34	−0.06	−0.10	−0.61
解析解	−107%	2.54	2.62	0.66	5.70	1.17	0.80	4.22

図7-9は,上記の3通りのケースで,各期の最適ポートフォリオの平均値の推移を示したものである.この図からも,評価時点の状態価格が−3.5のケー

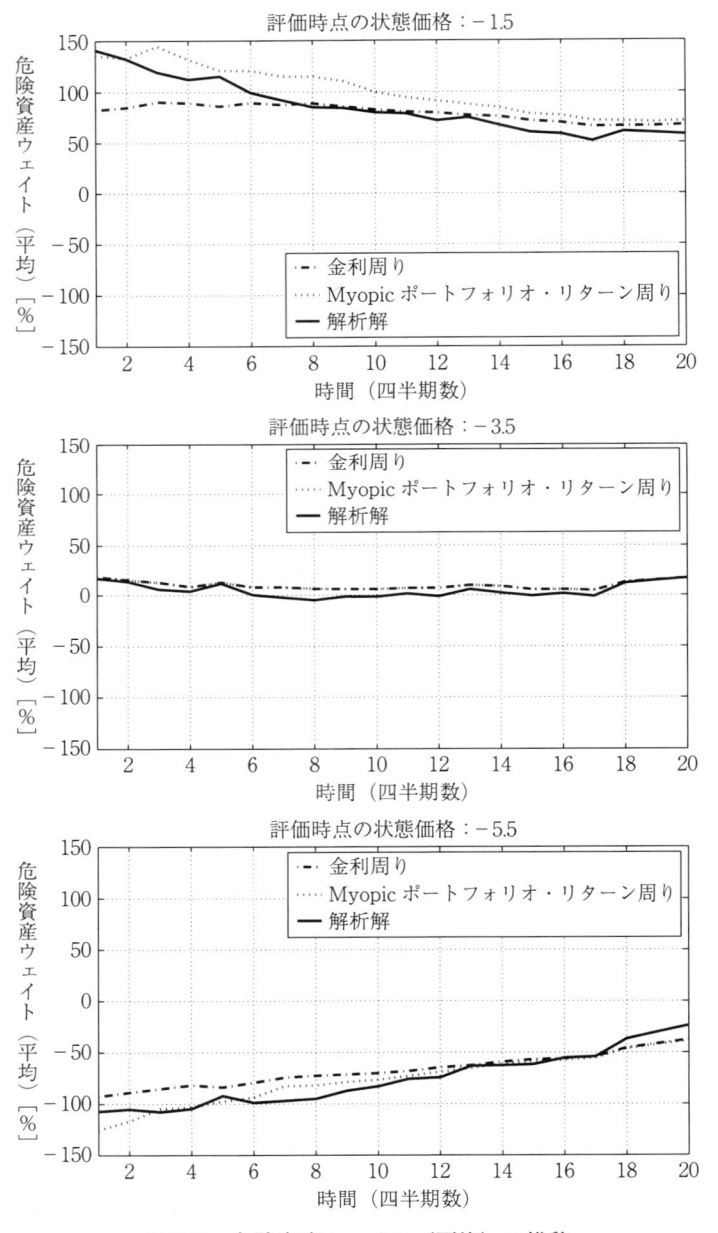

図 7-9 危険資産ウェイト（平均）の推移

スでは，金利周りのテイラー展開の場合，Myopic ポートフォリオ・リターン周りのテイラー展開による場合の両者において解析解に対する近似精度が高い一方で，その他のケースでは近似精度が悪化している様子を確認できる．また，金利周りのテイラー展開による近似解に焦点をあてると，評価時点の状態価格が -1.5，-5.5 のケースでは，危険資産ウェイトが 0% から乖離するほど，近似誤差が拡大する傾向が観察される．こうした傾向は既に確認した結果に符合するものであるが，多期間問題においては，評価時点の期待超過リターンや解析解の危険資産ウェイトの水準だけではなく，満期までの各期の期待超過リターンの分布や解析解の危険資産ウェイトの分布も，評価時点の近似誤差に影響を与えることを示唆する結果といえる．

6 近似精度と計算時間

表 7-4 は，近似的解法で近似解を求めるのに要する計算時間を，離散間隔，解法別に比較した結果である．なお，前節までの検証では，テイラー展開の際の次数を 4 次としていたが，ここでは 2 次と 4 次の計算時間についても比較している．この表から，離散間隔が短い（計算すべき期数が多い）ほど，また，テイラー展開の際の次数が多いほど，計算時間が長いことがわかる．これは，期数の増加，次数の増加が，いずれも近似解を求めるための計算量の増加を伴うためといえる．一方，金利回りのテイラー展開による場合と Myopic ポートフォリオ・リターン周りのテイラー展開による場合の比較では，計算時間に大

表 7-4 解法別の計算時間

使用計算機は，CPU：Mobile Intel Pentium4 1.9 GHz，メモリ：512 MB．単位：秒．

	離散間隔	期数	金利周り テイラー2次	Myopic 周り テイラー2次	金利周り テイラー4次	Myopic 周り テイラー4次
満期：5 年	半期	10	2.0	2.0	15.9	16.3
	四半期	20	3.6	3.7	31.2	33.0
	月次	60	10.2	10.6	94.7	99.6
満期：10 年	半期	20	3.6	3.7	32.9	33.9
	四半期	40	6.9	7.1	63.8	68.3
	月次	120	20.6	21.6	191.4	201.7

表 7-5　解法別の近似精度

評価時点の状態価格（Z の初期値）以外の前提条件を表 7-1 の基準値とし，3 通りの Z の初期値についての解法別の近似誤差（近似解-解析解）を示している．なお，離散時間は四半期としている．

		金利周り テイラー2次	Myopic 周り テイラー2次	金利周り テイラー4次	Myopic 周り テイラー4次
満期：5年	Z の初期値：−1.5	−79.9%	34.6%	−58.6%	−5.6%
	Z の初期値：−3.5	1.0%	8.1%	1.5%	1.5%
	Z の初期値：−5.5	35.8%	−46.1%	14.7%	−18.2%
	近似誤差の平均	−14.4%	−1.1%	−14.2%	−7.4%
	近似誤差の標準偏差	59.4%	41.1%	39.0%	9.9%
満期：10年	Z の初期値：−1.5	−85.8%	26.5%	−65.0%	−17.4%
	Z の初期値：−3.5	0.4%	7.8%	1.0%	0.9%
	Z の初期値：−5.5	38.2%	−43.5%	17.3%	−15.9%
	近似誤差の平均	−15.7%	−3.1%	−15.6%	−10.8%
	近似誤差の標準偏差	63.6%	36.3%	43.6%	10.2%

差はない．Myopic ポートフォリオ・リターン周りのテイラー展開による近似的解法の解を求める数式は，金利周りのテイラー展開による場合の数式に比べ複雑に見えるが，推定すべき条件付き期待値の数は等しいことから，計算時間に大きな差が生じないものと考えられる．

　表 7-5 は，離散間隔を四半期としたときの近似誤差を，金利周りのテイラー展開による場合と Myopic ポートフォリオ・リターン周りのテイラー展開による場合とで比較した結果である．状態価格の初期値を変えた 3 通りの近似誤差を求め，その平均，標準偏差を比較すると，2 次，4 次とも Myopic ポートフォリオ・リターン周りの方が近似誤差の平均，標準偏差ともに小さいことがわかる．この結果は，前節までの検証結果と同様，Myopic ポートフォリオ・リターン周りの方が，前提条件に関わりなく近似精度が安定していることを示唆するものである．なお，テイラー展開の際の次数の比較では，特に，Myopic ポートフォリオ・リターン周りの近似的解法において，テイラー展開の次数を 2 次から 4 次に高めることにより近似精度（近似誤差の標準偏差）の大幅な改善が見られる．計算時間は 2 次の約 10 倍要するものの，実務への適用を考えると，テイラー展開を 4 次とすることの効果はあるといえる．

7 ま　と　め

　LSM法を利用した近似的解法では様々な近似を施している．金利周りのテイラー展開による解法を用いた近似精度の検証結果からは，以下のことが考察できる．

　まず，最適ポートフォリオの離散近似については，離散間隔が短いほど，高い精度で近似できることを確認した．離散間隔が短いほど連続時間に近づくため妥当な結果といえるが，それ以外にも，1離散期間あたりの最適ポートフォリオの期待超過リターン（年率換算前）が，離散間隔が短いほど0%に近づき，テイラー展開によるバリュー関数の簡略化に伴う近似誤差が縮小することも，近似精度の向上に寄与しているものと推測される．つぎに，テイラー展開によるバリュー関数の簡略化の影響であるが，評価時点の最適ポートフォリオの期待超過リターンが0%（期待リターンが安全資産の利子率と同水準）近辺となるような条件のもとでは近似精度は高い一方，期待超過リターンが0%から大きく乖離するケースでは十分な近似精度が得られないことを，1期間問題，多期間問題の双方で確認した．これはテイラー展開の特性をそのまま反映するものであるが，この結果から，あらゆるケース（前提条件）においても，精度の高い近似解を得るためには，テイラー展開をどの周りで行うかについての検討が不可欠であることが明かとなった．最後に，条件付き期待値のLSM法による推定に関してであるが，テイラー展開によるバリュー関数の簡略化に伴う近似誤差が小さいときには推定誤差も小さい一方，テイラー展開による誤差が大きいケースでは最終的に得られる近似解の解析解に対する近似誤差を増幅させる方向に，大きな推定誤差が生じることを概観した．

　以上から，LSM法を利用した近似的解法の近似誤差は，様々な近似のなかでも特にバリュー関数のテイラー展開による簡略化に伴う誤差に起因するものであると判断することができる．言い換えると，LSM法を利用した近似的解法を活用する上では，テイラー展開によるバリュー関数の簡略化による近似誤差を如何に抑制できるかが，重要なポイントとなるといえる．

　テイラー展開によるバリュー関数の簡略化に伴う誤差を抑制する方法として

は，離散間隔の短縮化のほか，テイラー展開の次数（今回の分析では4次までに留めた）をより多くすること等の対応が考えられる．ただこうした対応は，第6節で確認した通り，いずれも計算時間の長時間化を伴うため，実務への適用を考えた場合，自ずと限界がある．テイラー展開の特性を考慮すると，最適ポートフォリオの$t+1$時点の価値W_{t+1}にできる限り近い値の周りでテイラー展開することが，計算時間の極端な長時間化を回避しつつ近似誤差のさらなる抑制を図る上で求められる．この点を検証する目的から，Myopic ポートフォリオのリターンでW_tが1期間推移すると仮定した場合の代替的な近似的解法（Myopic ポートフォリオ・リターン周りのテイラー展開による近似的解法）についても近似精度の検証を行い，結果を比較した．

Brandt, Goyal, Santa-Clara, and Stroud（2003）の近似的解法は，W_tを安全資産100％と見立て，W_{t+1}を$W_t R^f$の周りでテイラー展開することにより近似的に最適解を求める手法である．したがって，高い精度で近似解が得られるケースが，真に最適なポートフォリオが安全資産100％に近いケースに限定されるが，このことは上述の通り1期間問題，多期間問題のそれぞれで確認した．一方，Myopic ポートフォリオ・リターン周りのテイラー展開による近似的解法では，金利周りのテイラー展開による近似的解法に比べ，高い精度で近似可能な前提条件の範囲が広いことが明確となった．Myopic ポートフォリオ・リターン周りのテイラー展開による近似的解法は，t時点の最適ポートフォリオとして Myopic なポートフォリオを仮定する解法であり，安全資産100％を仮定する金利周りのテイラー展開による解法に比べ，より広範囲な前提条件のもとで多期間問題の真の最適ポートフォリオに近い仮定となりうることが，こうした近似精度の向上に繋がっているものと考えられる．Myopic ポートフォリオと多期間問題の真の最適ポートフォリオの違いは Hedge ポートフォリオの存在であるが，Hedge ポートフォリオの資産構成に影響を与えやすいβ, σ_z, ρの水準が変化しても，現実的な前提条件のもとでの Hedge ポートフォリオの危険資産ウェイトは±10％程度の範囲内での変化に留まり，最適ポートフォリオの構成を大きく左右するほどのものではない．このため，Myopic ポートフォリオ・リターン周りのテイラー展開による近似的解法が，より幅広い前提条件のもとでも精度の高い近似が可能であることは，納得感の

ある結果といえる．

　テイラー展開によるバリュー関数の簡略化に伴う近似誤差は，評価時点の期待超過リターンや解析解における危険資産ウェイトの水準だけではなく，満期までの各期におけるサンプルパス上の期待超過リターンや解析解における危険資産ウェイトの分布にも依存することを，危険資産ウェイトの推移の比較を通じて確認した．こうした結果も踏まえると，金利周りのテイラー展開による解法が活用できる条件は極めて限定的といわざるをえない．しかしながら，Myopicポートフォリオ・リターン周りでテイラー展開することにより，計算時間の増大を抑制しつつ適応範囲を拡大できることは，LSM法を利用した近似的解法の有用性を保持するものであり，今後のさらなる改良・発展に期待が繋がる結果といえる．

　今後の課題としては，シングル・ファクター・モデルを前提とし，Kim and Ombergの解析解との比較を通じた近似精度の性質を，さらに深堀して検証することが，まず挙げられる．そしてつぎのステップとして，シングル・ファクターではなく，マルチ・ファクター・モデルを前提とした場合に，近似精度がどのような傾向となるかを確認することが必要となろう．こうしたステップを踏みつつ，問題をクリアにしていくことで，実務への適用可能性を高めていくことが求められる．

〔参考文献〕

Brandt, M., A. Goyal, P. Santa-Clara and J. R. Stroud (2003), "A Simulation Approach to Dynamic Portfolio Choice with an Application to Learning about Return Predictability," Working Paper, Duke University.

Kim, T. and E. Omberg (1996), "Dynamic Nonmyopic Portfolio Behavior," *The Review of Financial Studies*, **9**, 141-161.

Liu, J. (1999), "Portfolio Selection in Stochastic Environment," Working Paper, UCLA.

Longstaff, F. A. and E. S. Schwartz (2001), "Valuing American Option by Simulation：A Simple Least-Squares Approach," *The Review of Financial Studies*, **14**, 113-147.

Merton, R. C. (1969), "Lifetime Portfolio Selection under Uncertanity : The Continious-Time Case," *Review of Economics and Statistics*, **51**, 247-257.

Merton, R. C. (1971), "Optimum Consumption and Portfolio Rules in a Continious-Time Model," *Journal of Economic Theory*, **3**, 373-413.

Samuelson, P. A. (1969), "Lifetime Portfolio Selection by Dynamic Stochastic Programming," *Review of Economics and Statistics*, **51**, 239-246.

(ニッセイアセットマネジメント)

8 拡張 Merton モデルとその応用*

中　村　信　弘

概要　確率金利のもとで曲がった連続なデフォルト境界に対する Markov 過程の初到達時間の確率密度関数の近似計算法とその信用リスクモデルへの応用を研究する．本稿では，信用リスクの構造的アプローチ（structural approach）の範疇で，満期までにデフォルトが起こりうる，より現実的な設定をもつ Merton モデル（1974）の拡張を取り扱う．従来のフラットなデフォルト境界をもつ Black-Cox モデル（Black and Cox（1976））では，負債の調達額の期間構造を反映した負債価値の評価は不可能であったが，本稿で提案する方法を用いると，例えば，短期負債が少なく，長期負債が多い場合の負債価値の評価が可能となる．この例で，対照的に，現在価値が変わらないように，短期負債が多く，長期負債が少なくなるような資金調達構造に変えたとき，信用リスクが高まるのか，あるいは，低くなるのかといった分析を定量的に行えるようになる．Black-Cox モデルを確率金利の枠組みに拡張した Longstaff-Schwartz モデル（Longstaff and Schwartz（1995））は，信用リスクの実証研究でよく引用されるが，Collin-Dufresne and Glodstein（2001）で指摘されたように，この論文の初到達時間の計算には誤りがあることを解説し，正しい取り扱い法について言及する．最後に，曲がった連続なデフォルト境界をもつ場合の固定金利の利付き社債，および変動利付き社債の評価式を導出する．

1　序　論

近年，信用リスクのモデル化が盛んに研究されている．現在のところ，信用リスクを定量化するアプローチには，Duffe and Singleton（1999）の分類に従うなら，以下の 2 つに大別される．1 つは Merton（1974）を嚆矢とする企業価値，企業固有の情報構造に基づく"構造的"（structural）アプローチで

---

*　2006 年 11 月 2 日投稿受付，2007 年 1 月 17 日採択通知．

あり，デフォルト過程は内生的にもたらされる．2つめはそのような企業固有の情報でなく，第三者による信用査定に基づき，間接的に，企業の信用力をモデル化する"誘導型"(reduced-form) アプローチである．後者のアプローチでは，企業の信用力の変遷を格付け推移Markov行列で表すもの（格付け機関による信用査定）や，外生的に確率ハザード率の確率過程を導入し，観察される社債のスプレッドデータにあわせるもの（社債市場の参加者による信用査定）などがある．

本稿では前者の構造的アプローチによる信用リスクのモデル化を研究する．最近，確率金利下での信用リスクの構造的アプローチで代表的な文献の1つ，Longstaff-Schwartzモデルの誤りが指摘されている（Collin-Dufresne and Glodstein (2001))．本稿ではその問題点を再度，明確にし，(Collin-Dufresne and Glodstein (2001) でまだ手がけられていないいくつかのトピックを取り上げる．

信用リスクの構造的アプローチの実用化に関しては，JP Morgan (1987) のCreditMetricsやKMVモデル（Vasicek (1984), Crosbie (1997)) などが良く知られている．後者の方法は，デフォルトを満期時点においてのみ判定するMertonモデル（Merton (1974)) を基礎とし，実務的な改良が加えられたものである．本稿では，Mertonモデルのより現実的，実務的な一般化の観点からの研究として，Collin-Dufresne and Glodstein (2001) で提案されたデフォルトバリアに対する初到達時間の確率分布を計算する積分方程式法を援用して，確定金利，フラットなデフォルトバリアの設定のもとで展開されたBlack and Cox (1976) の株式価値，負債価値の評価問題を確率金利，曲がったデフォルト境界に拡張して再考する．この研究成果はKMVモデルの実務的拡張を与えるものであり，実証に繋がると思われる．

本稿の構成は以下の通り．第2節では確率金利下で期中デフォルトのある企業価値変動モデルの枠組みで，連続で滑らかな曲がったデフォルト境界に対する初到達時間の確率密度関数の近似計算アルゴリズムを，第3節では期中のデフォルトを考慮したいくつかの条件付き請求権の評価を考察する．最後の節は要約と今後の課題にあてられる．

2 企業価値の変動モデル

将来の不確実な企業価値の変動をモデル化する常套手段は，その資産価値の変動過程にある確率過程でモデル化するものである．構造的アプローチの基本である Merton のモデルはこれに 1 次元の Markov 過程（drift 付き幾何 Brown 運動）を導入する．このモデルで満期以前の期中におけるデフォルトを考慮したモデルが Black-Cox モデルである．本稿では，さらにこれを一般化し，確率金利の設定で，期中のデフォルトも考慮し，曲がったデフォルト境界も許容するモデルを考察する．それは Longstaff-Schwartz モデルの一般的拡張となっている．そして，ここでの記述は Longstaff-Schwartz モデルの記述の誤りを訂正したものになっている．

2.1 1次元の初到達時間の数値計算と信用リスクへの応用

まず，初めに，構造的アプローチの基本モデルである Merton モデルとそれを実務に応用した KMV モデルの概略を説明する．これらのモデルでは，企業の資産価値 A_t が次の確率微分方程式（SDE）に従って変動すると仮定する．

$$\frac{dA_t}{A_t} = \mu dt + \sigma dB_t \tag{2.1}$$

ここで，確率空間を $(\Omega, \mathcal{F}, \boldsymbol{F}, P)$，$\boldsymbol{F} := (\mathcal{F}_t)_{t \geq 0}$ を標準 Brown 運動 $(B_t)_{0 \leq t \geq T}$ の生成するフィルトレーションとする．企業のデフォルトは満期時点 T でのみ判定されるのが，このモデルの大きな特徴である．企業の負債の満期を T とすると，企業の株式価値は，資産価値 A_t を原資産とし，負債額 D をストライク・プライスとするコール・オプションとして表される．完備市場を仮定し，資産価格に関するリスクの市場価格

$$\phi = \frac{\mu - r}{\sigma}$$

からリスク中立確率 P^* を

$$\left.\frac{dP^*}{dP}\right|_{\mathcal{F}_t} = e^{-\phi B_t - (1/2)\phi^2 t^2}$$

を定義する．式 (2.1) は P^* のもとで Brown 運動の B_t^* を用いて

$$\frac{dA_t}{A_t} = rdt + \sigma dB_t^* \tag{2.2}$$

と表される．このとき，株式価値 S_t は式 (2.2) の解を用いて以下のように評価される．

$$\begin{aligned} S_t &= e^{-r(T-t)} \boldsymbol{E}^*[(A_T-D)^+|\mathcal{F}_t] \\ &= A_t \boldsymbol{\Phi}_1(d) - e^{-r\tau} D \boldsymbol{\Phi}_1(d-\sigma\sqrt{\tau}) \end{aligned} \tag{2.3}$$

ここで，$\tau := T-t$，$\phi_1(x,m,v)$ は平均 m，分散 v の 1 次元正規分布の確率密度関数，$\boldsymbol{\Phi}_1(z)$ は 1 次元標準正規分布の分布関数，d は

$$d := \frac{\ln(A_t/D) + (r+\sigma^2/2)\tau}{\sigma\sqrt{\tau}}$$

である．資産の確率過程が式 (2.1) のように与えられたとき，時点 t での実確率のもとでのデフォルト確率 $P(V_T \leq D)$（KMV モデルでは "Expected Default Frequency"（EDF）と呼ばれている）は

$$P(A_T \leq D) = \boldsymbol{E}[\mathbf{1}_{\{(A_T \leq D)\}}|\mathcal{F}_t] = \boldsymbol{\Phi}_1(-\bar{d}) \tag{2.4}$$

と計算される．ここで，

$$\bar{d} := \frac{\ln(A_t/D) + (r-\sigma^2/2)\tau}{\sigma\sqrt{\tau}} \tag{2.5}$$

は，KMV モデルでは，デフォルトまでの距離（Distance-to-Default, DD と以下略す）と呼ばれ，上記の EDF (2.4) とあわせて，信用リスクを計量化する重要な指標として使われている．企業の実データから推計されたデフォルト確率は，理論式 (2.4) とつきあわされ，EDF と DD の関係を統計分析することにより，非線形な 1 対 1 写像の関係式が見出されている．モデルの具体的なデフォルト境界 D としては，リスクホライズンにおける一定の組み合わせ「(長期負債)/2 + (短期負債)」が採られている（Crosbie (1997)）．これは，資産価値が短期負債のレベルを下回れば，デフォルトは起きるが，長期負債の半分程度まで資産価値が減少しても，実際にはデフォルトは起きていないという米国市場の実際の分析による（Crouhy, Galai and Mark (1976））．しかし，KMV モデルでは，負債の満期でしか，デフォルトの判定をしない単純な Merton モデルの枠組みを援用しており，また，長期負債と短期負債の組み合

わせである負債のレベルは，実際には，短期負債を期中に返済したりして，満期まで一定ではなく，期中でもデフォルトは起きるのが通常の場合であるから，これらの特性を取り込めるデフォルトバリア型の定式化が，より現実に近いものといえる．このように，実務上，単純でフラットな境界以外を考えるべき場合が多々ある．

それでは，そのようなより一般的な曲がったデフォルト境界に対してどのような評価方法がありうるのであろうか？　フラットな境界の初到達時間の確率を求める指導原理は Brown 運動の反射原理（reflection principle）であったが，曲がった境界では，これは使えない[1]．答えは Brown 運動の（強）Markov 性を用いて，直接，積分方程式を解く方法である（Longstaff and Schwartz (1995)，Collin-Dufresne and Glodstein (2001))．

2次元の初到達時間の計算に入る前に，まず，1次元の問題で，本稿で述べる数値計算法の精度を検証しておこう．フラットな境界に対する1次元の初到達時間の確率密度関数は解析的に求められているので，それを比較対象とする．$x_t := \ln A_t$ とし，$\pi(t, x_t | s, x_s)$ を時点 s の状態 x_s から時点 t の状態 x_t への推移確率，$g(t)$ を所与の下方バリア $\underline{x}_t$，$0 \leq t \leq T$ とすると，x_t の Markov 性より，$t \geq s \geq u$，$x_u \geq \underline{x}_u$ としてつぎの積分方程式が成り立つ．

$$\pi(t, x_t | u, x_u) = \int_u^t g(s) \pi(t, x_t | s, \underline{x}_s) ds, \quad x_t < \underline{x}_t \tag{2.6}$$

上式で $u=0$ とし，両辺を x_t で $(\infty, \underline{x}_t]$ の範囲で積分し，変数 x_t を消去した確率をつくる．

$$\Phi_1\left(\frac{\underline{x}_t - M(t, 0; x_0)}{S(t, 0)}\right) = \int_0^t \Phi_1\left(\frac{\underline{x}_t - M(t, s; \underline{x}_s)}{S(t, s)}\right) g(s) ds \tag{2.7}$$

ここで，

$$M(t, s; x) = x + \mu(t-s)$$
$$S(t, s) = \sigma\sqrt{t-s}$$

この積分方程式 (2.7) は，つぎのように，時間方向に離散化して簡単に解く

---

[1] 初到達時間の確率密度関数の満たす Chapman-Kolmogorov の前向き偏微分方程式（PDE）を吸収壁の境界条件のもとで解く方法も考えられるが，後述する確率金利の設定では状態変数 2 つの PDE を解かなければならず，さらに，状態変数が増える場合には対処することが困難になるであろう．

ことができる．n を時間の分割数とすると，

$$\Phi_1(a_i) = \sum_{j=1}^{i} \Phi_1(b_{i-j+1/2}) q_i, \quad i=1,\ldots,n \tag{2.8}$$

ここで，

$$a_i := \frac{x_i - M(t_i, 0 \,;\, x_0)}{S(t_i, 0)}$$

$$b_{i-j+1/2} := \frac{x_i - M(t_i, t_j - \Delta t/2 \,;\, x_j)}{S(t_i, t_j - \Delta t/2)}$$

$$q_j := \Delta t g\left(t_j - \frac{\Delta t}{2}\right)$$

$\Phi_1(b_{i-j+1/2})$ は下三角行列になるため，この q_j に対する連立1次方程式は効率的に解くことができる．この解法では下方バリア $\underline{x}_t$ は曲がった境界でも良いため，より汎用的手法といえよう．

なお，式（2.6）で，終端条件を $x_t > \underline{x}_t$ に変えると，つぎのような切断した推移確率が式（2.6）を利用して得られる．

$$\pi^{trunc}(t, x_t | 0, x_0) = \pi(t, x_t | 0, x_0) - \int_0^t g(s) \pi(t, x_t | s, \underline{x}_s) ds \tag{2.9}$$

$g(s)$ を上述のアルゴリズムで求めておき，この式（2.9）に代入すると，任意の（滑らかな）曲がったデフォルト境界に対する推移確率が計算できる．

数値計算例

つぎの図 8-1 はフラットな境界に対する初到達時間の確率密度関数 $g(t)$ の解析的表現（Karatzas and Shreve（1991））

$$\begin{aligned} g(t) &= \frac{\partial P(\tau \leq t)}{\partial t} \\ &= \frac{|m|}{\sigma\sqrt{2\pi t^3}} e^{-(-m+\mu_x t)^2/2\sigma^2 t} \end{aligned} \tag{2.10}$$

ここで，

$$P(\tau \leq t) = \Phi_1\left(\frac{-m-\mu_x t}{\sigma\sqrt{t}}\right) + e^{-(2m\mu_x/\sigma^2)} \Phi_1\left(\frac{-m+\mu_x t}{\sigma\sqrt{t}}\right)$$

$$m := \log A_0 - \log D > 0, \quad \mu_x := \mu - \frac{\sigma^2}{2}$$

と本節の近似解法を用いて計算したものである．表 8-1 からも，本節の近似解

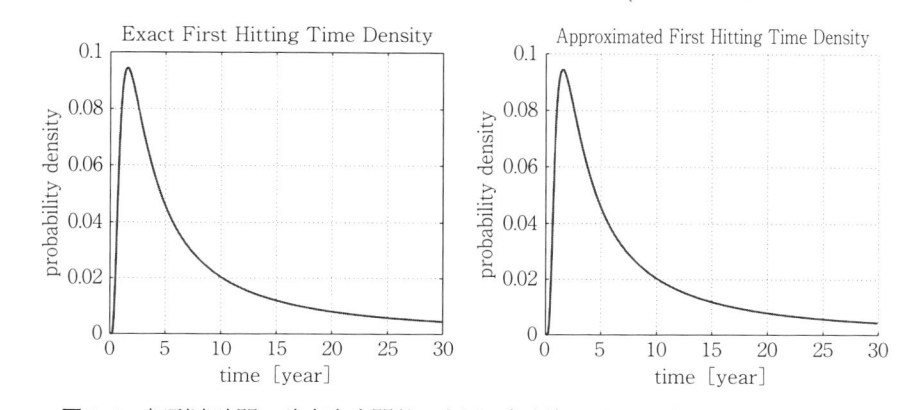

8 拡張 Merton モデルとその応用　*219*

図 8-1　初到達時間の確率密度関数；左図は解析解，右図は積分方程式を解いて得られた近似解
　　　　パラメータは以下の通り；$A_0=1$, $\mu=0.025$, $\sigma=0.2$, $D=0.65$, $\Delta t=0.1$．

表 8-1　初到達時間の確率密度関数

時間（年）	解析解	近似解
0.5	0.01556532	0.01571737
1	0.07648822	0.07640307
2	0.09095146	0.09094283
3	0.07313419	0.07313493
4	0.05758078	0.05758200
5	0.04620124	0.04620212
10	0.02048421	0.02048434
20	0.00808413	0.00808414
30	0.00455466	0.00455466

法が精度良く解を求めていることがわかる．いうまでもなく，時間分割数を多くするとより精度を上げることができる．また，この数値計算は，連立1次方程式を解くだけなので，非常に短い時間で結果を得ることができる．

2.2　確率金利下で期中デフォルトのある企業価値変動モデル

　期中のデフォルトがある場合の計算は，一般の確率金利モデルでは解析的な導出が難しいため，それをさらに特定化する必要がある．ここでは，確率金利は1-ファクターの Hull-White モデルの Ornstein-Uhlenbeck（OU）確率過

程を仮定する．構造的アプローチで，このような状態変数が2つあり，期中の
デフォルトを考慮する定式化は Longstaff and Schwartz (1995) が最初の代
表的論文である．

企業価値の対数を取ったものを $l_t := \ln A_t$, デフォルト境界の対数を
$\underline{l}(t) := \ln \underline{A}(t)$ と書こう．確率空間を $(\Omega, \mathcal{F}, P, \mathbf{F})$, $\mathbf{F} := (\mathcal{F}_t)_{t \geq 0}$ を独
立な2次元 BM $(B_0(t), B_1(t))_{t \geq 0}$ で生成される P-augmented filtration と
する．リスク中立確率 $P^* (\sim P)$ のもとで，企業価値の対数と短期金利の従う
SDE は次式で与えられると仮定する．

$$dr_t = (\theta - \kappa r_t) dt + \sigma_0 dB_0^*(t)$$
$$dl_t = \left(r_t - r_t - \delta - \frac{\sigma_2^1}{2}\right) dt + \sigma_1 (\rho dB_0^*(t) + \sqrt{1-\rho^2} dB_1^*(t)) \quad (2.11)$$

ここで，θ は P^* で調整されたパラメータであり，$B_0^*(t)$, $B_1^*(t)$ は互いに
独立な P^*-標準 Brown 運動である．Longstaff and Schwartz (1995) の論文
が正しくない点は，一言でいえば，SDE (2.11) が不確実性の源泉を2つも
つ2次元 Markov 過程であるにもかかわらず，あたかも1次元のような取り
扱いをしてしまっている点にある．

確率金利の推移確率に関して，式 (2.11) の設定では，以下のように，正確
な2次元 Markov 過程の取り扱いをしなければならない．$\forall l_t < \underline{l}(t)$ に対し
て[2]

$$f(t, r_t, l_t | 0, r_0, l_0) = \int_0^t ds \int_{-\infty}^{\infty} dr_s g_2(s, r_s, l_s = \underline{l}(s) | 0, r_0, l_0) \quad (2.12)$$
$$f(t, r_t, l_t | s, r_s, l_s = \underline{l}(s))$$

この式 (2.12) で，企業価値が時刻 s でデフォルト境界をヒットしたとき，
瞬間的な確率金利 r_s を積分して消す処理をしなければならない．Longstaff
and Schwartz (1995) では，l_t のみの1次元の Markov 過程の推移確率が使
われ，1次元の積分方程式 (Longstaff and Schwartz (1995) の式 (A 6)) が
導出されている．この式が誤りであり，実際には，2次元 Markov 過程

---
[2] $\forall l_t \geq \underline{l}(t)$ に対しては，$s(r_t, l_t)$ を生存確率とすると（つまり，l_t が時刻 t までに
その境界に到達していないという確率），式 (2.12) はつぎのように修正される．
$f(t, r_t, l_t | 0, r_0, l_0)$
$= \int_0^t ds \int_{-\infty}^{\infty} dr_s g_2(s, r_s, l_s = \underline{l}(s) | 0, r_0, l_0) f(t, r_t, l_t | s, r_s, l_s = \underline{l}(s)) + S(r_t, l_t)$

8 拡張 Merton モデルとその応用

(l_t, r_t) の推移確率を用いた式 (2.12) のような積分方程式を解かなければならない．

以降の計算の便宜上，つぎの諸量を定義しよう．$\boldsymbol{\Psi}(t, r_t) := \int_{-\infty}^{\underline{l}(t)} dl_t f(t, r_t, l_t|0, r_0, l_0)$，$\psi(t, r_t|s, r_s) := \int_{-\infty}^{\underline{l}(t)} dl_t f(t, r_t, l_t|s, r_s, l_s = \underline{l}(s))$，$g_2(s, r_s) := g_2(s, r_s, l_s = \underline{l}(s)|0, r_0, l_0)$．式 (2.12) の両辺を l_t に関して $-\infty$ から $\underline{l}(t)$ まで積分すると，$\boldsymbol{\Psi}(t, r_t) = \int_0^t ds \int_{-\infty}^{\infty} dr_s g_2(s, r_s) \psi(t, r_t|s, r_s)$．この積分方程式は未知の関数 $g_2(s, r_s)$ に関する方程式で，数値的に，時間軸と，状態変数 r_s を離散化してつぎのように解くことができる；時間軸は n_T 等分し，金利軸 r_s は n_r 等分するものとする．ここで $t_j = j\Delta t$，$\Delta t := T/n_T$，$r_i = \underline{r} + i\Delta r$，$\Delta r := (\overline{r} - \underline{r})/n_r$．そのとき，

$$\boldsymbol{\Psi}(t_j, r_i) = \sum_{k=1}^{j} \sum_{l=1}^{n_r} \psi(t_j, r_i|t_k, r_l) g_2(t_k, r_l) \Delta t \Delta r \tag{2.13}$$

この離散連立方程式 (2.13) を解いて得られる $g_2(t_k, r_l)$ から P^* のもとでの l_t がデフォルト境界を最初にヒットする確率，すなわち，デフォルト確率は $P^*(\tau_l < t ; r_0, l_0) = \sum_{j=1}^{n_T} \sum_{i=1}^{n_r} g_2(t_j, r_i) \Delta t \Delta r$ のように求められる．これを t で偏微分すれば，デフォルト時刻の確率密度関数 $f(t) \approx \sum_{i=1}^{n_r} g_2(t_j, r_i) \Delta r$ が得られる．

式 (2.13) の $\boldsymbol{\Psi}$ と ψ を計算するためには，Bayes の規則を適用して，r_t に条件付けられた 2 変量確率密度関数 $f(t, r_t, l_t|s, r_s, l_s) = f(t, l_t|s, r_t, r_s, l_s) f(t, r_t|s, r_s, l_s)$，$(\forall s \in [0, T], s < t)$ を計算する．そして，

$$\boldsymbol{\Psi}(t, r_t) = f(t, r_t|0, r_0, l_0) \int_{-\infty}^{\underline{l}(t)} dl_t f(t, l_t|0, r_t, r_0, l_0)$$

$$\psi(t, r_t|s, r_s) = f(t, r_t|s, r_s, l_s = \underline{l}(s)) \int_{-\infty}^{\underline{l}(t)} dl_t f(t, l_t|s, r_t, r_s, l_s = \underline{l}(s))$$

2 次元 Markov 過程 (r, l) において，r_t に条件付けられた l_t の平均，分散は $s < t$ として，

$$\mu(t, r_t|s, r_s, l_s) := \boldsymbol{E}_s^*[l_t|r_t] = \boldsymbol{E}_s^*[l_t] + \frac{\mathrm{Cov}_s^*(r_t, l_t)}{\mathrm{Var}_s^*(r_t)} (r_t - \boldsymbol{E}_s^*[r_t])$$

$$\Sigma^2(t, r_t|s, r_s, l_s) := \mathrm{Var}_s^*[l_t|r_t] = \mathrm{Var}_s^*[l_t] - \frac{\mathrm{Cov}_s^{*2}(r_t, l_t)}{\mathrm{Var}_s^*(r_t)}$$

のように表現される．これらを使って，最終的に，積分方程式 (2.13) に現れ

る Ψ, ψ の単純な表現

$$\Psi(t, r_t) = f(t, r_t|0, r_0, l_0) \Phi_1\left(\frac{\underline{l}(t) - \mu(r_t|r_0, l_0)}{\Sigma(r_t|r_0, l_0)}\right)$$

$$\psi(t, r_t|s, r_s) = f(t, r_t|s, r_s, l_s = \underline{l}(s)) \Phi_1\left(\frac{\underline{l}(t) - \mu(r_t|r_s, l_s = \underline{l}(s))}{\Sigma(r_t|r_s, l_s = \underline{l}(s))}\right)$$

が得られる．ここで $f(t, r_t|s, r_s)$ は瞬間金利（1次元 Markov 過程）$(r_t)_{t \geq 0}$ の推移確率密度関数である．

3 デフォルト境界をもつ条件付き請求権

3.1 デフォルト境界をもつ株式価値

Merton モデルでは，企業のデフォルトは期末の，すなわち，オプションの満期時点においてのみ起きることを仮定していた．本節では，期末だけでなく，期中に起きるデフォルトも考慮した拡張 Merton モデルを考察する．そのために，Black and Cox（1976）と同様に，企業価値が所与のデフォルト境界 $\underline{A}(t)$（$\underline{A}(T) \leq D$ とする）をヒットしたときにデフォルトが起きるものと仮定する．デフォルト時刻を τ と書く．$\tau = \inf\{t|A_t \leq \underline{A}(t)\}$．株式価値に対する評価すべき条件付き請求権は確率金利 r_t で定義されたマネーマーケットアカウント（money-market-account）$B_t := \exp(\int_0^t r_u du)$ を用いて表すと

$$S_t = E^*\left[\frac{B_t}{B_T}(A_T - D)^+ \mathbf{1}_{\{\tau \geq T\}}|\mathcal{F}_t\right] \tag{3.1}$$

この条件付き請求権の意味は，期中にデフォルトが起きれば，株主の取り分は 0，期末までデフォルトが起こらなければ，通常の株主の取り分 $(A_T - D)^+$ が貰えるというものである．この条件付き請求権の計算は，フラットな境界の場合はエキゾティック・オプションの1つでバリア型オプションの計算とほとんど同じであるが，曲がった境界の場合は解析解の形で求めることができないため，本稿の積分方程式による解法が有効な計算手段となる．

今，評価しようとしている条件付き請求権（3.1）は期待値の中にデフォルトの指示関数のほかに企業価値や割引債券価格が入ったやや複雑な形をしているため，以下で説明するような価値尺度財（numéraire）の変更に伴う確率測

度の変換を行うのが便利である．

まず，式 (3.1) の第 1 項の評価に関して，通常のマネーマーケットアカウントから企業価値 A_t への価値尺度財の変更を考えてみよう．$\sigma_A := (\sigma_1\rho, \sigma_1\sqrt{1-\rho^2})$ として，対応する新しい確率測度 P^A を，Radon-Nikodým 密度関数より，つぎのように定義する．$dP^A/dP^*|_{\mathcal{F}_t} = A_t/(A_0 B_t) = \mathscr{E}(\int_0^\cdot \phi^A dB^*)_t =: Z_t^A, \phi_k^A := \sigma_{Ak}, (k=1, 2), P^A(\Lambda) = \boldsymbol{E}^A[\mathbf{1}_\Lambda] = \boldsymbol{E}^*[Z_t^A \mathbf{1}_\Lambda], \Lambda \in \mathcal{F}_t$．このとき，新たに定義した $B_k^A(t) = B_k^*(t) - \int_0^t \phi_k^A(t)\,dt, (k=1, 2)$ は $(P^A, \boldsymbol{F})$-BM となる．そのとき，SDE (2.11) は

$$dr_t = (\theta + \rho\sigma_0\sigma_1 - kr_t)\,dt + \sigma_0 dB_0^A(t)$$
$$dl_t = \left(r_t - \delta + \frac{\sigma_1^2}{2}\right)dt + \sigma_1(\rho dB_0^A(t) + \sqrt{1-\rho^2}\,dB_1^A(t)) \quad (3.2)$$

となる．$\boldsymbol{\Phi}(t) := e^{-kt}$ とすると，これらの SDE (3.2) の解は

$$r(s) = r(t)\boldsymbol{\Phi}(s-t) + \int_t^s (\theta(u) + \rho\sigma_0\sigma_1)\boldsymbol{\Phi}(s-u)\,du$$
$$\qquad + \sigma_0 \int_t^s \boldsymbol{\Phi}(s-u)\,dB_0(u), \quad s > t$$
$$l(s) = l(t) + r(t)V_k(s-t) + \boldsymbol{\Theta}(t,s) - d(t,s)$$
$$\qquad + \left\{\int_t^s (\sigma_0 V_k(s-u) + \sigma_1\rho)\,dB_0(u) + \sigma_1\sqrt{1-\rho^2}\int_t^s dB_1(u)\right\} \quad (3.3)$$

のように求められる．これらから，デフォルトのない割引債価格は

$$P(t,T) = \boldsymbol{E}^*[e^{-\int_t^T r(u)du}|\mathcal{F}_t] =: e^{-V_k(T-t)r(t) - \boldsymbol{\Theta}(t,T) + 1/2\sigma_0^2(T-t)} \quad (3.4)$$

となる．ここで，$V_k(T-t) := \int_t^T ds\,\boldsymbol{\Phi}(s-t) = (1-e^{-k(T-t)})/k$, $\boldsymbol{\Theta}(t,T) := \int_t^T du\,\theta V_k(T-u) = \int_t^T \theta(1-e^{-k(T-u)})/\varkappa\,du$, $\sigma_0^2(T-t) := \sigma_0^2 \int_t^T V_k^2(T-u)\,du$, $d(t,s) := \left(\delta - \frac{\sigma_1^2}{2}\right)(s-t)$. 解 (3.3) から

$$\begin{pmatrix} \boldsymbol{E}^A[r(s)|\mathcal{F}_t] \\ \boldsymbol{E}^A[l(s)|\mathcal{F}_t] \end{pmatrix} = \begin{pmatrix} r(t)\boldsymbol{\Phi}(s-t) + \int_t^s (\theta + \rho\sigma_0\sigma_1)\boldsymbol{\Phi}(s-u)\,du \\ l(t) + r(t)V_k(s-t) + \boldsymbol{\Theta}(t,s) - d(t,s) \end{pmatrix} \quad (3.5)$$

$\text{Cov}_t^A(r(s), l(s))$
$$= \begin{pmatrix} \sigma_0^2 \int_t^s \boldsymbol{\Phi}^2(s-u)\,du & \sigma_0 \int_t^s \boldsymbol{\Phi}(s-u)(\sigma_0 V_k(s-u) + \sigma_1\rho)\,du \\ \sigma_0 \int_t^s \boldsymbol{\Phi}(s-u)(\sigma_0 V_k(s-u) + \sigma_1\rho)\,du & \int_t^s (\sigma_0^2 V_k^2(s-u) + 2\sigma_0\sigma_1\rho V_k(s-u) + \sigma_1^2)\,du \end{pmatrix}$$
$$(3.6)$$

つぎに，式 (3.1) の第2項の評価に関して，価値尺度財を通常のマネーマーケットアカウントから満期 $s(>t)$ の割引き債価格 $P(t,s)$ に変える変更に対応した，いわゆる，Q_s-先渡し確率測度をつぎに定義しよう．対応する SDE (2.11) は

$$dr_t = (\theta - \sigma_0^2 V_k(s-t) - kr_t) dt + \sigma_0 dB_0^{Q_s}(t)$$

$$dl_t = \left(r_t - \delta - \frac{\sigma_1^2}{2} - \sigma_0 \sigma_1 \rho V_k(s-t)\right) dt + \sigma_1(\rho dB_0^{Q_s}(t) + \sqrt{1-\rho^2} dB_1^{Q_s}(t))$$

(3.7)

となる．Girsanov の定理より，Q_s は Radon-Nikodým 密度関数 $dQ_s/dP^*|_{\mathcal{F}_t} = \mathcal{E}(-\int_0^{\cdot} \phi^s dB^*)_t =: Z_t^s, \phi^s(t) := (\sigma_0 V_k(s-t), 0)$ で定義され，$Q_s(\Lambda) = E^{Q_s}[\mathbf{1}_\Lambda] = E^*[Z_t^s \mathbf{1}_\Lambda], \Lambda \in \mathcal{F}_t$ となる．そして，新しい確率過程 $(B_k^{Q_s}(t))_{t \geq 0}$，$B_k^{Q_s}(t) = B_k^*(t) + \int_0^t \phi_k^s(u) du, (k=1,2)$ は $(Q_s, \mathbf{F})$-Brown 運動となる．このとき，SDE (3.7) の解はつぎのように求められる．

$$r(s) = r(t) \boldsymbol{\Phi}(s-t) + \int_t^s (\theta(u) - \sigma_0^2 V_k(s-u)) \boldsymbol{\Phi}(s-u) du$$
$$+ \sigma_0 \int_t^s \boldsymbol{\Phi}(s-u) dB_0^{Q_s}(u), \quad s > t$$
$$l(s) = l(t) + r(t) V_k(s-t) + \hat{\boldsymbol{\Theta}}(t,s) - d_Q(t,s)$$
$$+ \left\{\int_t^s (\sigma_0 V_k(s-u) + \sigma_1 \rho) dB_0^{Q_s}(u) + \sigma_1\sqrt{1-\rho^2}\int_t^s dB_1^{Q_s}(u)\right\}$$

(3.8)

ここで $d_Q(t,s) := \left(\delta - \frac{\sigma_1^2}{2}\right)(s-t)$, $\hat{\boldsymbol{\Theta}}(t,s) := \int_t^s (\theta(u) + \sigma_0 \sigma_1 \rho) V_k(s-u) du$. 解 (3.8) から

$$\begin{pmatrix} E^{Q_s}[r(s)|\mathcal{F}_t] \\ E^{Q_s}[l(s)|\mathcal{F}_t] \end{pmatrix} = \begin{pmatrix} r(t)\boldsymbol{\Phi}(s-t) + \int_t^s (\theta(u) - \sigma_0^2 V_k(u-t))\boldsymbol{\Phi}(s-u) du \\ l(t) + r(t) V_k(s-t) + \hat{\boldsymbol{\Theta}}(t,s) - d_Q(t,s) \end{pmatrix}$$

$\text{Cov}_t^{Q_s}(r(s), l(s))$ は式 (3.6) と同じである．

以上より，積分領域を $R_A := \{A_T > D\}$ とすると，前述の条件付き請求権 (3.1) はつぎのように評価される．

$$E^*\left[\frac{A_T}{B_T} \mathbf{1}_{\{\tau > T, A_T > D\}}\right] = A_0 E^A[\mathbf{1}_{\{\tau > T, l_T > \ln D\}}]$$

$$
\begin{aligned}
&= A_0 \boldsymbol{\Phi}_1\!\left(\frac{\boldsymbol{E}^A[l_T|l_0]-\ln D}{\sqrt{\operatorname{Var}_0^A(l_T)}}\right)\\
&\quad - A_0 \int_0^T\!\!\int_{-\infty}^{\infty} g_A(s|r_s,\underline{l}_s)\,dr_s\,\boldsymbol{\Phi}_1\!\left(\frac{\boldsymbol{E}^A[l_T|\underline{l}_s,\mathscr{F}_s]-\ln D}{\sqrt{\operatorname{Var}_s^A(l_T)}}\right)ds =: A_0 I_A
\end{aligned}
$$
(3.9)

$$
\begin{aligned}
\boldsymbol{E}^*\!\left[\frac{P(T,T)}{B_T}\mathbf{1}_{\{\tau>T, A_T>D\}}\right] &= P(0,T)\,\boldsymbol{E}^{Q_T}[\mathbf{1}_{\{\tau>T, l_T>\ln D\}}]\\
&= P(0,T)\!\left[\boldsymbol{\Phi}_1\!\left(\frac{\boldsymbol{E}^{Q_T}[l_T|l_0]-\ln D}{\sqrt{\operatorname{Var}_0^{Q_T}(l_T)}}\right)\right.\\
&\quad \left. -\int_0^T\!\!\int_{-\infty}^{\infty} g_{Q_T}(s|r_s,\underline{l}_s)\,dr_s\,\boldsymbol{\Phi}_1\!\left(\frac{\boldsymbol{E}^{Q_T}[l_T|\underline{l}_s,\mathscr{F}_s]-\ln D}{\sqrt{\operatorname{Var}_s^{Q_T}(l_T)}}\right)ds\right] =: P(0,T) I_D
\end{aligned}
$$
(3.10)

株式価値は式 (3.9), (3.10) から $S(0) = A_0 I_A - DP(0,T) I_D$ となる. $g_A(\cdot)$, $g_{Q_T}(\cdot)$ は,それぞれ対応する確率測度のもとで表現した $\boldsymbol{\Psi}, \psi$ を代入した積分方程式 (2.13) を解いて得られる. 式 (3.9), (3.10) の I_A, I_D の計算では,この解 $g(\cdot)$ を用いて, $l_t > \underline{l}(t)$ に対して,デフォルト境界 $\{\underline{l}(s)\}_{0 \leq s \leq t}$ 以下で 0 となる切断確率密度関数が使われた. 上式の右辺第 2 項はデフォルト境界に吸収される確率に対応している.

さて,具体的な数値例で確率金利のもとでの期中デフォルトの影響を見てみよう. まず最初の例として, $\underline{l}(t) = \underline{l}_0 \pm \Delta l /(1+e^{-\lambda(t-t_{th})})$ のように試験的に曲がったデフォルト境界 (図 8-2) を考えてみよう. このような分析は,従来の企業価値のみに不確実性を入れ,しかも Brown 運動の反射原理がうまく使える一定かつフラットなデフォルト境界をもつモデルでは不可能であったものであり,現実の企業の資金調達で想定される,徐々に短期負債を増やす,または減らすときに対応した漸増型,漸減型の曲がったデフォルト境界を念頭においている. それらが株式価値や負債価値にどのように影響するかを以下で見ることにしよう. 漸増する曲がったデフォルト境界の場合は,初期の段階でデフォルト境界が低いレベルであるため,ヒットする確率は小さいが満期が近づくにつれて,デフォルト境界のレベルが上昇し,ヒットする確率は高くなる. 一方,漸減する曲がったデフォルト境界の場合には,初期段階で既にデフォルト境界が高いレベルにあり,デフォルトは高い確率で起こってしまう. この結

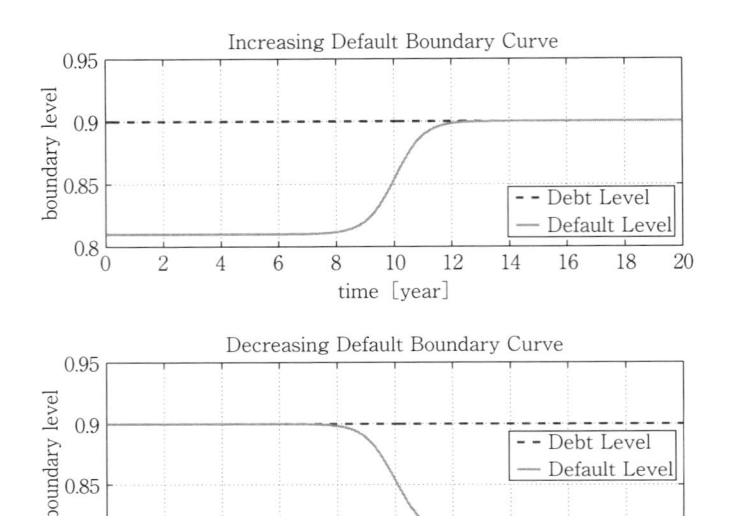

図 8-2 2つの曲がったデフォルト境界

果,漸増型デフォルト境界より,累積デフォルト確率は高めになる.図8-3 (a) はそれを示している.数値例は20年まで80分割し,r は適当な上下限を100等分した.各パラメータは以下の通り.$\rho=z-0.25$, $A_0=1$, $k=1$, $\theta=0.06$, $\sigma_0=\sqrt{0.001}$, $\sigma_1=0.2$, $r_0=0.04$, $\delta=0$, $D=0.9$, $\underline{l}=\ln(0.9D)$, $T=20$, $\Delta l=|\ln(D)-\underline{l}|$, $\lambda=2$, $t_{th}=T/2$. 漸増型デフォルト境界では20年めの累積デフォルト確率は0.4221,期中のデフォルトを考慮した株式価値は0.3929,期中のデフォルトを考慮しないプレーンなMertonモデルでの株式価値は0.6692,期中のデフォルトを考慮した負債価値は0.6071.一方,漸減型デフォルト境界では20年めの累積デフォルト確率は0.6321,期中のデフォルトを考慮した株式価値は0.2501,期中のデフォルトを考慮しないプレーンなMertonモデルでの株式価値は,満期までの曲がった境界の形状には全く影響を受けないため同じ値0.6692,期中のデフォルトを考慮した負債価値は0.74986となった.

つぎに,確率金利の設定で初めて分析が可能な企業の資産と金利の相関 ρ

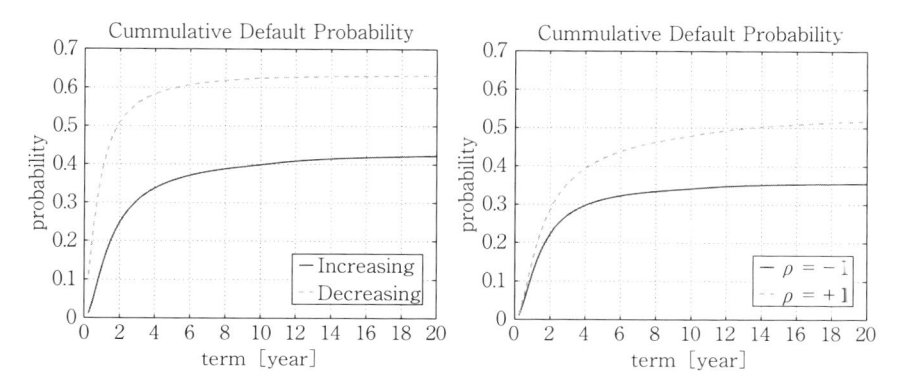

8 拡張 Merton モデルとその応用   227

図 8-3 左図 (a) は漸増型, 漸減型の曲がったデフォルト境界に対する累積デフォルト確率
右図 (b) は漸増型の曲がったデフォルト境界に対して $\rho=-1$, $+1$ の 2 つの場合で数値計算された累積デフォルト確率. ここで, いずれの図も T-先渡し確率測度のもとで計算されている.

の影響を見てみよう. ρ を -1 から $+1$ へ増やすと, 累積デフォルト確率は増大する. したがって, 負債価値は増大し, 株式価値は減少する. これは資産と金利の共分散が全分散へ正の寄与をもつことによる. そのため, デフォルト境界へのヒットの確率は上昇する. 同じ格付けに属する様々な企業群で資産と金利の相関がばらつくため, 債券利回りのスプレッドのばらつきは大きくなる. これは実証研究でも検証されている (Longstaff and Schwartz (1995)). $\rho=-1$ のとき 20 年めの累積デフォルト確率は 0.5177, 期中のデフォルトを考慮した株式価値は 0.3868, Merton モデルの株式価値は 0.6708, 期中のデフォルトを考慮した負債価値は 0.6132; $\rho=1$ のとき, 20 年めの累積デフォルト確率は 0.5177, 期中のデフォルトを考慮した株式価値 0.38684, Merton モデルの株式価値は 0.6708, 期中のデフォルトを考慮した負債価値は 0.61316. 図 8-3 (b) はそれぞれの累積デフォルト確率を表している. $\rho=-1$ の方が $\rho=1$ に比べてデフォルトリスクは高くなることが見て取れる.

最後に, 本稿の方法の応用可能性について少し触れてみよう. まず, 最も直接的なものは為替市場などでよく利用されているノックアウト型のオプション契約である. 市場ではフラットな境界がよく商品化されているが, 本稿の方法により曲がった境界での価格付けも可能である. 第 2 は, 信用リスクのモデ

化に関する誘導型（reduced-form）アプローチの1つである，格付け機関の発表する信用格付けとその推移行列に基づく方法への応用である．本稿の方法で，公表された推移確率の情報から，デフォルトの格付けを吸収壁とし，格付け間の閾値や，z-スコアの変動過程を逆解析することが可能と考えられる．第3に，金融商品の評価で，例えば，住宅ローンの期限前返済リスクをもつモーゲージ証券（MBS）で，市場金利が低下すれば，借り換えの誘因が発生すると見られるため，モーゲージプールの中で，適当な借り換え金利の閾値がモーゲージ債務者の間に存在すると仮定すると，本稿の方法が適用可能である（Nakamura (2001)）．また，株式に関して転換価格近辺で適当に曲がった転換曲線があるとし，その上の価格で転換が促進されるとすれば，転換社債（CB）の価格分析にも応用可能であろう．確率金利の取り扱いも次項以降で説明するため，比較的長期のCBの評価も可能であろう．そのほか，企業価値，事業リスク評価など，境界条件に関連した初到達時間の形で定式化できるような場合には，応用可能であろう．

3.2 デフォルト境界をもつ負債価値

満期以前にデフォルトがある負債の価値評価に関しては，つぎのような条件付き請求権を考えてみよう．

$$\begin{aligned} \boldsymbol{E}^*\left[\frac{X_T}{B_T}\right] &= \boldsymbol{E}^*\left[\frac{D}{B_T}\mathbf{1}_{\{\tau \geq T, A_T \geq D\}}\right] \\ &+ \delta_T \boldsymbol{E}^*\left[\frac{A_T}{B_T}\mathbf{1}_{\{\tau > T, A_T < D\}}\right] + \boldsymbol{E}^*\left[\frac{\delta_\tau \boldsymbol{A}_\tau}{B_T P(\tau, T)}\mathbf{1}_{\{\tau \leq T\}}\right] \quad (3.11) \\ &=: I_1 + I_2 + I_3 \end{aligned}$$

ここで，回収率 δ_T, δ_τ は確定的な時間の関数であると仮定している．右辺第3項は期中の回収額の現在価値であるが，デフォルト時刻 τ の定義から $A_\tau = \underline{A}(\tau)$ である[3]．この条件付き請求権（3.11）は前項と同様の方法で評価を行うことができる．I_1 は式 (3.10)×D で計算され，I_2, I_3 は

---

3) 負債に関して定期的に利払いが債権者に対してなされるが，ここでは簡単のため無視している．このデフォルト・リスクを加味した利息の流列$\{c_j\}_{j=1,\ldots} = \boldsymbol{c}$ は，式 (3.11) に利息を考慮した負債の現在価値 $D_0(\boldsymbol{c})$ と株式の現在価値 S_0（式 (3.1)）の和が総資産価値 A_0 に相等しいという条件から決定される．

$$I_2 = \delta_T A_0 \boldsymbol{\Phi}_1 \left(\frac{\ln D - \boldsymbol{E}^A[l_T|l_0]}{\sqrt{\mathrm{Var}_0^A(l_T)}} \right)$$

$$\quad - \delta_T A_0 \int_0^T ds \int_{-\infty}^{\infty} dr_s g_A(s|r_s,\underline{l}_s) \, dr_s \boldsymbol{\Phi}_1 \left(\frac{\ln D - \boldsymbol{E}^A[l_T|\underline{l}_s, \mathcal{F}_s]}{\sqrt{\mathrm{Var}_s^A(l_T)}} \right)$$

$$I_3 = P(0,T) \int_0^T ds \int_{-\infty}^{\infty} dr_s g_{Q_T}(s|r_s,\underline{l}_s) \frac{\delta_s A(s)}{P(s,T;r_s)}$$

となる.ここで,I_3 の $P(s,T)$ には式 (3.4) の表現が使われる.

つぎに,これらの計算式に基づき負債価値の数値計算を行ってみよう.図 8-4 で表された曲がったデフォルト境界[4]と負債のレベルのもとで,一定の回収率 $\delta.=0.5$,資産過程と金利の相関 $\rho_{A_r}=-0.25$ のようなパラメータ・セットで計算した.期中のデフォルトを考慮しない Merton モデルでは負債価値は 0.33084,期中のデフォルトを考慮する本稿のモデルでの負債価値は 0.285399 となった.期中のデフォルトリスク分だけ減価する.図 8-5 はデフォルト(初到達時間)確率密度関数とその対応する累積デフォルト確率を,図 8-6 は先渡し確率測度 Q_T のもとで,資産価値が曲がったデフォルト境界を最初にヒットした時刻 t とそのときの短期金利 r_t の同時確率密度関数を描いている.曲がった境界の影響は 10 年前後の確率密度関数のこぶに現れているのが見て取れる.

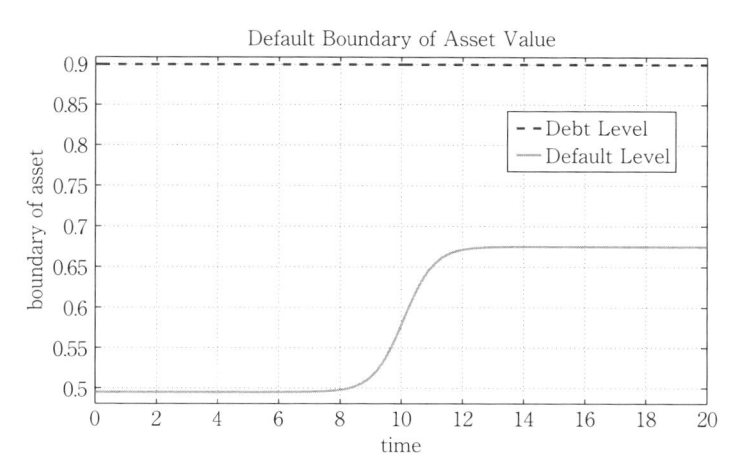

図 8-4 計算に用いた曲がったデフォルト境界と負債のレベル

---

[4] 図 8-2 の上図と異なり,ここでは,式 (3.11) の I_2 が 0 にならないカーブを計算例として選んだ.

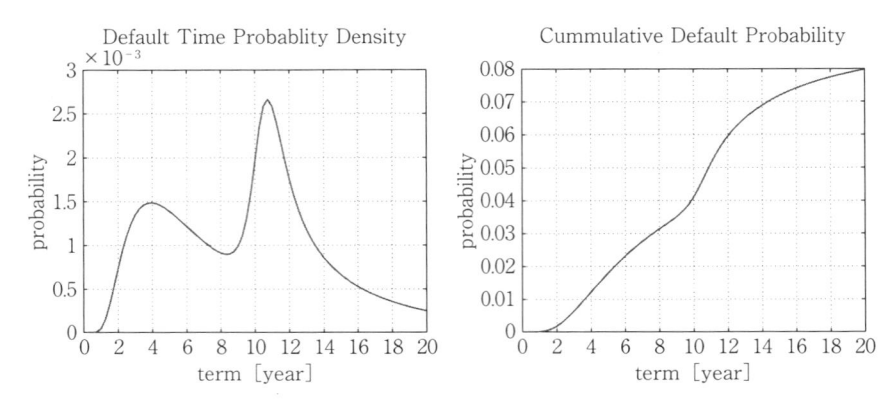

図 8-5 先渡し確率測度 Q_T で計算された曲がったデフォルト境界に対するデフォルト確率密度関数
ここで横軸は期間を表している．右図は対応する累積デフォルト確率である．各パラメータは $T=20$ 年，$\delta.=0.5$，$\rho_{Ar}=0.25$．

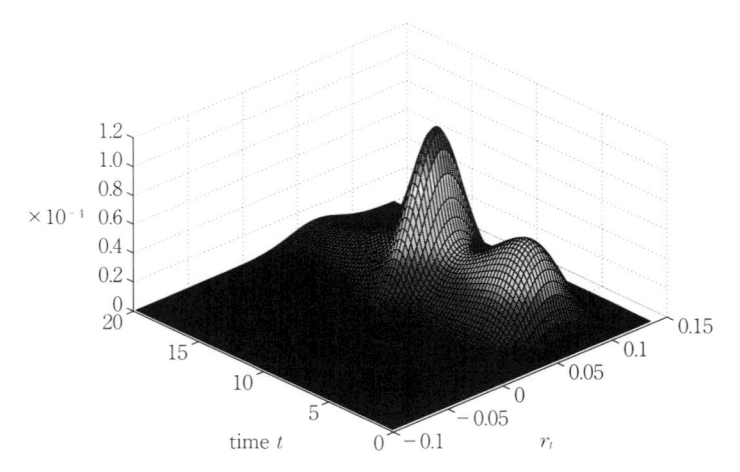

図 8-6 先渡し確率測度 Q_T のもとで，資産価値が曲がったデフォルト境界に初到達した時刻 t とそのときの短期金利 r_t の同時確率密度関数
各パラメータは $T=20$ 年，$\delta.=0.5$，$\rho_{Ar}=-0.25$．

3.3 固定,変動金利社債の評価

本項では,何回か利払いのある固定,変動金利社債を取り上げる.将来の時点 $T-\Delta$ で確定する期間 Δ の先渡し金利(例えば,LIBOR など)を企業がその満期 T で倒産していなければ支払うという条件付き請求権を考えてみよう.

$$\boldsymbol{E}^*\left[\frac{1}{B_T}\frac{1}{\Delta}\left(\frac{1}{P(T-\Delta,T)}-1\right)\boldsymbol{1}_{\{\tau>T\}}\right]$$
$$=\frac{1}{\Delta}\boldsymbol{E}^*\left[\frac{1}{B_T}\frac{1}{P(T-\Delta,T)}\boldsymbol{1}_{\{\tau>T\}}\right]-\frac{1}{\Delta}\boldsymbol{E}^*\left[\frac{1}{B_T}\boldsymbol{1}_{\{\tau>T\}}\right]$$
$$=\frac{1}{\Delta}(P(0,T-\Delta)Q^T_{T-\Delta}(\tau>T)-P(0,T)Q_T(\tau>T))$$

ここで,最後の式の確率測度 Q_T は,$\phi_T(t)=\sigma V_r(T-t)$ とすると,以下のようにして定義される.Girsanov の定理より

$$\left.\frac{dQ_T}{dP^*}\right|_{\mathcal{F}_t}=\frac{B_t/B_T}{\boldsymbol{E}^*[B_t/B_T|\mathcal{F}_t]}=\frac{B_t/B_T}{P(t,T)}=:\mathcal{E}\left(-\int_0^{\cdot}\phi_T dB\right)_t$$

この確率測度 Q_T のもとで,金利の SDE は

$$dr_t=(\theta(t)-\sigma\phi_T(t)-kr_t)dt+\sigma dB^{Q_T}(t)$$

となる.また,$Q^T_{T-\Delta}$ を

$$\left.\frac{dQ^T_{T-\Delta}}{dP^*}\right|_{\mathcal{F}_t}=\frac{B_t/B_T}{\boldsymbol{E}^*[B_t/B_{T-\Delta}|\mathcal{F}_t]\boldsymbol{E}^*[B_{T-\Delta}/B_T|\mathcal{F}_{T-\Delta}]}$$
$$=\frac{B_t/B_T}{P(t,T-\Delta)P(T-\Delta,T)}=\mathcal{E}\left(-\int_0^{\cdot}\phi^T_{T-\Delta}dB\right)_t$$

で定義すると,このとき,$\phi^T_{T-\Delta}(t)$ $(t\in[0,T])$ は

$$\phi^T_{T-\Delta}(t)=\boldsymbol{1}_{\{0\leq t<T-\Delta\}}\sigma V_r(T-\Delta-t)+\boldsymbol{1}_{\{T-\Delta\leq t\leq T\}}\sigma V_r(T-t)$$
$$=:\sigma^T_{T-\Delta}(t)$$

のように求められる.その結果,確率測度 $Q^T_{T-\Delta}$ のもとで,金利の SDE は

$$dr_t=(\theta(t)-\sigma\phi^T_{T-\Delta}(t)-kr_t)dt+\sigma dB^{Q^T_{T-\Delta}}(t)$$

となる.

以上より,固定利付き債はデフォルト時の回収(δ_r:回収率)も考慮して,

$$\mathcal{B}_{fix(0)}=\sum_i^n c_i\left\{\boldsymbol{E}^*\left[\frac{\delta_r P(\tau,t_i)}{B(\tau)}\boldsymbol{1}_{\{\tau<t_i\}}\right]+\boldsymbol{E}^*\left[\frac{1}{B(t_i)}\boldsymbol{1}_{\{\tau<t_i\}}\right]\right\}$$

$$= \sum_i^n c_i P(0,t_i)\{\delta_r Q_{t_i}(\tau<t_i)\} + Q_{t_i}(\tau>t_i)\}$$

$$= \sum_i^n c_i P(0,t_i)\{\delta_r + (1-\delta_r)Q_{t_i}(\tau>t_i)\}$$

となる．一方，変動利付き債の評価に関しては，LIBOR 金利を

$$L_{t-\Delta}^t := \frac{1}{\Delta}\left(\frac{1}{P(t_i-\Delta, t_i)} - 1\right)$$

とおくと，デフォルトを考慮した支払い期日における利息の現在価値は

$$E^*\left[\frac{1}{B(t_i)}\Delta L_{t_i-\Delta}^{t_i}\mathbf{1}_{\{\tau>t_i\}}\right] = (P(0,t_i-\Delta)Q_{t_i-\Delta}^{t_i}(\tau>t_i) - P(0,t_i)Q_{t_i}(\tau>t_i))$$

となる．満期における元本1のデフォルトを考慮した現在価値は固定利付き債と同様に

$$P(0,t_n)\{\delta + (1-\delta)Q_{t_n}(\tau>t_n)\}$$

となる．満期までの途中でデフォルトすることによる期中の回収額は，Jarrow-Turnbull (JT) タイプ (Jarrow and Turnbull (1995))の回収方式を採用するとまず，デフォルト時刻 τ が $\tau \leq t_i-\Delta$ のとき，変動金利はまだ確定していないため，ここでは，デフォルト時の先渡し LIBOR$\times\Delta = 1/P(\tau, \tau+\Delta) - 1$ の δ 倍を回収額と仮定すると，

$$E^*\left[\frac{\delta}{B(t_i)}\left(\frac{1}{P(\tau,\tau+\Delta)} - 1\right)\mathbf{1}_{\{\tau<t_i-\Delta\}}\right]$$

$$= \delta P(0,t_i)\left\{E^*\left[\frac{1}{P(\tau,\tau+\Delta)}\mathbf{1}_{\{\tau<t_i-\Delta\}}\right] - Q_{t_i}(\tau<t_i)\right\}$$

つぎに $t_i-\Delta < \tau \leq t_i$ のとき，変動金利は時点 $t_i-\Delta$ で確定するため，JTタイプ (Jarrow and Turnbull (1995))の回収方式を採用すると，

$$E^*\left[\frac{\Delta L_{t_i-\Delta}^{t_i}}{B(t_i)}\mathbf{1}_{\{t_i-\Delta<\tau\leq t_i\}}\right]$$

$$= E^*\left[\frac{1}{B(t_i)P(t_i-\Delta,t_i)}\mathbf{1}_{\{t_i-\Delta<\tau\leq t_i\}}\right] - E^*\left[\frac{1}{B(t_i)}\mathbf{1}_{\{t_i-\Delta<\tau\leq t_i\}}\right]$$

$$= P(0,t_i-\Delta)\int_{t_i-\Delta}^{t_i} q_{t_i-\Delta}^{t_i}(s)\,ds - P(0,t_i)\int_{t_i-\Delta}^{t_i} q_{t_i}(s)\,ds$$

ここで $q_{t_i-\Delta}^{t_i}(s) := \partial Q_{t_i-\Delta}^{t_i}(\tau<s)/\partial s$, $q_{t_i}(s) := \partial Q_{t_i}(\tau<s)/\partial s$. 以上の計算結果を合算することで変動金利社債の現在価値がつぎのように計算される．

$$\mathcal{B}_{float}(0) = \sum_{i}^{n}(P(0,t_i-\Delta)\,Q_{t_i-\Delta}^{t_i}(\tau>t_i) - P(0,t_i)\,Q_{t_i}(\tau>t_i))$$
$$+ P(0,t_n)\{\delta + (1-\delta)\,Q_{t_n}(\tau>t_n)\}$$
$$+ \sum_{i}^{n}\delta P(0,t_i)\left\{\boldsymbol{E}^*\!\left[\frac{1}{P(\tau,\tau+\Delta)}\mathbf{1}_{\{\tau<t_i-\Delta\}}\right] - Q_{t_i}(\tau<t_i)\right\}$$
$$+ \sum_{i}^{n}P(0,t_i-\Delta)\int_{t_i-\Delta}^{t_i}q_{t_i-\Delta}^{t_i}(s)\,ds - \sum_{i}^{n}P(0,t_i)\int_{t_i-\Delta}^{t_i}q_{t_i}(s)\,ds.$$

4　結論といくつかの課題

　本稿では，期中でも企業が倒産する確率事象をバリア型デフォルト境界の形で取り込み，かつ，そのデフォルト境界を企業の様々な資金調達の結果生じる負債の期間構造を許容するカーブ型に拡張し，長期負債の評価にも耐えられるように金利変動リスクも考慮した信用リスクの構造的アプローチによる計量化モデルを研究した．

　企業価値と確率金利の2つの不確実性は，2次元Markov過程で記述するのが，最も簡単で直接的な定式化である．その方向で，よく引用される代表的文献は，確率金利下での信用リスクの構造的アプローチに関するLongstaff and Schwartz（1995）であるが，彼らの論文には，誤りがあることが指摘されている（Collin‐Dufresne and Glodstein（2001））．本稿では，Longstaff-Schwartzモデルの誤りの解説と，Collin-Dufresne and Glodstein（2001）で提案された改良法を用いて，Black and Cox（1976）において確定金利，フラットなデフォルトバリアの設定のもとで展開された株式価値，負債価値の評価問題を確率金利，曲がったデフォルト境界に拡張して再考した．そして，Collin-Dufresne and Glodstein（2001）で考察されなかった曲がったデフォルト境界の生存・デフォルト確率への影響を分析し，その他の応用の可能性について言及した．

　Kijima and Suzuki（2001）では，Mertonモデルを，確率金利，ジャンプ拡散過程に拡張し，社債のスプレッドが考察された．しかし，その実証分析では，満期以前にデフォルトが起こる現実の債券市場に対して，原理的に満期にしかデフォルトが起きないモデルを用いてキャリブレーションが行われ，整合

的でない分析が行われている．本稿で考察されたモデルは拡散過程ではあるが，期中のデフォルトも取り込んだモデルであり，本稿で提案したいくつかの数値計算結果は，当該企業の財務データや社債の市場価格データがあれば，それらを用いて実証が可能である．下方ジャンプを許容するモデルではジャンプによりデフォルト境界を通り越して最初にヒットするオーバー・シュートの問題があり，初到達時間の数値計算は容易ではないが，上側ジャンプのみのジャンプ拡散過程に限定すれば，Monte-Carlo 法などの計算負荷の高い方法に頼ることなく，本稿の枠組みで容易にかつ効率的に計算することができる．本稿のモデルをより一般的なジャンプ拡散過程に拡張する研究も興味深いテーマであると思われる．これらの研究は今後の課題としたい．

〔参考文献〕

Black, F. and J. Cox (1976), "Valuing corporate securities: Some effects on bond indenture provisions," *Journal of Finance*, **31**, 351-367.

Crosbie, P. (1997), "Modeling Default Risk," KMV Technical paper.

Crouhy, M., Galai, D. and R. Mark (1976), "A comparative analysis of current credit risk models," *Journal of Finance*, **31**, 351-367. *Journal of Banking and Finance*, **24**, (2000), 59-117.

Collin-Dufresne, P. and R.S.Glodstein (2001), "Do Credit Spread Reflect Stationary Leverage Ratios?" *Journal of Finance*, **56**, 1929-1957.

Duffie, D. and K.J. Singleton (1999), "Modelling Term Structures of Defaultable Bonds," *Review of Financial Studies*, **12**, 687-720.

JP Morgan (1997), CreditMetrics, Technical document.

Jarrow, R. and S. Turnbull (1995), "Pricing options on financial securities subject to default risk," *Journal of Finance*, **50**, 53-86.

Karatzas, I. and S. Shreve (1991), *Brownian Motion and Stochastic Calculus* Second Edition, Springer-Verlag, New York.

Kijima, M. and T. Suzuki (2001), "A Jump Diffusion Model for Pricing Corporate Debt Securities in a Complex Capital Structure," *Quantitative Finance*, **1**, 611-620.

Longstaff, F.A. and E.S. Schwartz (1995), "A simple approach to valuing risky fixed and floating rate debt," *Journal of Finance*, **50**, 789-819.

Merton, R. (1974), "On the Pricing of Corporate Debt : The Risk Structure of Interest Rates," *Journal of Finance*, **29**, 449-470.

Nakamura, N. (2001), "Valuation of Mortgage-Backed Securities Based upon a Structural Approach," *Asia-Pacific Financial Markets*, 8, 259-289.

Vasicek, O. (1984), "Credit Valuation," KMV technical document.

（一橋大学院国際企業戦略研究科）

9 我が国の株式市場における風見鶏効果*

石島　博・吉田晴香・松島純之介

概要　本論文では，市場の見えざる状態，いわゆるレジームが変化するというレジーム・スイッチングを考慮したマルチファクターリターンモデルを構築し，マクロ経済指標，気象条件，および曜日が資産価格の変動に及ぼす影響を定量的に分析する．本論文で提案するモデルの特徴は，以下の2点である．まず，人間の心理が資産価格に影響を与えうることを実証するために，マルチファクターリターンモデルの説明変数として，人間の心理が無意識的に影響を受ける気象条件や曜日を取り入れた点である．つぎに，市場の見えざる状態によって人間の心理が変化しうることを考慮するために，レジーム・スイッチングを導入した点である．その結果，ファクターとして取り入れた要因が投資家心理にどのように影響を与え，さらにその投資家行動がどのように資産価格に影響を与えるのかを明確にすることができた．本モデルを日本市場を対象に分析した結果，安定的なレジームでは，為替要因が強く影響を与えているのに対し，不安定なレジームでは，マクロ経済指標だけではなく，様々な心理的要因が資産価格に影響を与えていることがわかった．そして，市場が不安定な状態では，投資家は気象条件の悪化に対して過敏に反応し，逆に資産価格の収益率に対してプラスに働くという「風見鶏効果」を見出すことができた．

Keywords：レジーム・スイッチング，マルチファクターリターンモデル，行動ファイナンス，気象条件，曜日

1　緒　　論

株式市場には，参加する投資家の利益への期待と損失への恐怖が入り混じっ

---

*　2007年1月25日投稿受付，2007年8月21日採択通知．
　本論文は，JAFEE第21回夏季大会（2004年8月5日），ジャフィーフォーラム第26回（2005年5月20日）にて発表した論文に加筆・修正を加えたものである．非常に有益なコメントをいただいたチーフエディターの津田博史氏，匿名の査読者の先生，JAFEEの大会・フォーラムの参加者に深く感謝したい．

ている．その期待が過剰となってバブルを生んだこともあれば，逆に不安や恐怖が増大しすぎて，株価の暴落が起きたという事実は，歴史が物語っている（Chancellor（1999））．市場はまさに投資家の心理と行動によって翻弄されてきたという見方もできる．投資の意思決定をする人間は，必ずしも合理的な判断ができる訳ではなく，感情・心理があり，時には非合理的な判断をする．その非合理的な判断が資産価格に影響を及ぼしうる，と考えられる．Kahnemanらに端を発する行動経済学および行動ファイナンスと呼ばれる新たな研究分野においては，効率的市場仮説などの従来の伝統的ファイナンスでは説明できない，バブルやアノマリーの現象を投資家の非合理的な行動に着目して説明しようと試みる．特に，行動ファイナンスは，投資家の心理と行動が資産価格の変動に影響を与えうることを前提とし，バブルやアノマリーといった現象を投資家の心理に注目して解明しようというものである．より具体的には，行動ファイナンスにおいては，(1) プロスペクト理論：人間は，富の増加に対してはリスク回避的であるが，富の減少に関してはリスク愛好的である傾向が強いこと（Kahneman and Tversky（1979）），(2) メンタルアカウンティング：人間がコストや利益を認識するとき，それを構成要素ごとに分離して考えたり，収入や支出を別々の主観的な勘定に入れて判断したりする傾向があること，(3) ヒューリスティック：固定観念，アンカリング等，合理的な判断を誤らせるもの，といった意思決定におけるバイアス（印南（1997），加藤（2003））を用いて，資産価格の変動を説明をしている研究が多い．

　これに対し，本論文では，意思決定におけるバイアスから出発するのではなく，気象条件や曜日などの潜在的に心理に影響を与えうると考えられる要因を，統計的手法であるマルチファクターリターンモデルを用いて分析する．どの要因が投資家心理に影響を与え，さらにその投資家の行動がどのように資産価格に影響を与えるのかを明確にすることができるからである．

　さらに本論文では，市場の見えざる状態，すなわち市場のレジームによって人間の心理が変化しうることを考慮すべく，マルチファクターリターンモデルにレジーム・スイッチングを導入する．レジームの各状態においてどのファクターが資産価格の変動に影響を与えているのか，またそれは資産規模によって異なるのか，を定量的に分析することが可能になるからである．本論文の構成

は以下の通りである．第2節ではレジーム・スイッチングを考慮したマルチファクターリターンモデル，およびその推定方法について述べる．第3節では資産価格の変動に影響を与える要因について説明した後，東証株価指数，東証規模別株価指数（大型株，中型株，および小型株）を対象に分析を行う．第4節で結論を述べる．

2　モ　デ　ル

本論文では，レジーム・スイッチングを考慮したマルチファクターリターンモデルを用いる．市場の見えざる状態，つまりレジームによって投資家心理が変化し，その結果投資家の行動も異なると考えられるからである．したがって，レジーム・スイッチングを考慮することにより，どのような要因が資産価格の変動に影響を与えているのかを，市場の状態ごとに検証することができる．以下に，モデルとその推定方法について述べる．

2.1　レジーム・スイッチング・マルチファクターリターンモデル

市場の見えざる状態，つまりレジームに関する状態方程式を表現する．離散時点 $t(t=1,\ldots,T)$ において，市場には K 種類のレジームが存在すると仮定し，これをベクトル確率変数 $Y=\{Y_t ; t=1,\ldots,T\}$ によって表す．レジーム Y_t の状態空間を $\{e_1,\ldots,e_k,\ldots,e_K\}$ とする．ただし，$e_k \in \boldsymbol{R}^K (k=1,\ldots,K)$ は，その第 k 要素の値が1であり，それ以外の要素の値が0であるような列ベクトルである．つまり，各時点において，K 種類のレジームのうちいずれかのレジームが市場を支配していると考える．このとき，時点 t におけるレジームの定義関数を以下のように定義する：

$$I_t(k) \triangleq \langle Y_t, e_k \rangle \ (k=1,\ldots,K)$$
$$= \begin{cases} 1 & (Y_t = e_k) \\ 0 & (\text{otherwise}) \end{cases}$$

ただし，$\langle \ , \ \rangle$ は内積を表す．ここで，定義関数の期待値 $I_t(k)$ は，レジーム Y_t が実現値 e_k をとる確率と等価であることに注意する．つまり，

$$E[I_t(k)] = E[\langle Y_t, e_k \rangle] = \Pr(Y = e_k)$$

である.レジーム Y_t は1次の Markov 過程に従うとする.このとき,時点 t におけるレジーム e_k から,時点 $t+1$ でのレジーム e_l への推移確率について時間斉時性を仮定して,これを,

$$p_{lk} = \Pr(Y_{t+1} = e_l | Y_t = e_k) \geq 0$$

あるいは, $\boldsymbol{P} = (p_{lk})_{1 \leq l, k \leq K}$

により表す.ただし,時点 t から $t+1$ へ進むときには,必ず K 個のレジームのうちいずれかのレジームに推移するので, $\sum_{l=1}^{K} p_{lk} = 1$ である. $\mathscr{Y}_t \triangleq \sigma(Y_1, \ldots, Y_t)$ と書く.ここで, $M_{t+1} \triangleq Y_{t+1} - \boldsymbol{P} Y_t$ と定義すれば,これは $\mathscr{Y}_t$-マルチンゲールである.したがって,レジームに関する状態方程式はセミマルチンゲールとして表現することができる:

$$Y_{t+1} = \boldsymbol{P} Y_t + M_{t+1} \tag{2.1}$$

つづいて,レジームを所与とした上で,離散時間で観測される資産収益率についての観測方程式を,複数の要因で説明する,いわゆるマルチファクターリターンモデルとして表現する.

レジーム Y_t 所与のもとでの資産の対数収益率過程 $\mathscr{R} = \{R_t; t = 1, \ldots, T\}$ が,外生的な m 個のリターン・ファクターにより回帰されると考え,これを以下のように表す:

$$R_t | Y_t = \boldsymbol{\beta}'(Y_t) \boldsymbol{x}_t + \sigma(Y_t) \varepsilon_t \tag{2.2}$$

ただし, $\boldsymbol{x}_t \in \boldsymbol{R}^{m+1}$ は,その第1成分が1であり,それ以外はリターンを説明する m 個の外生変数から成る.また, $\varepsilon_t \underset{\text{I.I.D.}}{\sim} N(0,1)$ は攪乱項を表す.

本モデルにおいては,説明変数にかかる係数 $\boldsymbol{\beta}(Y_t)$ およびボラティリティ $\sigma(Y_t)$ というパラメータがレジーム従属であることに注意する.つまり,本モデルは,大きくは状態空間モデルに属し,その状態空間が離散値をとることに特徴を有する HMM (Hidden Markov Model, 隠れマルコフモデル),あるいはレジーム・スイッチングモデルの1つのバージョンである (Elliott et al (1995), Hamilton (1994)).本論文で用いるマルチファクターリターンモデルを株式市場に適用した先行研究として,Perez Quiros and Timmermann (2000) が挙げられる.

なお，本モデルを記述するパラメータの推定方法については，付録にて説明することとする．

3 実証分析

資産価格の変動に影響を及ぼす要因に関して，伝統的ファイナンスでは，企業業績やマクロ経済指標などを資産価格の変動の要因として用いるが，本論文では，それ以外に，無意識的に投資家の心理に影響を与える要因として，気象条件と曜日をファクターを取り入れる．本節ではまず，本モデル(2.2)式の被説明変数，説明変数（リターン・ファクター）として採用するデータについて述べ，本モデルを具体的に記述する．次いで，推定結果を示す．

3.1 データ
3.1.1 分析対象

実証分析に際して，東証株価指数（TOPIX）と東証規模別株価指数（大型株，中型株，および小型株）を対象に，2001年1月から2003年11月までの日次データ，950サンプルを用いた．また，本モデルにおいて被説明変数として用いるのは，TOPIX，大型株，中型株，および小型株ともに資産価格そのものではなく，日次の対数収益率である．その上で，各資産の日次対数収益率について，その期待値がゼロ，標準偏差が1になるような標準化を行った．この標準化を行うことにより，レジームを考慮しない場合と考慮する場合に分けて分析する際に，リスクとリターン構造の比較をしやすくできるからである．

一方，本モデルのファクターとして用いたのは，マクロ経済指標と，心理に影響を及ぼすと考えられる気象条件と曜日である．以下に，順に詳述する．

3.1.2 マクロ経済指標のファクターの選択

マクロ経済指標をファクターとして採用した代表的な先行研究である，Chen, Roll and Ross (1986) の考え方に依拠して，日次データの取得が可能な為替要因，長期金利要因，および短期金利要因のみを選択した．

それぞれの要因に該当すると思われるマクロ経済指標として，以下の3つを選択する．

- 為替要因：名目実効為替レート（日本銀行）
- 長期金利要因：10年国債流通利回り
- 短期金利要因：無担保コールレート（オーバーナイト物）

　本論文では，資産価格の1日あたりの対数収益率（対数増分）が，どのファクターの1日あたりの変化率によって説明されるか，という観点に従って分析を行うことを第一義的な目的にしている．したがって，被説明変数が対数収益率であることに対応して，説明変数としてのマクロ経済指標についても，値そのものを用いるのではなく，値を対数変化率（対数増分）として表したものを用いることとする．例えば，為替レートについては，為替の対数収益率＝LOG（当日の円ドルレート/前日の円ドルレート）という変換を行った．その上で，各説明変数について，その期待値がゼロ，標準偏差が1となるように標準化を行った．

3.1.3　気象条件のファクターの選択

　気象と資産価格の関係についての先行研究として，以下の2つの論文が挙げられる．

　Saunders (1993) は，1927年から1989年までの期間のダウジョーンズ工業平均株価と，1962年から1989年までの期間のニューヨーク証券取引所総合株価指数を用いて，それぞれの指数とニューヨークの天気の曇り度との相関を調査した．その結果，曇り度が高い日ほど，資産価格が下がる場合が多く，曇り度が低い日ほど，資産価格が上がる場合が多いことを示した．

　Hirshleifer and Shumway (2003) は，1982年から1997年までの期間における26株式市場の資産価格を調べ，その結果朝方の日射量が通常より多い日には資産価格が上がることが多く，逆に日射量が少ない日は下がるケースが多いことを示した．

　このように，気象条件が資産価格に影響を及ぼすことが指摘されている．特に，曇りや低い日射量といった悪い気象条件は，資産価格を下げることが実証されている．

　本実証研究で用いる気象条件ファクターは，財団法人気象業務支援センターのインターネット気象データ提供システムから取得した，地上気象観測原簿データのうち，数値として取得できる，全天日射量，平均海面気圧，最高気温，

最低気温，日降水量，相対湿度，および最大瞬間風速である．

また，マルチファクターモデルに説明変数として導入する際には，上記の数値をそのまま用いるのではなく，以下のように算出した数値を用いた．その上で，マクロ経済指標ファクターとともに，気象条件ファクターのそれぞれについて，期待値がゼロ，標準偏差が1になるように標準化を行った．

- 前日比日射量＝当日の全天日射量/前日の全天日射量
- 気圧変化度＝|当日の海面気圧/前日の海面気圧−1|
- 1日の気温差＝最高気温−最低気温
- 降水量の差＝当日の降水量−前日の降水量
- 前日比湿度＝当日の相対湿度/前日の相対湿度
- 前日比最大瞬間風速＝当日の最大瞬間風速/前日の最大瞬間風速
- 前日比不快指数[1]＝当日の不快指数/前日の不快指数

なお，表9-1に示すように，各説明変数間の相関関係は弱く[2]，マルチファクターリターンモデルの推計上，多重共線性の問題はないと考えられる．

3.1.4 曜日のファクターの選択

伝統的ファイナンスの枠組みでは説明できないアノマリーの1つとして，曜日効果と呼ばれているものがある．これは週末効果とも呼ばれ，Cross (1975) や French (1980) によりアメリカ市場における分析結果から示された現象である．これは，週末の曜日における収益率は他の曜日に比べて高く，月曜日における収益率は他の曜日に比べて低い，というものである．

日本でも，以下のような結果が報告されている．

1. 池田 (1988) は，1977年1月から1986年12月までのTOPIX収益率を分析し，その結果として火曜日に負の収益率，それ以外の曜日では正の収益率が観察された．特に，水曜日には正の最大値を，金曜日にも高い収益率を観察している．

---

1) 不快指数は，T：気温（度），U：相対湿度（％），を用いて以下の式で算出される：
不快指数$=0.81T+0.01U(0.99T-14.3)+46.3$.
2) 重回帰を行う際には多重共線性の問題に留意する必要があり，蓑谷 (2003) は，目安としてVIF (Variance Inflation Factor) が10以上の場合，多重共線性によって推計量の信頼度が低下するとしている．なお，$VIF=1/(1-r^2)$であり，rは，相関係数を表す．

9 我が国の株式市場における風見鶏効果

表 9-1 ファクターの相関関係

表中の上段は相関係数，下段は VIF を表す．

	長期金利	短期金利	為替	前日比日射量	気圧変化度
長期金利	1				
短期金利	−0.044 1.002	1			
為替	0.172 1.030	−0.065 1.004	1		
前日比日射量	−0.019 1.000	0.053 1.003	−0.058 1.003	1	
気圧変化度	−0.073 1.005	−0.023 1.001	−0.037 1.001	0.050 1.002	1
1日の気温差	−0.033 1.001	0.015 1.000	0.054 1.003	0.197 1.040	0.044 1.002
降水量の差	0.005 1.000	0.005 1.000	−0.002 1.000	−0.132 1.018	0.034 1.001
前日比湿度	0.029 1.001	−0.020 1.000	−0.019 1.000	−0.382 1.171	−0.024 1.001
前日比最大瞬間風速	−0.025 1.001	−0.041 1.002	−0.007 1.000	0.051 1.003	0.143 1.021
前日比不快指数	0.017 1.000	0.035 1.001	0.052 1.003	−0.060 1.004	−0.032 1.001

	1日の気温差	降水量の差	前日比湿度	前日比最大瞬間風速	前日比不快指数
長期金利					
短期金利					
為替					
前日比日射量					
気圧変化度					
1日の気温差	1				
降水量の差	0.061 1.004	1			
前日比湿度	−0.199 1.041	−0.006 1.000	1		
前日比最大瞬間風速	0.114 1.013	−0.068 1.005	−0.124 1.016	1	
前日比不快指数	0.201 1.042	−0.399 1.189	0.340 1.130	0.135 1.019	1

2. 加藤 (1990) は，1978年4月から1987年6月までの TOPIX と日経平均株価，そして，個別銘柄の収益率を分析し，各曜日の傾向は1と同様の結果を観察している．

以上のように，曜日によって収益率が大きく異なることから，曜日が資産価格に何らかの影響を及ぼしていると考えられる．例えば，日本市場の火曜日に収益率が低いのは，週明けのアメリカ市場の影響を受けているからだと根拠付けられている（平木・竹澤 (1997)）．その他の曜日における収益率の違いは，まだ理由が解明できていないものもあるが，資産価格に影響を与える要因の1つとして曜日を取り入れることにより，さらに高い精度で資産価格を説明できると考えられる．

曜日は質的変数であるため，平日という5つのダミー変数を採用した．また，マルチファクターリターンモデルに用いる際，月曜日から金曜日のデータを全て用いると，多重共線性の問題が生じる．そのため，TOPIX から小型株まで4つの被説明変数それぞれに対して，5つの曜日のうち4つを用いて推定を行った．その結果，最も有意でない曜日は水曜日である場合が多かったため（4つのうちの2つ），これを除外して推定を行った．

3.1.5 マルチファクターリターンモデルの記述

以上をまとめると，本論文で用いるレジーム・スイッチング下でのマルチファクターリターンモデル (2.2) 式を具体的に記述するとつぎのようになる：

$$\begin{aligned} R_t|Y_t = & \beta_{定数}(Y_t) + \beta_{長期金利}(Y_t) x_{長期金利,t} + \beta_{短期金利}(Y_t) x_{短期金利,t} \\ & + \beta_{為替}(Y_t) x_{為替,t} + \beta_{日射量}(Y_t) x_{日射量,t} + \beta_{気圧変化度}(Y_t) x_{気圧変化度,t} \\ & + \beta_{気温差}(Y_t) x_{気温差,t} + \beta_{降水量}(Y_t) x_{降水量,t} + \beta_{湿度}(Y_t) x_{湿度,t} \\ & + \beta_{最大瞬間風速}(Y_t) x_{最大瞬間風速,t} + \beta_{不快指数}(Y_t) x_{不快指数,t} \\ & + \beta_{月曜日}(Y_t) x_{月曜日,t} + \beta_{火曜日}(Y_t) x_{火曜日,t} + \beta_{木曜日}(Y_t) x_{木曜日,t} \\ & + \beta_{金曜日}(Y_t) x_{金曜日,t} + \sigma(Y_t) \varepsilon_t \end{aligned} \quad (3.3)$$

3.2 推定結果

3.2.1 マクロ経済指標ファクターのみを用いた分析

マクロ経済指標ファクターのみを用いて分析した結果を，表9-2，表9-3，表9-4，および表9-5に示す．また，レジームを考慮した分析については，推

表 9-2 TOPIX を被説明変数とした場合の推定結果

( ) 内の値は P 値を表す．また，推定された係数に付した *, **, *** はそれぞれ，10% 水準で有意，5% 水準で有意，1% 水準で有意であることを示す．

説明変数	マクロファクターのみ			全てのファクター		
	レジームなし	レジームあり		レジームなし	レジームあり	
		レジーム1	レジーム2		レジーム1	レジーム2
切片	0.000 (1.000)	0.001 (0.926)	−0.006 (0.876)	−0.010 (0.788)	0.005 (0.807)	−0.020 (0.811)
長期金利	−0.003 (0.849)	0.003 (0.763)	−0.063 (0.231)	−0.007 (0.662)	0.003 (0.770)	−0.154*** (0.004)
短期金利	−0.033** (0.044)	−0.009 (0.338)	−0.132*** (0.000)	−0.035** (0.034)	−0.008 (0.406)	−0.135*** (0.000)
為替	0.866*** (0.000)	0.918*** (0.000)	0.627*** (0.000)	0.869*** (0.000)	0.917*** (0.000)	0.708*** (0.000)
前日比日射量				−0.004 (0.805)	−0.017 (0.106)	0.005 (0.881)
気圧変化度				−0.021 (0.193)	−0.006 (0.507)	−0.033 (0.305)
1日気温差				−0.028 (0.119)	−0.007 (0.455)	−0.134*** (0.002)
降水量の差				0.037** (0.047)	−0.003 (0.758)	0.249*** (0.000)
前日比湿度				0.020 (0.307)	−0.008 (0.507)	0.133*** (0.000)
前日比最大瞬間風速				0.016 (0.326)	−0.008 (0.407)	0.159*** (0.000)
前日比不快指数				−0.001 (0.965)	−0.011 (0.327)	0.102** (0.033)
月曜日かどうか				0.045 (0.389)	−0.029 (0.329)	0.274** (0.022)
火曜日かどうか				−0.046 (0.358)	−0.028 (0.327)	−0.116 (0.311)
木曜日かどうか				0.029 (0.562)	0.022 (0.447)	−0.042 (0.719)
金曜日かどうか				0.024 (0.637)	0.010 (0.725)	0.053 (0.635)
μ	0.0000	0.0015	−0.0105	0.0000	0.0029	−0.0197
σ	0.2472	0.0788	1.2680	0.2458	0.0776	1.1167
AIC	1376	829		1382	849	

表 9-3 大型株を被説明変数とした場合の推定結果

( ) 内の値は P 値を表す．また，推定された係数に付した *，**，*** はそれぞれ，10% 水準で有意，5% 水準で有意，1% 水準で有意であることを示す．

説明変数	マクロファクターのみ			全てのファクター		
	レジームなし	レジームあり		レジームなし	レジームあり	
		レジーム1	レジーム2		レジーム1	レジーム2
切片	0.000 (1.000)	0.001 (0.888)	−0.010 (0.793)	−0.010 (0.768)	0.007 (0.747)	−0.074 (0.377)
長期金利	−0.002 (0.879)	0.003 (0.730)	−0.061 (0.252)	−0.007 (0.689)	0.003 (0.736)	−0.157*** (0.003)
短期金利	−0.032** (0.050)	−0.008 (0.430)	−0.135*** (0.000)	−0.034** (0.038)	−0.006 (0.524)	−0.139*** (0.000)
為替	0.868*** (0.000)	0.921*** (0.000)	0.611*** (0.000)	0.871*** (0.000)	0.919*** (0.000)	0.699*** (0.000)
前日比日射量				−0.003 (0.857)	−0.018* (0.093)	0.022 (0.498)
気圧変化度				−0.022 (0.186)	−0.008 (0.424)	−0.023 (0.465)
1日気温差				−0.027 (0.126)	−0.008 (0.416)	−0.116*** (0.007)
降水量の差				0.039** (0.036)	−0.002 (0.868)	0.251*** (0.000)
前日比湿度				0.018 (0.354)	−0.008 (0.505)	0.137*** (0.000)
前日比最大瞬間風速				0.015 (0.361)	−0.007 (0.444)	0.149*** (0.000)
前日比不快指数				0.002 (0.933)	−0.008 (0.491)	0.099** (0.038)
月曜日かどうか				0.045 (0.385)	−0.032 (0.280)	0.333*** (0.006)
火曜日かどうか				−0.043 (0.389)	−0.030 (0.304)	−0.054 (0.637)
木曜日かどうか				0.036 (0.474)	0.029 (0.315)	−0.001 (0.994)
金曜日かどうか				0.018 (0.719)	0.003 (0.909)	0.087 (0.441)
μ	0.0000	0.0019	−0.0138	0.0000	0.0043	−0.0299
σ	0.2439	0.0815	1.2507	0.2426	0.0806	1.1085
AIC	1363	835		1369	855	

9 我が国の株式市場における風見鶏効果 247

表 9-4 中型株を被説明変数とした場合の推定結果

( ) の値は P 値を表す．また，推定された係数に付した *，**，*** はそれぞれ，10% 水準で有意，5% 水準で有意，1% 水準で有意であることを示す．

説明変数	マクロファクターのみ			全てのファクター		
	レジームなし	レジームあり		レジームなし	レジームあり	
		レジーム1	レジーム2		レジーム1	レジーム2
切片	0.000 (1.000)	0.008 (0.565)	−0.056 (0.194)	0.002 (0.966)	0.002 (0.956)	0.116 (0.214)
長期金利	−0.008 (0.696)	−0.012 (0.391)	0.045 (0.432)	−0.011 (0.593)	−0.013 (0.349)	−0.041 (0.436)
短期金利	−0.041** (0.050)	−0.024 (0.102)	−0.138*** (0.001)	−0.041* (0.053)	−0.026* (0.088)	−0.089** (0.020)
為替	0.759*** (0.000)	0.780*** (0.000)	0.656*** (0.000)	0.763*** (0.000)	0.783*** (0.000)	0.714*** (0.000)
前日比日射量				−0.014 (0.552)	−0.010 (0.531)	−0.085** (0.041)
気圧変化度				−0.015 (0.487)	−0.008 (0.600)	−0.042 (0.230)
1日気温差				−0.031 (0.182)	−0.015 (0.348)	−0.116** (0.012)
降水量の差				0.014 (0.567)	−0.019 (0.265)	0.197*** (0.000)
前日比湿度				0.039 (0.124)	−0.021 (0.262)	0.196*** (0.000)
前日比最大瞬間風速				0.029 (0.188)	−0.018 (0.231)	0.268*** (0.000)
前日比不快指数				−0.027 (0.308)	−0.033* (0.076)	0.070 (0.181)
月曜日かどうか				0.031 (0.648)	−0.003 (0.946)	−0.040 (0.765)
火曜日かどうか				−0.070 (0.287)	−0.006 (0.902)	−0.461*** (0.000)
木曜日かどうか				−0.046 (0.485)	−0.037 (0.414)	−0.263** (0.043)
金曜日かどうか				0.080 (0.228)	0.077* (0.093)	−0.021 (0.869)
μ	0.0000	0.0103	−0.0644	0.0000	0.0083	−0.0478
σ	0.4214	0.2036	1.7423	0.4187	0.1969	1.4235
AIC	1883	1612		1888	1621	

表 9-5 小型株を被説明変数とした場合の推定結果

( ) の値は P 値を表す．また，推定された係数に付した *，**，*** はそれぞれ，10% 水準で有意，5% 水準で有意，1% 水準で有意であることを示す．

説明変数	マクロファクターのみ			全てのファクター		
	レジームなし	レジームあり		レジームなし	レジームあり	
		レジーム1	レジーム2		レジーム1	レジーム2
切片	0.000 (1.000)	0.017 (0.340)	−0.061 (0.149)	−0.017 (0.749)	0.010 (0.814)	−0.442*** (0.000)
長期金利	−0.018 (0.468)	−0.004 (0.831)	−0.082* (0.088)	−0.023 (0.351)	−0.026 (0.187)	0.034 (0.360)
短期金利	−0.032 (0.202)	0.026 (0.150)	−0.257*** (0.000)	−0.034 (0.173)	0.001 (0.962)	−0.185*** (0.000)
為替	0.652*** (0.000)	0.603*** (0.000)	0.794*** (0.000)	0.658*** (0.000)	0.640*** (0.000)	0.668*** (0.000)
前日比日射量				−0.023 (0.401)	0.003 (0.905)	−0.123*** (0.000)
気圧変化度				−0.025 (0.327)	0.019 (0.347)	−0.681*** (0.000)
1日気温差				−0.032 (0.237)	−0.017 (0.410)	−0.348*** (0.000)
降水量の差				0.006 (0.844)	−0.005 (0.826)	0.036 (0.299)
前日比湿度				0.045 (0.135)	−0.030 (0.202)	0.975*** (0.000)
前日比最大瞬間風速				0.022 (0.397)	−0.026 (0.195)	0.274*** (0.000)
前日比不快指数				−0.036 (0.253)	−0.055** (0.026)	0.267*** (0.000)
月曜日かどうか				0.106 (0.182)	0.061 (0.325)	0.643*** (0.000)
火曜日かどうか				−0.079 (0.306)	−0.039 (0.513)	−0.060 (0.549)
木曜日かどうか				−0.027 (0.727)	−0.073 (0.226)	0.420*** (0.000)
金曜日かどうか				0.096 (0.211)	−0.002 (0.978)	1.615*** (0.000)
μ	0.0000	0.0195	−0.0867	0.0000	−0.0011	0.0115
σ	0.5763	0.2998	1.6750	0.5714	0.3467	0.8201
AIC	2180	2037		2183	2014	

9 我が国の株式市場における風見鶏効果　249

表 9-6 推移確率行列，および各レジームへの期待滞留時間（月）を TOPIX，大型株，中型株，小型株の別に表したもの

説明変数	マクロファクターのみ		すべてのファクター	
TOPIX	レジーム1	レジーム2	レジーム1	レジーム2
レジーム1	97.10%	20.54%	97.07%	20.53%
レジーム2	2.90%	79.46%	2.93%	79.47%
期待滞留時間（月）	34.51	4.87	34.08	4.87
大型株	レジーム1	レジーム2	レジーム1	レジーム2
レジーム1	97.31%	19.81%	97.36%	19.37%
レジーム2	2.69%	80.19%	2.64%	80.63%
期待滞留時間（月）	37.23	5.05	37.82	5.16
中型株	レジーム1	レジーム2	レジーム1	レジーム2
レジーム1	97.85%	14.15%	97.84%	13.14%
レジーム2	2.15%	85.85%	2.16%	86.86%
期待滞留時間（月）	46.60	7.07	46.34	7.61
小型株	レジーム1	レジーム2	レジーム1	レジーム2
レジーム1	93.78%	28.15%	95.90%	42.55%
レジーム2	6.22%	71.85%	4.10%	57.45%
期待滞留時間（月）	16.07	3.55	24.40	2.35

移確率行列と各レジームへの期待滞留時間を表9-6に，各レジームへの滞留確率（スムーザ）を時系列に沿って表示したグラフを図9-1に，それぞれ示した．

　4つの資産に共通して得られた結果は，レジーム1は「ボラティリティの小さなレジーム」となっており，レジーム2は「ボラティリティの大きなレジーム」となっていることである．また，表9-6より，4つの資産に共通して得られた結果は，レジーム1への期待滞留時間の方が，レジーム2への期待滞留時間よりも圧倒的に長いことである．以上の結果より，レジーム1を「市場が安定したレジーム」，レジーム2を「市場が不安定なレジーム」と解釈付けることができる．

　次いで，各資産に影響を与える要因をレジームごとに述べる．TOPIXと大型株と中型株については，レジーム1では為替のみが，レジーム2では短期金利と為替の動きが，資産価格の収益率の変動に有意に影響を与えていることが

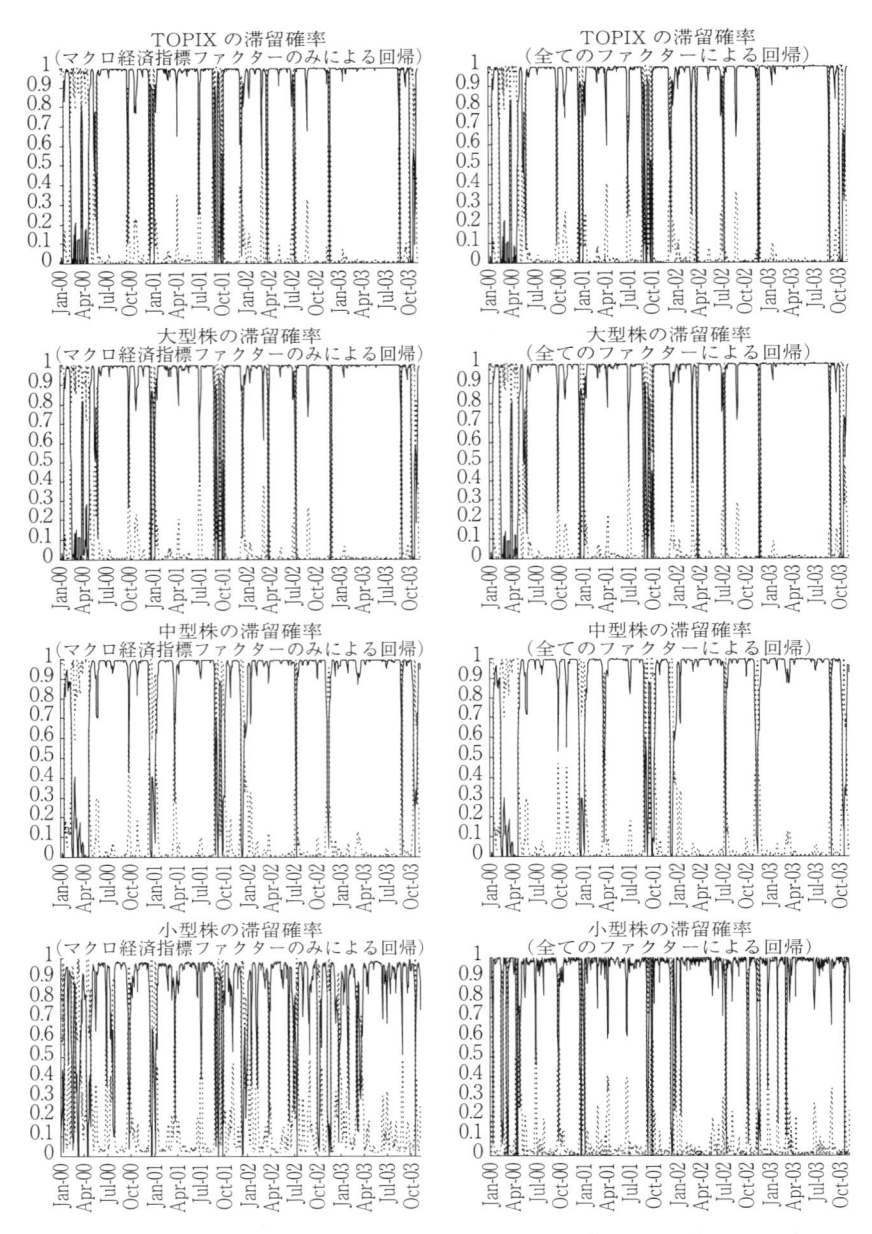

図 9-1　各レジームへの滞留確率（スムーザ）を時系列に沿って表示したグラフ
実線と点線はそれぞれ，レジーム1とレジーム2への滞留確率を表す．

わかる．小型株については，レジーム1では為替のみが，レジーム2ではマクロ経済指標の全てが資産価格の変動に影響を与えていることがわかる．つまり，ボラティリティの高い市場が不安定なレジームでは，市場が安定したレジームよりも，多くのファクターの影響を受けている．また，TOPIX，大型株，中型株に比べて，小型株では資産価格に影響を与えるファクターの数が多くなることがわかる．

モデルの妥当性について述べる．表9-2，表9-3，表9-4，および表9-5に示したAICを見てみると，モデルの妥当性は，TOPIX，大型株，中型株，小型株の順に低くなっている．小型株の方が，資産価格に影響を与えるファクター数が多くなっている結果と併せると，規模が小型になればなるほど，マクロ経済指標以外の要因が資産価格に影響を与えているということが考えられる．また，規模が大型になればなるほど，マクロ経済指標の影響が大きく，その中でも為替変動に大きく影響を受けていると考えられる．

さらに，各ファクターの回帰係数をレジームごとに見てみる．長短の金利，特に短期金利に対する回帰係数は，全ての資産の全てのレジームにおいて，負の値をとっており，金利が上がると預金の魅力が増し，株式に投資しなくなるために資産価格が下がることを実証できた．ただし，小型株のレジーム1では，短期金利に対する回帰係数が正の値になっている．つまり，小型株に関しては，市場が安定したレジームでは，短期金利が上がることがマイナスに働いていない．これについてはさらなる検証が必要であろう．

つぎに，為替に対する回帰係数は，全ての資産の全てのレジームにおいて，正の値をとっていることがわかる．これは，円安になると資産価格が上がるということを示しており，為替要因が資産価格に対してプラスに働いているということを示している．つまり円安では，輸出の多い企業にとっては収益がプラスになり，資産価格にプラスに働くことを示している．ただし，安定したレジームにおいては，各資産の回帰係数を比較すると，やはり大型になるほど高い値をとる傾向がある．これは，小型株の構成銘柄よりも大型株構成銘柄に，高い割合で輸出企業が含まれているからだと考えられる．一方，市場が不安定なレジームにおいては，その逆の傾向が見られる．これについても，さらなる検証が必要であろう．

最後に，モデルの妥当性について，レジームを考慮しない場合とレジームを考慮した場合のそれぞれの結果を比較する．全ての資産について，レジームを考慮しない場合よりもレジームを考慮した場合の方が，AICは低いので，レジームを考慮した方が，モデルの妥当性は高いことがわかる．つまり，レジームを考慮した方がより良いモデルだといえよう．

また，小型株を見ると，レジームを考慮しない場合，長期金利および短期金利は，統計的に有意ではなかった．一方，レジームを考慮した場合，レジーム2では統計的に有意となり，レジームを考慮した場合の方がより高い精度で資産収益率を説明できていることがわかる．

3.2.2 気象条件，曜日をファクターに加えた分析

マクロ経済指標のみを用いた分析では，規模が小型になるほどマクロ経済指標のみの影響は小さくなっていた．これは，マクロ経済指標以外に資産価格に影響を与えているファクターがあると考えられる．そこで，マクロ経済指標に気象条件，曜日をファクターに加えて分析を行う．表9-2から表9-6，図9-1は，その分析結果をまとめたものである．

まず，モデルの妥当性を表9-2，表9-3，表9-4，および表9-5に示す．全ての資産において，レジームを考慮した方が，レジームを考慮しないよりも，AICは小さくなっており，モデルとしての精度が高くなっていることがわかる．これは，マクロ経済指標ファクターのみを用いた分析結果と同様である．さらに，小型株についていえば，マクロ経済指標ファクターのみを用いた分析の結果と比較して，AICはより低くなっており，全てのファクターを用いた方が，より妥当性の高いモデルであることがわかる．

また，マクロ経済指標のみを用いた分析結果と同様に，全ての資産について，レジーム1は「ボラティリティが低く，市場が安定的な状態」であり，レジーム2は「ボラティリティが高く，市場が不安定な状態」であることがわかる．つづいて，各資産の結果を述べる．

TOPIXと大型株については，ほぼ同一の結果を示している．レジーム1では為替のみ，あるいは為替と前日比日射量のみが有意であり，レジーム2ではマクロ経済指標全て，前日比日射量と気圧変化度を除いた全ての気象条件，および月曜日というファクターが有意になっている．また，2つのレジームに共

通して有意な「為替」に対する回帰係数は，レジーム1の方が高く，これは市場が安定的な状態では，為替の影響が大きいことがいえる．

中型株と小型株についても，3.2.1と同様に，レジーム1では為替とその他いくつかのファクターのみにしか強く影響を受けないが，レジーム2では，多くのファクターの影響を受けていることがわかる．

さらに，レジームごとの各ファクターに対する回帰係数を見てみると，TOPIX，大型株，中型株，および小型株の4つの資産に共通して，「降水量の差」「前日比湿度」「前日比最大瞬間風速」「前日比不快指数」の回帰係数が，レジーム1とレジーム2ではプラスマイナスが逆になっている．つまり，市場が安定的なレジームにある場合には，それらの気象条件の悪化は市場に対してマイナスに働くが，一方，市場が不安定なレジームにある場合には，気象条件の悪化が市場に対してプラスに働いていることがわかる．特に小型株では，「前日比不快指数」の回帰係数について，いずれのレジームにおいても統計的に有意に推定されている．

つづいて，レジームごとのリスク・リターン構造と投資へのインプリケーションを考察する．TOPIX，大型株，中型株については，レジーム1は「ローリスク・ハイリターン」であり，レジーム2は「ハイリスク・ローリターン」である．このリスク・リターン構造は，マクロ経済指標ファクターのみを用いた場合にも，全てのファクターを用いた場合にも，一様に維持される結果である．レジーム1がレジーム2よりも期待滞留期間が長く，また，相対的にマクロ経済指標にのみ影響を受けうるという結果と併せれば，これらの資産への投資に際しては，リスク・リターンの観点からは意味を見出せないレジーム2へのスイッチングにさえ注意を払えば，安定的な好ましい投資パフォーマンスを期待できよう．一方，小型株においては，他の資産とはリスク構造が異なっている．マクロ経済指標ファクターのみを用いた分析の結果は，他の資産と同様に，レジーム1は「ローリスク・ハイリターン」であり，レジーム2は「ハイリスク・ローリターン」である．一方，全てのファクターを用いた分析の結果は，レジーム1は「ローリスク・ローリターン」であり，レジーム2は「ハイリスク・ハイリターン」である．つまり，レジームごとのリスクの大小関係は他の資産と共通するものの，レジームごとのリターンの大小関係は逆転してい

るのである．したがって，小型株への投資に際しては，レジーム間のリスク・リターン構造のトレードオフを考慮しなければ，好ましい投資パフォーマンスが獲得しにくいことを示唆しているといえよう．さらにいえば，小型株のレジーム2においては，マクロ経済指標ファクターのみならず多くの気象条件ファクターが大きく影響を与えている．さらに，気象条件ファクターを取り込んだ方が，マクロ経済指標ファクターのみよりも，AICを押し下げておりモデルの妥当性が高いといえる．したがって，気象条件の悪化，とりわけ，「前日比不快指数」の悪化が収益率を押し上げうることを十分に認識した投資が必要とされる．

最後に，図9-1に基づいて，レジーム・スイッチングの生起パターンについて考察する．TOPIX，大型株，中型株については，資産の別に依らず，かつ，マクロ経済指標ファクターのみを用いた場合と全てのファクターを用いた場合とに依らず，レジーム・スイッチングの生起パターンは非常に類似しており，レジームを共有していることがわかる．これは，市場全体を支配する単一の見えざるレジームを想定している理論モデルと整合的な結果である．

一方，小型株については，マクロ経済指標ファクターのみを用いた場合と，全てのファクターを用いた場合とで，レジーム・スイッチングの生起パターンが異なる．しかし，全てのファクターを用いた場合には，TOPIX，大型株，中型株が共有するスイッチング・パターンと類似・共有している．先に述べたように，小型株の場合には，全てのファクターを用いた場合の方がAICが低くモデルの妥当性を有することとを併せれば，小型株の分析に際してはマクロ経済指標に加え，気象条件や曜日といったファクターを考慮すべきだといえよう．

4　結論と今後の研究

本論文では，市場の見えざる状態，いわゆるレジームが変化するというレジーム・スイッチングを考慮したマルチファクターリターンモデルを構築し，マクロ経済指標，気象条件，および曜日が資産価格の変動に及ぼす影響を，定量的に分析した．

本論文で提案するモデルの特徴は，以下の2点である．まず，人間の心理が資産価格に影響を与えることを検証するために，マルチファクターリターンモデルの説明変数として，人間の心理が無意識的に影響を受ける気象条件や曜日を取り入れた点である．つぎに，市場の見えざる状態によって人間の心理が変化することを考慮するために，マルチファクターリターンモデルにレジーム・スイッチングを導入した点である．その結果，ファクターとして取り入れた要因が投資家心理にどのように影響を与え，さらにその投資家行動がどのように資産価格に影響を与えるのかを明確にすることができた．

　本モデルをTOPIX，大型株，中型株，および小型株を対象に分析した結果，本モデルの有効性と，資産価格に対する市場の状態と人間の心理との関係性を示すことができた．

　まず，モデル自体の有効性については，どの銘柄にも共通して，レジームを考慮しない場合と比較して，資産価格をより高い精度で説明できるようになり，モデルの妥当性も高くなった．

　さらに，気象条件と曜日をファクターに加えた場合は，マクロ経済指標だけの場合と比較して，資産価格の説明力とモデルの妥当性がともに上がった．以上の2点から，レジーム・スイッチングを考慮し，さらに人間の心理的側面を考慮したファクターを取り入れることにより，通常のマルチファクターリターンモデルよりも，妥当性と説明力のあるモデルを構築できたと考えられる．

　つぎに，資産価格に対する市場の状態と人間の心理との関係性については，各ファクターの影響もレジームによって変化しており，ボラティリティが低く市場が安定した状態では，為替変動に強く影響を受けるが，その他のファクターの影響はさほど大きくないことが示された．逆に，ボラティリティが高く市場が不安定な状態では，為替変動以外のマクロ経済指標，気象条件，および曜日などのファクターも有意に影響を与えていることが示された．つまり，不安定なレジームでは，マクロ経済指標だけではなく，様々な心理的要因が資産価格に影響を与えていることがわかった．

　そして，ボラティリティが低いレジームでは，気象条件の悪化（降水量，湿度，最大瞬間風速，および不快指数の増大）が資産価格の収益率に対してマイナスに働くという先行研究と同様の結果を得ることができた．一方，ボラティ

リティが高い状態では，気象条件の悪化が資産価格の収益率に対してプラスに働いていることが示された．つまり，市場が不安定な状態では，投資家は気象条件の悪化（降水量，湿度，最大瞬間風速，および不快指数の増大）に対して，過敏に反応し，資産価格の収益率に対してプラスに働くという「風見鶏効果」を見出すことができた．

「風見鶏」は風向きによって向く方向が変わるところから，優柔不断な人や日和見主義者を形容する言葉として使われることが多いものの，本来はその名の通り「風に抗して立つ前向きで雄々しい様子」を意味する．ここに本研究で得られた新たな知見は，我が国の株式市場においては，投資環境や気象条件が悪いレジームにあっても，投資家が前向きに取引を行い結果として株価を押し上げる現象「風見鶏効果」を見出せたことにある．

本論文の目的は，資産価格の1日あたりの対数収益率（対数増分）が，どのファクターの1日あたりの変化率によって説明されるか，という観点に従って分析を行うことであったが，上述の結論のように，これはある程度達成できたと考えられる．そこで，本論文の結果を受け，以下の観点より，今後の研究に取り組みたい．第一に，気象条件ファクターの多くは前日比としたが，例えば，梅雨の長雨のようなある一定の期間だけ持続する気象条件への対応が十分ではない．したがって，気象条件の前日比だけでなく，水準も考慮すべきであろう．第二に，本論文で用いた気象条件は1日を通してのものであり，必ずしも，市場において取引が行われている間の気象条件を用いていない．その整合性もとるべきであろう．第三に，曜日効果の原因としてアメリカ市場の影響等が考えられるので，曜日ダミーだけではなく，例えば，前日のニューヨーク市場の株価動向等を考慮すべきであろう．

付録：レジーム・スイッチング・マルチファクターリターンモデルの推定方法

本論文で用いたモデルを記述するパラメータ Θ の推定は，いわゆる EM アルゴリズムに基づいて行う．このアルゴリズムでは，初期値 $\Theta^{(0)}$ を適当に与えた上で，「E-ステップ（Expectation Step）」と「M-ステップ（Maximization Step）」から成るイテレーション（$j=1,2,\ldots$）を交互に行う．イテレーション j はパラメータの推定

値 $\boldsymbol{\Theta}^{(j-1)}$ を，より良い推定値 $\boldsymbol{\Theta}^{(j)}$ に更新する．つまり，E-ステップと M-ステップから成るイテレーションは，単調に尤度関数を大きくしていく．そこで，パラメータの推定値が更新されなくなるまでイテレーションを繰り返し，$\boldsymbol{\Theta}^{(j-1)} \approx \boldsymbol{\Theta}^{(j)}$ となったときに，パラメータ $\boldsymbol{\Theta}$ の推定値を $\hat{\boldsymbol{\Theta}} = \boldsymbol{\Theta}^{(j)}$ とするのである．以下では，イテレーション $j+1$ において用いられるレジーム更新式について述べた後に，E-ステップと M-ステップの詳細について説明する．

$\mathcal{R}_t = \sigma(\boldsymbol{R}_1, \ldots, \boldsymbol{R}_t)$ と書く．レジーム条件付密度関数，およびレジーム滞留確率を表す列ベクトルをそれぞれ，

$$\boldsymbol{\eta}_t \triangleq (\eta_{k,t})_{1 \le k \le K} = (f(\boldsymbol{R}_t | Y_t = e_k, \mathcal{R}_{t-1}; \boldsymbol{\Theta}))_{1 \le k \le K} \quad (t=1,\ldots,T) \tag{A.1}$$

$$\boldsymbol{\xi}_{t|\tau} \triangleq (\xi_{k,t|\tau})_{1 \le k \le K} = (\Pr(Y_t = e_k | \mathcal{R}_\tau; \boldsymbol{\Theta}))_{1 \le k \le K} \quad (t,\tau=1,\ldots,T) \tag{A.2}$$

と書く．このときレジーム更新式は，以下のように与えられる：

$$\boldsymbol{\xi}_{t|t} = \frac{\boldsymbol{\eta}_t \odot \boldsymbol{\xi}_{t|t-1}}{\mathbf{1}'(\boldsymbol{\eta}_t \odot \boldsymbol{\xi}_{t|t-1})} \tag{A.3}$$

$$\boldsymbol{\xi}_{t+1|t} = \boldsymbol{P}\boldsymbol{\xi}_{t|t} \tag{A.4}$$

$$\boldsymbol{\xi}_{t|T} = \boldsymbol{\xi}_{t|t} \odot \{\boldsymbol{P}' \cdot [\boldsymbol{\xi}_{t+1|T} (\div) \boldsymbol{\xi}_{t+1|t}]\} \tag{A.5}$$

ただし，演算子 $\odot$ と $(\div)$ はそれぞれ，ベクトルの要素ごとの掛算と割算を表す．ここで $\boldsymbol{\xi}_{t|t}$ をフィルター（filter），$\boldsymbol{\xi}_{t|t-1}$ をプレディクター（predictor）と呼ぶ．両者はいずれも t 時点でのレジーム滞留確率を表すが，前者は t 時点までの情報を用いて，後者は $t-1$ 時点までの情報を用いている点が異なる．一方，推定のために用いることができる T 時点までの全データを用いたレジーム滞留確率 $\boldsymbol{\xi}_{t|T}$ はスムーザ（smoother）と呼ばれる．

E-ステップにおいては，対数尤度関数 $\log f(\mathcal{R}_T, \mathcal{Y}_T; \boldsymbol{\Theta}^{(j+1)})$ を特定するパラメータ $\boldsymbol{\Theta}^{(j+1)}$ ではなく，これとは別のパラメータ $\boldsymbol{\Theta}^{(j)}$ で特定される測度下で，観測値 $\mathcal{R}_T$ を条件として，この対数尤度関数の期待値をとり Q 関数と呼ぶ．これはつぎのように与えられる：

$$\begin{aligned}
Q(\boldsymbol{\Theta}^{(j+1)}; \boldsymbol{\Theta}^{(j)}, \mathcal{R}_T) &\triangleq E^{\boldsymbol{\Theta}^{(j)}}[\log f(\mathcal{R}_T, \mathcal{Y}_T; \boldsymbol{\Theta}^{(j+1)}) | \mathcal{R}_T] \\
&= \sum_{t=1}^{T} \sum_{k=1}^{K} E^{\boldsymbol{\Theta}^{(j)}}[I_t(k) | \mathcal{R}_T] \log f(\boldsymbol{R}_t | Y_t = e_k; \boldsymbol{\Theta}^{(j+1)}) \\
&\quad + \sum_{k=1}^{K} E^{\boldsymbol{\Theta}^{(j)}}[I_1(k) | \mathcal{R}_T] \log \Pr(Y_1 = e_k | \mathcal{F}_0; \boldsymbol{\Theta}^{(j+1)}) \\
&\quad + \sum_{t=2}^{T} \sum_{k=1}^{K} \sum_{l=1}^{K} E^{\boldsymbol{\Theta}^{(j)}}[I_{t-1}(l) I_t(k) | \mathcal{R}_T] \log \Pr(Y_t = e_k | Y_{t-1} = e_l; \boldsymbol{\Theta}^{(j+1)}) \\
&= -\frac{1}{2} \sum_{t=1}^{T} \sum_{k=1}^{K} \xi_{k,t|T}^{(j)} \left[\log 2\pi + 2\log \sigma^{(j+1)}(k) + \frac{(R_t - \boldsymbol{\beta}'^{(j+1)}(k)\boldsymbol{x}_t)^2}{(\sigma^{(j+1)}(k))^2} \right]
\end{aligned}$$

$$+\sum_{k=1}^{K}\xi_{k,1|T}^{(j)}\log\rho_k^{(j+1)}+\sum_{t=2}^{T}\sum_{k=1}^{K}\sum_{l=1}^{K}\xi_{kl,t|T}^{(j)}\log p_{kl}^{(j+1)} \quad (A.6)$$

ここで，

$$\xi_{kl,t|T}^{(j)}=\Pr(Y_{t-1}=e_l, Y_t=e_k|\mathcal{R}_T ; \boldsymbol{\Theta}^{(j)}) \quad (A.7)$$

と書いた．

M-ステップでは，E-ステップで求めたQ関数，$Q(\boldsymbol{\Theta}^{(j+1)};\boldsymbol{\Theta}^{(j)},\mathcal{R}_T)$，を推移確率，および初期レジーム滞留確率に関する制約下で，$\boldsymbol{\Theta}^{(j+1)}$ に関して最大化する．

$$\mathbf{P}^{(j+1)}\begin{vmatrix} \underset{\boldsymbol{\Theta}^{(j+1)}}{\text{maximize}} & Q(\boldsymbol{\Theta}^{(j+1)};\boldsymbol{\Theta}^{(j)},\mathcal{R}_T) \\ \text{subject to} & \sum_{k=1}^{K}p_{kl}^{(j+1)}=1 \quad (l=1,\ldots,K) \\ & \sum_{k=1}^{K}\rho_k^{(j+1)}=1 \end{vmatrix}$$

推移確率 $p_{kl}^{(j+1)}$，初期レジーム滞留確率 $\rho_k^{(j+1)}$，$\boldsymbol{\beta}^{(j+1)}(k)$，ボラティリティ $\sigma^{(j+1)}(k)$ に関するKKT条件は，それぞれつぎのように与えられる；

$$p_{kl}^{(j+1)}=\frac{\sum_{t=2}^{T}\Pr(Y_{t-1}=e_l, Y_t=e_k|\mathcal{Y}_T ; \boldsymbol{\Theta}^{(j)})}{\sum_{t=2}^{T}\Pr(Y_{t-1}=e_l|\mathcal{Y}_T ; \boldsymbol{\Theta}^{(j)})} \quad (A.8)$$

$$p_k^{(j+1)}=\frac{\xi_{k,1|T}^{(j)}}{\sum_{k=1}^{K}\xi_{k,1|T}^{(j)}} \quad (A.9)$$

$$\boldsymbol{\beta}^{(j+1)}(k)=\left(\sum_{t=1}^{T}\xi_{k,t|T}^{(j)}\boldsymbol{x}_t\boldsymbol{x}_t'\right)^{-1}\left(\sum_{t=1}^{T}\xi_{k,t|T}^{(j)}R_t\boldsymbol{x}_t\right) \quad (A.10)$$

$$(\sigma^{(j+1)}(k))^2=\frac{1}{\sum_{t=1}^{T}\xi_{k,t|T}^{(j)}}\sum_{t=1}^{T}\xi_{k,t|T}^{(j)}(R_t-\boldsymbol{\beta}'^{(j+1)}(k)\boldsymbol{x}_t)^2 \quad (A.11)$$

以上により，推移確率 $p_{kl}^{(j+1)}$，レジームごとの初期レジーム滞留確率 $\rho_k^{(j+1)}$，各ファクターに対する係数 $\boldsymbol{\beta}^{(j+1)}(k)$，ボラティリティ $\sigma^{(j+1)}(k)$ が更新される．

〔参考文献〕

池田昌幸（1988），「曜日効果と正規分布混合仮説」『ファイナンス研究』27-54．

印南一路（1997），『すぐれた意思決定：判断と選択の心理学』中央公論社．

加藤 清（1990），『株価変動とアノマリー』日本経済新聞社．

加藤英明（2003），『行動ファイナンス：理論と実証』朝倉書店．

シュレイファー A.（兼広崇明訳）（2001），『金融バブルの経済学：行動ファイナンス入門』東洋経済新報社．

城下賢吾（2002），『市場のアノマリーと行動ファイナンス』千倉書房．

高橋 元（1993），『証券市場と投資の理論』同文館．

平木多賀人・竹澤伸哉 (1997),『証券市場の実証ファイナンス』朝倉書店.
蓑谷千凰彦 (2003),『計量経済学 第2版』多賀出版.
Black, F. (1986). "Noise," *Journal of Finance*, **41**(3), 529-543.
Campbell, J.Y. and L.M. Viceira (2002), *Strategic Asset Allocation : Portfolio Choice for Long-Term Investors*, Oxford University Press.
Chancellor, E. (1999), *Devil Take the Hindmost : A History of Financial Speculation*, Macmillan.
Chen, N., R. Roll and S.A. Ross (1986), "Economic Forces and the Stock Market," *Journal of Business*, **59**(3), 383-403.
Cross, F. (1975), "The behavior of stock prices on fridays and mondays," *Financial Analysts Journal*, **29**, 67-69.
Diebold, F.X., J.H. Lee and G.C. Weinbach (1994), "Regime Switching with Time-Varying Transition Probabilities," in C.P. Hargreaves, ed., *Nonstationary Time Series Analysis and Cointegration*, Oxford University Press.
Elliott, R.J., L. Aggoun and J.B. Moore, (1995), *Hidden Markov Models : Estimation and Control*, Springer-Verlag.
Fama, E.F. (1970), "Efficient capital markets : A review of theory and empirical work," *Journal of Finance*, **25**(2), 383-417.
Fama, E.F.(1991), "Efficient Capital Markets : II," *Journal of Finance*, **46**(5), 1575-1617.
French, K.R. (1980), "Stock returns and the weekend effect," *Journal of Financial Economics*, **8**(1), 55-69.
Hamilton, J.D., (1994), *Time Series Analysis*, Princeton University Press.
Hirshleifer, D. and T. Shumway (2003), "Good day sunshine : Stock returns and the weather," *Journal of Finance*, **58**(3), 1009-1032.
Kahneman, D. and A. Tversky (1979), "Prospect theory : An analysis of decision under risk," *Econometrica*, **47**(2), 263-291.
Perez-Quiros, G. and A. Timmermann (2000), "Firm Size and Cyclical Variations in Stock Returns," *The Journal of Finance*, **55**(3), 1229-1262.
Saunders, E.M. (1993), "Stock prices and Wall street weather," *The American Economic Review*, **83**(5), 1337-1345.
Shefrin, H. and M. Statman (1985), "The disposition to see winners too early and ride losers too long : Theory and evidence," *Journal of Finance*, **40**(3), 777-790.

Shleifer, A. and L.H. Summers (1990), "The noise trader approach to finance," *Journal of Economic Perspectives*, **4**(2), 19-33.

Shleifer, A., J. Lakonishok and R.W. Vishny (1994), "Contrarian investment, extrapolation, and risk," *Journal of finance*, **49**(5), 1541-1578.

Shleifer, A. (2000), *Ineffcient market : An introduction to behavioral finance*, Oxford University Press.

(石島　博：中央大学大学院国際会計研究科)
(吉田晴香：日産車体)
(松島純之介：大阪大学大学院基礎工学研究科)

「ジャフィー・ジャーナル」投稿規定

1. 「ジャフィー・ジャーナル」への投稿原稿は，金融工学，金融証券計量分析，金融経済学，行動ファイナンス，企業経営分析，コーポレートファイナンスなど資本市場と企業行動に関連した内容で，理論・実証・応用に関する内容を持ち，未発表の和文の原稿に限ります．

2. 投稿原稿は，以下の3種とします．
   (1) 論文（Paper）
      金融工学，金融証券計量分析，金融経済学，行動ファイナンス，企業経営分析，コーポレートファイナンス等の領域，および，その関連領域に貢献するオリジナルな研究成果
   (2) 展望論文（Review Article）
      特定のテーマに関する一連の研究，その周辺領域の発展と未解決問題を，総括的，かつ，体系的に著者独自の視点から報告したもの
   (3) 研究ノート（Short Communication）
      研究速報，事例報告や既発表の論文に対するコメントなどで金融工学，金融証券計量分析，金融経済学，行動ファイナンス，企業経営分析，コーポレートファイナンス等の領域に関して記録する価値があると認められるもの

3. 投稿された原稿は，ジャーナル編集担当理事と編集委員が選定・依頼した査読者の審査を経て，掲載の可否を決定し，編集担当理事から著者に連絡する．

4. 原稿は，PDFファイルに変換したものをEメールや郵送でJAFEE事務局へ提出する．原則として，原稿は返却しない．なお，投稿原稿には，著者名，所属，連絡先を記載せず，別に，標題，種別，著者名，所属，連絡先（住所，Eメールアドレス，電話番号）を明記したものを添付する．

5. 査読者の審査を経て，採択された原稿は，原則としてLatex形式で入稿しなければならない．なお，ジャフィー・ジャーナルへの掲載図表も論文投稿者が作成

する.

6. 著作権
   (1) 掲載された論文などの著作権は,日本金融・証券計量・工学学会に帰属する（特別な事情がある場合には,著者と本編集委員会との間で協議の上措置する）.
   (2) 投稿原稿の中で引用する文章や図表の著作権に関する問題は,著者の責任において処理する.

[既刊ジャフィー・ジャーナル]

① 1995 年版　**金融・証券投資戦略の新展開**（森棟公夫・刈屋武昭編）
　　　　　　A5 判 176 頁　ISBN 4-492-71097-3
② 1998 年版　**リスク管理と金融・証券投資戦略**（森棟公夫・刈屋武昭編）
　　　　　　A5 判 215 頁　ISBN 4-492-71109-0
③ 1999 年版　**金融技術とリスク管理の展開**（今野 浩編）
　　　　　　A5 判 185 頁　ISBN 4-492-71128-7
④ 2001 年版　**金融工学の新展開**（高橋 一編）
　　　　　　A5 判 166 頁　ISBN 4-492-71145-7
⑤ 2003 年版　**金融工学と資本市場の計量分析**（高橋 一・池田昌幸編）
　　　　　　A5 判 192 頁　ISBN 4-492-71161-9
⑥ 2006 年版　**金融工学と証券市場の計量分析 2006**（池田昌幸・津田博史編）
　　　　　　A5 判 227 頁　ISBN 4-492-71171-6

（発行元：東洋経済新報社）

役 員 名 簿

会長	：森棟公夫
副会長，庶務担当	：池田昌幸
副会長，和文誌担当	：津田博史
和文誌担当	：(津田博史)
英文誌担当	：赤堀次郎
庶務担当	：大上慎吾　　（池田昌幸）
広報担当	：石村直之　　塚原英敦　　福地純一郎
ジャフィー・コロンビア担当	：林　高樹
大会担当	：石井昌宏　　石島　博　　山内浩嗣
法人担当	：池森俊文
フォーラム担当	：中妻照雄　　山田雄二
監事	：木村　哲　　中村信弘

(2007年6月1日　現在)

*　　　　*　　　　*　　　　*　　　　*

『ジャフィー・ジャーナル』編集委員会

　　編集長：津田博史

　　副編集長：中妻照雄　　山田雄二

*　なお，日本金融・証券計量・工学学会については，以下までお問い合わせ下さい：

　　〒101-8439　東京都千代田区一ツ橋2-1-2　学術総合センタービル8F

　　一橋大学大学院国際企業戦略研究科　金融戦略共同研究室

　　ジャフィー事務局

　　　　　　TEL　：03-4212-3112

　　　　　　FAX　：03-4212-3020

　　　　　　E-mail：office@jafee.gr.jp

　詳しいことはジャフィー・ホームページをご覧下さい．

　　http://www.jafee.gr.jp/

日本金融・証券計量・工学学会（ジャフィー）会則

1. 本学会は，日本金融・証券計量・工学学会と称する．英語名は The Japanese Association of Financial Econometrics & Engineering とする．略称をジャフィー（英語名：JAFEE）とする．本学会の設立趣意は次のとおりである．

    「**設立趣意**」日本金融・証券計量・工学学会（ジャフィー）は，広い意味での金融資産価格や実際の金融的意思決定に関わる実証的領域を研究対象とし，産学官にわたる多くのこの領域の研究・分析者が自由闊達な意見交換，情報交換，研究交流および研究発表するための学術的組織とする．特に，その設立の基本的な狙いは，フィナンシャル・エンジニアリング，インベストメント・テクノロジー，クウォンツ，理財工学，ポートフォリオ計量分析，ALM，アセット・アロケーション，派生証券分析，ファンダメンタルズ分析等の領域に関係する産学官の研究・分析者が，それぞれの立場から個人ベースでリベラルな相互交流できる場を形成し，それを通じてこの領域を学術的領域として一層発展させ，国際的水準に高めることにある．

    組織は個人会員が基本であり，参加資格はこの領域に興味を持ち，設立趣意に賛同する者とする．運営組織は，リベラルかつ民主的なものとする．

2. 本学会は，設立趣意の目的を達成するために，次の事業を行う．
    (1) 研究発表会，その他学術的会合の開催
    (2) 会員の研究成果の公刊
    (3) その他本学会の目的を達成するための適切な事業

3. 本学会は，個人会員と法人会員からなる．参加資格は，本学会の設立趣旨に賛同するものとする．個人会員は，正会員，学生会員および名誉会員からなる．法人会員は口数で加入し，1法人1部局（機関）2口までとする．

4. 個人正会員は，日本金融・証券計量・工学学会誌（和文会誌）の配布を無料で受ける．学生会員は有料とし，その価格を附則で定める．また個人正会員，学生会員は本学会の催す諸種の学術的会合に参加することができる．法人会員は，1口の場合個人正会員3名分，2口の場合個人正会員5名分の特典を与えられる．英文会誌 *Asia-Pacific Financial Markets* については，個人正会員については無料とする．法人会員には1口あたり1部無料で配布される．本学会が定

期・非定期に催す国際的学術的会合については，個人正会員，学生会員，法人会員とも原則有料とし，その料金は予め個人正会員，学生会員，法人会員に通知され，会計報告によって会員の承認を得るものとする．
5. 学生会員および法人会員は，選挙権および被選挙権をもたない．
6. 入会にあたっては，入会金およびその年度の会費を納めなければならない．
7. 会員は年会費として，個人正会員の場合，関東地域（東京都，千葉県，茨城県，群馬県，栃木県，埼玉県，山梨県，神奈川県）に連絡先住所がある会員は，10,000円，その他の地域に連絡先住所がある会員は，6,000円とする．学生会員の年会費は2,500円とする．法人会員の年会費は，1口70,000円，2口は100,000円とする．入会金は，個人正会員は2,000円，学生会員は500円，法人会員は1口10,000円とする．会費を3年以上滞納したものは，退会したものとみなすことがある．
8. 正会員であって，本学会もしくは本学界に大きな貢献のあったものは，総会の承認を得て名誉会員とすることができる．その細則は別に定める．
9. 本会に次の役員をおく．役員は個人正会員に限る．
   会長1名，副会長2名以内，評議員20名，理事若干名，監事2名
   評議員は原則として学界10名，産業界および官界10名とし，1法人（機関）1部局あたり1名までとする．
10. 評議員は，正会員の中から互選する．評議員は，評議員会を組織して会務を審議する．
11. 理事は，会長が推薦し，総会が承認する．ただし，会誌編集理事（エディター・イン・チーフ）は評議員会の承認を得て総会が選出する．理事は会長，副会長とともに第2条に規定する会務を執行する．理事は次の会務の分担をする．
    庶務，会計，渉外，広報，会誌編集，大会開催，研究報告会のプログラム編成，その他評議員会で必要と議決された事務．
12. 会長は選挙によって定める．会長は，本学会を代表し，評議員会の議長となる．会長は第10条の規定にかかわらず評議員となる．会長は (1) 評議員会の推薦した候補者，(2) 20名以上の個人正会員の推薦を受けた候補者，もしくは (3) その他の個人正会員，の中から選出する．(1)(2) の候補者については，本人の同意を必要とする．(1)(2) の候補者については経歴・業績等の個人情報を公開するものとする．
13. 副会長は，会長が推薦し，総会が承認する．副会長は，評議員会に出席し，会長を補佐する．
14. 監事は，評議員会が会長，副会長，理事以外の正会員から選出する．監事は会

計監査を行う．
15. 本学会の役員の任期は，原則2年とする．ただし，連続する任期の全期間は会長は4年を超えないものとする．なお，英文会誌編集担当理事（エディター・イン・チーフ）の任期は附則で定める．
16. 評議員会は，評議員会議長が必要と認めたときに招集する．また，評議員の1/2以上が評議員会の開催を評議員会議長にこれを要求したときは，議長はこれを招集しなければならない．
17. 総会は会長が招集する．通常総会は，年1回開く．評議員会が必要と認めたときは，臨時総会を開くことができる．正会員の1/4以上が，署名によって臨時総会の開催を要求したときは，会長はこれを開催しなければならない．
18. 総会の議決は，出席者の過半数による．
19. 次の事項は，通常総会に提出して承認を受けなければならない．
    (1) 事業計画および収支予算
    (2) 事業報告および収支決算
    (3) 会則に定められた承認事項や決定事項
    (4) その他評議員会で総会提出が議決された事項
20. 本学会は，会務に関する各種の委員会をおくことができる．各種委員会の運営は，別に定める規定による．
21. 本学会の会計年度は，毎年4月1日に始まり，3月31日に終わる．
22. 本学会の運営に関する細則は別に定める．
23. 本会則の変更は，評議員会の議決を経て，総会が決定する．

　　改正　1999年8月29日
　　改正　2000年6月30日

編者略歴

津田博史(つだ ひろし)
1959 年生まれ
現　在　同志社大学 理工学部 教授, 学術博士（統計科学）
　　　　大学共同研究機関法人 情報・システム研究機構 統計
　　　　数理研究所客員教授
著　書　『株式の統計学』(シリーズ〈社会現象の計量分析〉2),
　　　　朝倉書店, 1994 年

中妻照雄(なかつま てるお)
1968 年生まれ
現　在　慶應義塾大学 経済学部 准教授, Ph. D.（経済学）
著　書　『入門ベイズ統計学』(ファイナンス・ライブラリー 10),
　　　　朝倉書店, 2007 年

山田雄二(やまだ ゆうじ)
1969 年生まれ
現　在　筑波大学大学院 ビジネス科学研究科 准教授,
　　　　博士（工学）
著　書　『チャンスとリスクのマネジメント』(シリーズ〈ビジネ
　　　　スの数理〉2), 朝倉書店, 2006 年
　　　　『計算で学ぶファイナンス―MATLAB による実装―』
　　　　(シリーズ〈ビジネスの数理〉6), 朝倉書店, 2008 年

ジャフィー・ジャーナル―金融工学と市場計量分析
**非流動性資産の価格付けと
リアルオプション**　　　　定価はカバーに表示

2008 年 3 月 15 日　初版第 1 刷
2009 年 3 月 10 日　　　第 2 刷

　　　　　　　　　編　者　津　田　博　史
　　　　　　　　　　　　　中　妻　照　雄
　　　　　　　　　　　　　山　田　雄　二
　　　　　　　　　発行者　朝　倉　邦　造
　　　　　　　　　発行所　株式会社　朝　倉　書　店
　　　　　　　　　　　　　東京都新宿区新小川町 6-29
　　　　　　　　　　　　　郵 便 番 号　162-8707
　　　　　　　　　　　　　電　話　03(3260)0141
　　　　　　　　　　　　　FAX　03(3260)0180
〈検印省略〉　　　　　　　http://www.asakura.co.jp

© 2008〈無断複写・転載を禁ず〉　　新日本印刷・渡辺製本

ISBN 978-4-254-29009-7　C 3050　　Printed in Japan

筑波大 山田雄二・筑波大 牧本直樹著
シリーズ〈ビジネスの数理〉6
計算で学ぶファイナンス
―MATLABによる実装―
29566-5 C3350　　　　A5判 180頁 本体3000円

数値計算ソフトウェアを利用しながらファイナンス理論の理解とその実装のノウハウ習得を目指す〔内容〕二項モデルでのオプション価格付け／連続時間モデルとブラック―ショールズ方程式／アメリカンオプション／リアルオプション解析／他

名市大 宮原孝夫著
シリーズ〈金融工学の基礎〉1
株価モデルとレヴィ過程
29551-1 C3350　　　　A5判 128頁 本体2400円

非完備市場の典型的モデルとしての幾何レヴィ過程とオプション価格モデルの解説および活用法を詳述。〔内容〕基礎理論／レヴィ過程／レヴィ過程に基づいたモデル／株価過程の推定／オプション価格理論／GLP&MEMMオプション価格モデル

日銀金融研 家田 明著
ファイナンス・ライブラリー3
リスク計量とプライシング
29533-7 C3350　　　　A5判 180頁 本体3300円

〔内容〕政策保有株式のリスク管理／与信ポートフォリオの信用リスクおよび銀行勘定の金利リスクの把握手法／オプション商品の非線型リスクの計量化／モンテカルロ法によるオプション商品のプライシング／有限差分法を用いた数値計算手法

みずほ情報総研 安岡孝司著
ファイナンス・ライブラリー8
市場リスクとデリバティブ
29538-2 C3350　　　　A5判 176頁 本体2700円

基礎的な確率論と微積分の知識を有する理工系の人々を対象に，実例を多く挙げ市場リスク管理実現をやさしく説いた入門書。〔内容〕金融リスク／金融先物および先渡／オプション／オプションの価格付け理論／金利スワップ／金利オプション

京大 岩城秀樹著
ファイナンス講座3
デリバティブ 理論と応用
54553-1 C3333　　　　A5判 192頁 本体3400円

急成長するデリバティブの価値（価格）評価の方法をファイナンス理論から解説。〔内容〕デリバティブと無裁定価格評価／2項モデル／離散多期間モデルでの価格評価／連続時間モデルでの価格評価／先渡と先物／オプション／金利派生資産

早大 森平爽一郎・MTEC 小島 裕著
ファイナンス講座4
コンピューテーショナル・ファイナンス
54554-8 C3333　　　　A5判 240頁 本体3800円

注目される計算ファイナンスのトピックスについて実例をあげて解説。〔内容〕コンピューテーショナル・ファイナンスとは／ツリーモデルによるオプション評価／有限差分法による偏微分方程式の数値解法／モンテカルロ法，数値積分，解析的近似

首都大 木島正明・首都大 田中敬一著
シリーズ〈金融工学の新潮流〉1
資産の価格付けと測度変換
29601-3 C3350　　　　A5判 216頁 本体3800円

金融工学において最も重要な価格付けの理論を測度変換という切口から詳細に解説〔内容〕価格付け理論の概要／正の確率変数による測度変換／正の確率過程による測度変換／測度変換の価格付けへの応用／基準財と価格付け測度／金利モデル／他

ニッセイ基礎研 室町幸雄著
シリーズ〈金融工学の新潮流〉3
信用リスク計測とCDOの価格付け
29603-7 C3350　　　　A5判 224頁 本体3800円

デフォルトの関連性における原因・影響度・波及効果に関するモデルの詳細を整理し解説〔内容〕デフォルト相関のモデル化／リスク尺度とリスク寄与度／極限損失分布と新BIS規制／ハイブリッド法／信用・市場リスク総合評価モデル／他

中大 今野 浩・明大 刈屋武昭・首都大 木島正明編
金融工学事典
29005-9 C3550　　　　A5判 848頁 本体22000円

中項目主義の事典として，金融工学を一つの体系の下に纏めることを目的とし，金融工学および必要となる数学，統計学，OR，金融・財務などの各分野の重要な述語に明確な定義を与えるとともに，概念を平易に解説し，指針書も目指したもの〔主な収載項目〕伊藤積分／ALM／確率微分方程式／GARCH／為替／金利モデル／最適制御理論／CAPM／スワップ／倒産確率／年金／判別分析／不動産金融工学／保険／マーケット構造モデル／マルチンゲール／乱数／リアルオプション他

上記価格（税別）は2009年2月現在